TRAITÉ

DE LA

PROPRIÉTÉ MOBILIÈRE.

LYON, IMP. D'ISIDORE DELEUZE.

TRAITÉ

DE LA

PROPRIÉTÉ MOBILIÈRE,

SUIVANT

LE CODE CIVIL,

PAR TH. CHAVOT,

AVOCAT.

SECOND VOLUME.

A PARIS:
PASSOT ET PONCET, ÉDITEURS,
Rue de Seine, 31.

A LYON:
PROSPER NOURTIER, LIBRAIRE,
Rue de la Préfecture, 6.

MDCCCXXXIX.

TRAITÉ

DE LA

PROPRIÉTÉ MOBILIÈRE

SUIVANT

LE CODE CIVIL.

------◊------

SUITE DU CHAPITRE IV.

SECTION III.

DE L'INVENTION.

SOMMAIRE.

II.   1

§ 1er. Du Trésor.

§ 2. Des Choses perdues ou égarées.

373. Par combien de temps l'inventeur prescrit-il la chose
     trouvée?
374. *Quid* lorsqu'il l'a déguisée.
375. L'inventeur qui ne donne pas de publicité à son in-
     vention, qui n'en fait pas le dépôt au greffe, est-il
     passible de l'action de vol?

§. 3. *Des Effets jetés à la mer.*

376. Le maître de ces objets n'a pas l'intention d'en aban-
     donner la propriété.
377. Mais leur invention peut conduire à la prescription.
378. Quels sont les droits de l'inventeur sur ces objets?
379. Ancres tirées du fond de la mer.
380. Vêtements, argent monnayé, trouvés sur les corps
     noyés.
381. Effets jetés et trouvés en pleine mer.
382. Vaisseaux et effets trouvés sur le rivage.
383. Effets trouvés au moment du naufrage.
384. Objets appartenants aux ennemis, sauvés en pleine mer.
385. Objets qui doivent être vendus par le juge de paix.

344. On définit l'*invention* un genre d'occupation, par lequel celui qui trouve une
chose qui n'appartient à personne, en acquiert le domaine en s'en emparant[1].

345. En considérant l'invention comme
mode d'acquisition, elle ne peut s'appliquer
qu'aux choses qui n'ont jamais été possédées
par personne ou qui ont été abandonnées. Car,

------

(1) Pothier, de la Propriété, n. 58.

quant aux choses *égarées*, leur invention ne
saurait en faire acquérir la propriété, puisqu'elles ont un maître, elle est seulement l'occasion d'une prise de possession qui peut
conduire à la prescription. Parmi les choses
qui n'ont jamais appartenu à personne et qui
sont susceptibles d'acquisition par occupation, sont les coquillages, les coraux, les per-
les, les cailloux propres à être taillés, et autres objets trouvés sur les rivages de la mer :
Lapilli, *gemmæ*, *cætera quæ in littore inveni-*
mus, *jure naturali nostra statim fiunt* [1].

346. L'ordonnance de la marine [2] porte,
comme règle générale, que « les choses du
cru de la mer, comme ambre, corail, poissons à lard et autres semblables, qui n'auront appartenu à personne, demeureront à
ceux qui les auront tirées du fond de la mer ou
pêchées sur les flots ; et s'ils les ont trouvées
sur les grèves, ils n'en auront que le tiers. »

Cette ordonnance a toujours force de loi,
en cette circonstance, à défaut d'autres règlements ; car, suivant l'art. 717 du Code civil,

------

(1) L. 3 , ff. div. rer.
(2) Art. 29 , tit. 9 , liv. 4.

« les droits sur les effets jetés à la mer, sur les objets que la mer rejette, de quelque nature qu'ils puissent être, sont réglés par des lois particulières. »

Suivant le même article, les droits sur les plantes et herbages qui croissent sur les rivages de la mer sont aussi réglés par des lois particulières. La coupe du varech, plante marine, est réglée par le titre 10 de l'ordonnance. L'art. 5 permet à toutes personnes de prendre indifféremment, en tout temps et en tous lieux, les *vraicqs* jetés par le flot sur les grèves, et de les transporter où bon leur semblera.

La récolte de ceux qui sont attachés aux rochers appartient exclusivement aux communes dans leur étendue (art. 1er, 2, 3 et 4).

347. Les choses mobilières, abandonnées par leurs maîtres, sont ordinairement de peu de valeur; ce sont des objets dont la conservation serait plus à charge qu'à bénéfice. On doit donc présumer, lorsque la chose trouvée a une valeur appréciable, qu'elle a été perdue ou égarée plutôt qu'abandonnée. C'est par cette raison que l'invention est un mode d'acquisition qui ne s'applique presque exclusivement qu'à l'égard des choses mobilières ina-

nimées, car les animaux ont toujours une valeur appréciable. Et si quelques-uns, parvenus à un certain âge ou à un certain degré d'infirmités, perdent toute valeur, des lois de police s'opposent à leur abandon de la part du maître, parce que leur divagation peut être nuisible; il n'y a pas d'autre moyen permis par la loi pour s'en débarrasser que de les abattre.

348. Lorsqu'un objet est trouvé, il est assez difficile de savoir s'il a été abandonné ou s'il a été perdu. Pour lever le doute à cet égard, il faut recourir à l'intention de celui qui en avait la possession et la propriété, si on le connaît; à défaut de ce moyen, son intention pourra s'induire des circonstances; la qualité et la valeur de la chose, le lieu où elle sera rencontrée, en donneront ordinairement la solution. Mais soit que l'on vérifie l'intention sur les actes, soit qu'on l'induise des circonstances, il faut la réunion de deux faits pour qu'une chose soit réputée abandonnée : il faut l'abdication de la propriété et l'abdication de la possession. On abdique la propriété d'un objet lorsqu'on ne veut plus qu'une chose soit *nôtre*, on en abdique la possession lors-

qu'on la rejette du nombre de nos choses. Une chose n'est réputée abandonnée que lorsqu'en même temps qu'on ne veut plus qu'elle soit nôtre, on la met ou la laisse hors de notre possession : autrement elle n'est pas abandonnée. En effet, si je ne fais qu'abandonner la possession, je conserverai la propriété, car elle se conserve bien sans elle ; seulement, lorsque la possession réunit certains caractères, elle peut amener la perte de la propriété, mais c'est précisément par la raison qu'elle en fait présumer l'abandon. Comme réciproquement, il ne suffirait pas de ʾdire qu'on abdique la propriété d'une chose et qu'on en retînt la possession, car l'existence de ce dernier fait s'opposerait constamment à ce que la chose fût réputée abandonnée et à l'acquisition en faveur d'un tiers par la prise de possession.

Le § 46, aux inst. de rer. divis., exprime ainsi la réunion de ces deux circonstances : *Pro derelicto autem habetur, quod dominus eâ mente abjecerit, ut id in numero rerum suarum esse nolit.*

349. Une chose ne peut être valablement abandonnée que par son propriétaire. Un simple possesseur, un usufruitier, un usager,

un emprunteur, ne peuvent pas plus l'abandonner qu'ils ne peuvent l'aliéner, sa conservation est au contraire confiée à leur responsabilité. En fait, ils peuvent la délaisser, mais celui qui s'en emparerait ne l'acquerrait pas à titre d'occupation ; seulement, une possession prolongée peut la faire acquérir par prescription : *Si à domino res pro derelicto sit habita, occupanti statim adquiritur, nec usucapitur : si à possessore, usucapione non occupatione adquiritur* [1].

350. La loi 3, au même titre, fait cette question qui peut avoir de l'application dans notre droit. Peut-on abandonner une partie d'une chose et retenir l'autre? Voici comment elle résout la question : *Et quidem si in re communi socius partem suam dereliquerit, ejus esse desinit. Ut hoc sit in parte, quod in toto. At quin totius rei dominus efficere non potest, ut partem retineat, partem pro derelicto habeat.* En effet, dans ce dernier cas, il y a une espèce d'indivisibilité entre les divers parties qui composent un seul et même objet; tant

---

(1) Cujas sur la loi 1re, tit. pro derelicto, Paratit. in lib. pandect.

qu'elles sont unies, elles suivent la même destination ; mais si l'objet est susceptible de division et que cette division soit opérée, il n'y a plus alors un seul et même objet, il y en a deux, et on peut en abandonner un et retenir l'autre.

351. Une chose abandonnée par nous cesse aussitôt d'être nôtre, devient *res nullius* et susceptible d'être acquise par le premier occupant.

352. Plusieurs commentateurs ont l'habitude de faire une question au sujet de l'invention, c'est de savoir si, pour acquérir le domaine de la chose que nous trouvons et qui n'appartient à personne, il fallait mettre la main dessus, ou s'il suffisait de l'avoir regardée avec le dessein de la ramasser et de se l'approprier ; de manière que si deux personnes avaient aperçu en même temps cette chose dans ce dessein, elle dut leur appartenir en commun. « On peut alléguer, dit Pothier [1], pour ce dernier sentiment, ce qui est dit en la L. 1re, § 21, ff. de acquir. possess. : *Non est necesse corpore et actu apprehendere*

____

(1) *Propriété*, n. 63.

possessionem , sed etiam oculis et affectu.

« Cette prétention d'avoir sa part dans une chose qu'un autre a trouvée, lorsqu'on prétend l'avoir aperçue en même temps que lui, est ancienne. Nous en trouvons un vestige dans Plaute, *in rudente, act. 4, sc. 3.* Trachalion demandait à Gripus à avoir sa part d'une valise que Gripus avait pêchée. A cela Gripus répond : *Quemne ego excepi è mari?* Trachalion réplique : *Et ego inspectavi è littore.*

« Nous en trouvons un autre vestige dans Phèdre, fab. v. 6. :

> Invenit calvus fortè in trivio pectinem;
> Accessit alter æquè defectus pilis :
> Eia , inquit, in communè quodcumque est lucri.

« Nonobstant ces raisons, je pense que pour acquérir la propriété de ces choses, il ne suffit pas de les avoir aperçues dans le dessein de se les approprier ; il faut les avoir ramassées pour nous et en notre nom. La possession qui s'acquiert *oculis et affectu,* dans le cas de la tradition, est plutôt une possession civile et feinte qu'une possession réelle. Il faut , pour l'occupation et la possession réelle, se saisir de la chose, la tenir, soit

avec vos mains, soit avec quelque chose qui
vous serve pour cela d'instrument. C'est pourquoi je pense que, lorsque deux personnes
ont l'une et l'autre aperçu une de ces choses
qui n'appartiennent à personne, avec le dessein de l'acquérir, elle ne doit appartenir qu'à
celui qui a été le plus diligent à s'en saisir et
à s'en emparer.

« Ajoutez que, si l'on attribuait la chose
à celui qui l'aurait aperçue le premier, cela
donnerait lieu à des discussions, lorsque plusieurs prétendraient chacun l'avoir aperçue
le premier et avoir prévenu l'autre ; au lieu
qu'il n'y en a aucune, en l'attribuant à celui
qui s'en est saisi le premier. »

Pothier exprime ici la même opinion que
Vinnius sur le § 46 aux inst. de rer. divis.
Quant à l'objection qui est tirée de la L. 1re,
§ 21, *de adquir. poss.*, elle n'est nullement
fondée ; en effet, la prise de possession *oculis et affectu* ne pouvait avoir lieu que lorsqu'elle n'était que l'exécution d'une obligation [1]. Car si la tradition était nécessaire

---

[1] *Nunquam nuda traditio transfert dominium : sed ità, si
venditio, aliqua justa causa præcesserit, propter quam traditio sequeretur.* L. 31, ff. de adq. rer. dom.

pour faire acquérir la propriété, cette tradition ne pouvait dépasser les bornes du possible; l'immensité, la nature et la position des choses pouvaient s'opposer à une tradition de la main à la main; c'est une de ces circonstances qui motive la loi ci-dessus. Tandis qu'ici la prise de possession est le titre seul et unique d'acquisition. Aux exemples tirés des poètes on peut apposer celui cité par Plutarque, *question. Grec.* 29, et rapporté aussi par Vinnius : *Acanthos insula deserta adjudicta fuit Chalcidensibus, qui priores intraverant, non Andriis, qui priores jaculum immiserant.* Vinnius motive cette citation par ces mots : *Quoniam possessionis initium est corporis ad corpus adjectio : qualis circares mobiles maximè fit manibus; circà res soli, pedibus.* (Grotius, Mar. lib., cap. 2.)

Ce mot *maximè* indique que la prise de possession se fait ordinairement ainsi, mais qu'il y a des exceptions nécessitées par la nature des choses.

353. Pothier [1] cite pour exemple de choses abandonnées, les gousses de pois, les

---

[1] Loc. cit., n. 60.

trognons de salade et autres choses semblables, qu'on trouve dans une rue ; un pauvre
qui les ramasse pour s'en servir, faute de
pain, dans des temps de famine, en acquiert
le domaine, *jure inventionis et occupationis.*
On peut ajouter que ce sont les choses de
cette nature, les débris d'étoffe, les rebuts de
toutes les industries amassés dans les rues des
grandes villes, qui fournissent la matière de
l'industrie de plusieurs milliers d'hommes, des
chiffonniers.

§ Ier. *Du Trésor.*

354. L'invention peut avoir pour objet
des choses qui n'ont jamais eu de maître ou
qui ont été abandonnées, ou bien des choses
perdues ou égarées ; mais elle n'est un mode
d'acquisition qu'à l'égard des premières. Cependant on a étendu ce mode au trésor que
l'on ne saurait classer parmi les choses abandonnées ; aussi cette extension comporte des
différences et est soumise à des restrictions
qui dérivent soit de la nature, soit de l'importance de la chose comparée avec celles qui
font ordinairement l'objet de l'invention. Le

mode d'acquisition par invention ne reçoit ici, disons-nous, son application que par extension, car un trésor est une chose qui a appartenu à quelqu'un, et les précautions prises pour la conserver empêchent de la considérer comme une chose abandonnée. En effet, ce n'est qu'une chose égarée, ce n'est qu'un dépôt dont on a perdu le souvenir, *quædam depositio pecuniæ cujus non exstat memoria.* Dans la réalité, un trésor, même non découvert, a un propriétaire, soit dans la personne de celui qui l'a caché ou enfoui, soit dans la personne des héritiers de ses biens ; mais en droit, *idem est, non esse et non apparere*, personne ne peut revendiquer une chose sans justification de son titre de propriété ; la possession, faute de cette preuve, l'emporte, on laisse le trésor à celui qui le premier l'a découvert. Ce n'est que l'impossibilité de reconnaître le propriétaire qui fait réputer, sous plusieurs rapports, le trésor *res nullius* [1].

355. Le trésor n'est, disons-nous, qu'un dépôt ; en effet, la *L. 31 de acq. rer. dom.*, dont les dispositions sont reproduites par l'art. **716**,

---

[1] L. 31, § Ier, ff. de acq. rer. dom. ; art. 716, C. civ.

est tirée du **31**ᵉ livre de **Paul**, *ad edictum*, où ce jurisconsulte a traité de l'action *depositi* : *de actione depositi in hoc libro tractatur*, dit Cujas, sur la loi **2** *depositi vel contrà* [1]. Cujas ajoute (d. L. 31) [2] : *Thesauri depositionem paulus existimavit pertinere ad questionem depositi.* Mais pour rendre ce point plus constant et voir d'une manière plus complète les motifs qui font acquérir par occupation un trésor, citons les termes de la loi **L. 31** ; nous verrons ensuite comment Cujas la commente : « *Nun-quàm nuda traditio transfert dominium : sed ità, si venditio aut aliqua justa causa præces-serit, propter quam traditio sequeretur,* § **1**. *Thesaurus est vetus quædam depositio pecuniæ, cujus non exstat memoria, ut jam dominum non habeat. Sic enim fit ejus, qui invenerit, quod non alterius sit. Alioquin si quis aliquid vel lucri causa, vel metûs, vel custodiæ, condiderit sub terrâ, non est thesaurus : Cujus etiam fur-tum fit.* » Après avoir vraisemblablement [3] démontré que le domaine, et même la pos-

---

(1) Cujas, in lib. 31 , Pauli ad edictum.

(2) Cujas, eod. lib.

(3) Cujas , loc. cit.

session de la chose déposée, restent attachés à la personne du déposant, le jurisconsulte Paul pose, dans la loi citée, ce principe de droit, que jamais la tradition pure et simple ne transfert le domaine, à moins qu'elle ne soit précédée d'une juste cause, c'est-à-dire d'un acte translatif de propriété, et que, si le dépositaire est mis en possession, ce n'est alors qu'une possession précaire. Le jurisconsulte prévient ensuite une objection qu'on pourrait lui faire à l'occasion du trésor qu'il considère comme un dépôt, non plus dans le même sens, dans le sens où il est pris à l'art. 1915 du Code civil, mais comme un dépôt par le fait même, *depositum dictum ex eo quod ponitur. Et ne quis objecerit*, dit Cujas sur la même loi, *thesaurum depositum, qui jure gentium inventori adquiritur, paulus statuit duo esse thesauri genera, unum cujus memoria non extat. Et hic quidem thesaurus fit ejus, qui invenerit, adquiritur ei, quia nec dominum habet, nec alterius est, quiave non scitur cujus sit. Thesaurus, inquit, est vetus depositio pecuniæ, cujus memoria non extat, ut jam dominum non habeat. Sic enim fit ejus, qui invenerit, quod non alterius sit* [1]. *Alterum genus thesauri est, cujus memoria extat, ut si quis metûs vel custodiæ causâ, vel præsidii, vel lucri pecuniam subterrâ condiderit, pecuniam terræ commendaverit, deposuerit : hujus depositi dominium non mutatur. Imo et ejus pecuniæ furtum fit, si quis sciens, cujus ea sit, thesaurum effodiat, et pecuniam auferat. Denique depositum, quod dominum habet, non potest adquiri depositario, ne possessione quidem longissimi temporis. At depositum quod dominum non habet, ut qui thesaurus dicitur propriè, inventori jure gentium adquiritur, et tale depositum dicitur propriè thesaurus* [2].

356. Dans le langage ordinaire, on appelle trésor une richesse quelconque que l'on conserve ou que l'on cache pour les besoins de l'avenir, lors même que son existence daterait d'hier et que son maître serait connu.

Ce mot se prend quelquefois pour le lieu même où existe le dépôt, c'est ainsi que l'on dit le *trésor royal* [3]. Mais dans le langage du

---

(1) **Longa vetustas perimit dominium** (cod. loc.), *Cassiodore, 6 variarum.*

(2) Cujas , loc. cit.

(3) V. Vinnius , § 39 , instit. de rer. div.

droit, « le trésor est toute chose cachée ou enfouie, sur laquelle personne ne peut justifier sa propriété, et qui est découverte par le pur effet du hasard » (art. 716).

357. Cette définition est à peu près semblable à celle de la loi 31, *de acq. rer. dom. Thesaurus est vetus quædam depositio pecuniæ, cujus non extat memoria ut jam dominum non habeat.* Le mot *pecunia*, dans cette loi, doit être pris *pro omnibus rebus*, c'est-à-dire dans le sens de la loi 178 de verb. signif. ff. : *pecuniæ verbum non solùm numeratam pecuniam complectitur, verum omnem omninò pecuniam, hoc est, omnia corpora. Nam corpora quoquè pecuniæ appellatione contineri, nemo est, qui ambiget.* Le mot *pecunia* a donc la même étendue que les mots *toute chose* employés dans l'art. 716. La loi romaine était cependant plus restreinte dans sa compréhension ; car un trésor n'était pas *toute chose* sur laquelle personne ne peut justifier sa propriété, mais seulement toute chose *ancienne*.

En effet, sous cette législation, un des caractères constitutifs du trésor, c'était l'ancienneté du dépôt, *vetus quædam depositio ;* de là quelques commentateurs concluaient que si les pièces de monnaie étaient à un type récent, les règles relatives à l'acquisition du trésor n'étaient pas applicables [1].

Pothier [2] s'exprime ainsi dans le passage suivant :

« *Si thesauri non fuerint*, c'est-à-dire il ne paraît pas que cet argent, qu'on a trouvé, soit un trésor, comme cela paraîtrait si c'étaient d'anciennes espèces qui parussent n'avoir été mises dans le lieu où on les a trouvées, que dans un temps très-éloigné, de manière qu'il ne fut pas possible de connaître celui qui les y a mises. Si, au contraire, il paraît qu'il n'y a pas long-temps que cet argent a été mis au lieu où on l'a trouvé, *putà*, parce que ce sont des espèces de fabrique moderne ; on présume, en ce cas, que cet argent y a été mis par le propriétaire qui habitait cette maison ; que cet argent n'était qu'égaré ; que c'était par erreur que le propriétaire, en vendant la maison, ne l'a pas retiré du lieu où il était ; et qu'il devait lui être rendu. »

---

(1) V. Perez, Cod. liv. 10, tit. 15, n. 11.

(2) *Propriété*, n. 66.

L'auteur appuie son opinion sur la L. 67, *ff. de rei vend.*

D'après le Code civil, il n'est pas nécessaire que le dépôt soit ancien, l'art. 716 serait applicable lors même que les pièces de monnaie seraient à un type moderne ; il suffit que personne ne puisse justifier de leur propriété pour qu'elles constituent un trésor et soient acquises en cette qualité.

Il n'y a plus présomption légale que dans de pareilles circonstances les pièces appartiennent à un précédent propriétaire, cela ne peut plus donner lieu qu'à une appréciation de faits qui est tout entière dans le domaine du juge. De cette appréciation il pourra, en effet, résulter une inapplication des règles relatives au trésor ; mais ce résultat ne dérivera pas directement et uniquement du type moderne des pièces, mais de la reconnaissance du propriétaire, reconnaissance qui peut aussi se présenter dans la vérification des pièces de monnaie d'un type ancien. Le juge, disons-nous, pourra s'aider des circonstances pour découvrir le propriétaire, « et la présomption sera surtout très-grave, comme le dit M. Duranton [1], si, comme il est arrivé quelquefois, une somme d'argent se trouvait cachée dans un lieu secret de quelque armoire, secrétaire ou autre meuble, vendu à l'encan ou de toute autre manière après décès. Alors il y aurait fortement lieu de croire, surtout si le défunt ou son auteur avait eu le meuble neuf, que c'est lui qui a fait le dépôt. Les autres circonstances de la cause pourraient renforcer ou affaiblir cette présomption. »

Ces autres circonstances peuvent résulter, soit des marques particulières apposées sur les objets trouvés, telles que les lettres initiales d'un nom, les armoiries d'une famille; soit de l'existence d'une guerre ou d'une commotion politique, correspondante au type des monnaies et à l'existence d'un propriétaire précédent; soit même des habitudes et du caractère de la même personne. C'est ainsi que la cour de Bordeaux [1] a permis de prouver que des pièces d'or d'un type moderne, trouvées dans une cave, avaient été enfouies par un propriétaire précédent, « attendu, dit-elle, que dans les

---

(1) T. 4ᵉ, n. 311.
(2) Arr. du 22 février 1827.

faits articulés, il en est qui conduiraient aux plus graves présomptions du droit de propriété en sa faveur. »

358. Le Code civil, dans sa définition du trésor, ajoute encore à celle de la loi 31 *de acq. rer. dom.*, en ce qu'il le considère comme chose découverte par le pur effet du hasard. Mais c'est là une circonstance moins propre à faire connaître ce que c'est qu'un trésor, qu'à servir à en faire attribuer la propriété ; c'est sous ce rapport que le *fortuito casu* a été considéré dans le § 39 aux *Institutes, de rer. div.* C'est aussi sous ce rapport que nous le considérerons.

359. Il suit de ce qui précède que le trésor est considéré comme chose *nullius*. Cependant son acquisition par occupation n'est pas assimilée en tout à celles des choses de ce genre. En effet, suivant l'art. 716, « la propriété d'un trésor appartient à celui qui le trouve dans son propre fonds ; si le trésor est trouvé dans le fonds d'autrui, il appartient moitié à celui qui l'a découvert, et pour l'autre moitié au propriétaire du fonds. » Les autres objets, réputés *res nullius*, appartiennent, au contraire, tout entiers à l'occupant dans quelque lieu qu'il les trouve.

On peut cependant donner une raison de cette différence : les autres objets, réputés *res nullius*, n'ont appartenu à personne ou leur propriété a été abandonnée, tandis qu'un trésor ayant appartenu à quelqu'un qui ne l'a pas abandonné, il a paru juste de le diviser pour en attribuer une partie à l'inventeur et l'autre partie au propriétaire du fonds qui l'a conservé. Le Code civil, conforme en cela au dernier état du droit romain, a ainsi tranché la difficulté qui s'était élevée entre les anciens jurisconsultes sur la question de savoir s'il devait appartenir, *jure inventionis*, à celui qui l'avait trouvé, ou s'il devait appartenir au propriétaire du champ ou de la maison où il avait été trouvé, *jure accessionis*, comme en étant une espèce de dépendance.

360. Le mode d'acquisition du trésor diffère encore sous un autre rapport du mode d'acquisition des autres choses *nullius* ; en effet, quant à celles-ci, quelque soit le moyen que l'on ait employé pour les acquérir, elles sont acquises à l'occupant ; tandis que le trésor doit être découvert par l'effet du hasard pour être acquis à l'inventeur (art. 716). Cependant cette dernière circonstance n'est né-

cessaire que lorsque le trésor est trouvé dans le fonds d'autrui, le droit romain faisait cette distinction qui est universellement admise dans notre droit [1]. La raison de cette différence vient de ce qu'on peut s'emparer des choses abandonnées ou des autres choses *nullius*, telles que les bêtes sauvages, sans porter préjudice au fonds, tandis qu'on ne peut chercher un trésor sans démolir ou creuser; ce serait là d'ailleurs commettre un délit plus digne de châtiment que de récompense. Mais si la loi ne pouvait autoriser un pareil acte et en consacrer les effets en faveur d'un étranger, il ne saurait en être de même à l'égard du propriétaire du fonds. En effet, que ce soit par hasard ou que ce soit par ses recherches qu'il ait découvert un trésor dans son fonds, il lui appartiendra tout entier, parce qu'il est maître de disposer de son fonds comme il l'entendra; il peut le démolir ou le creuser sans sortir des bornes de ce qui lui est permis par les lois.

Cette différence entre les inventeurs, entre celui qui possède la propriété du fonds et ce-

---

(1) § 39 , inst. de rer. div.

lui qui y est étranger, est nettement marquée dans le § 39 de rer. div.: *Thesauros, quos quis in loco suo invenerit, divus Adrianus naturalem æquitatem sequutus ei concessit, qui eos invenerit.* Voilà pour le propriétaire du fonds. Voici ce qui concerne celui qui y est étranger : *At siquis in alieno loco, non data ad hoc opera, sed fortuitò invenerit, dimidium domino soli concessit, et dimidium inventori.*

361. La part afférente au propriétaire n'est pas même soumise à la jouissance de l'usufruitier, parce qu'elle lui est attribuée en sa seule qualité de propriétaire, et que, sous un autre rapport, un trésor ne saurait être mis au rang des fruits ; ce n'est, comme le dit la loi 63, *de acq. rer. dom.*, qu'un don de la fortune que le législateur a partagé suivant les règles de l'équité [1].

362. Le propriétaire, dont le titre était soumis à un réméré, est-il tenu de rendre la part du trésor, qui lui a été attribuée, à celui qui exerce le réméré ? La vente sous condition résolutoire est néanmoins parfaite sous

---

[1] V. inst. § 39 de rer. div. ; Dumoulin, Cout. de Paris, tit. Ier, § Ier, Glos. Ire, n. 60.

ce rapport qu'elle transfère immédiatement la propriété et qu'elle en investit l'acquéreur. Le trésor trouvé dans le fonds qu'il détient à un pareil titre est donc trouvé dans son fonds, aussi pourrait-il revendiquer sa part ; et lorsque le réméré est exercé que doit-il rendre? le fonds exempt seulement de toutes charges provenant de son chef ; il garde même les fruits en compensation avec les intérêts qui lui sont dus. Le trésor n'est ni un fruit ni une partie du fonds, il n'est qu'un bienfait de la fortune, qu'à ce titre l'acquéreur pourra garder : *Thesaurus* [1] *nullo modo est fructus fundi, nec naturalis nec civilis, nec est etiam pars vel portio aliqualis fundi, sed res prorsus separata, nihil cum fundo habens communè.*

Il n'est pas une partie du fonds, ou autrement dit, un véritable accessoire ; car, que doit-on considérer comme accessoire? Un objet n'est l'accessoire d'un autre que lorsqu'il en est un produit (546) ; ou qu'il lui est uni pour son usage, son ornement ou son complément (567), que cette union soit matérielle (560, 566 et suiv.) ou qu'elle dérive

---

(1) Dumoulin, loc. cit.

simplement de certains rapports établis entre deux objets par le propriétaire commun (524); ou bien enfin lorsqu'il ne pourrait subsister sans lui (552 et suiv.).

Le trésor ne rentre dans aucune de ces catégories. Il n'est qu'une chose *nullius*, une chose sur laquelle personne ne peut justifier sa propriété (716); aussi ce dernier article, qui en règle les modes d'acquisition, n'est-il pas placé au titre de l'accession, mais dans la partie du Code où le législateur s'est occupé de divers modes d'acquisition par occupation. Et s'il a plu au législateur d'en attribuer la moitié au propriétaire du fonds, c'est parce qu'il lui a paru juste de récompenser le maître du fonds qui a conservé pendant de nombreuses années cette richesse ignorée, qui, dans bien des cas, fut enfouie par ses ancêtres.

C'est l'équité qui a présidé à cette distribution; dans nos législations modernes, cette raison est suffisante pour la justifier, sans avoir besoin de s'appuyer sur une imitation des jurisconsultes romains, et sans avoir recours à cette subtilité de droit qui consistait à considérer le trésor, quant à la part attribuée au propriétaire du fonds, comme un objet *quodam modo ex fundo profectus*, et son mode d'attribution comme un genre d'accession, *quidam modus accessionis*. Puisqu'on ne rencontre dans l'espèce aucune des circonstances qui accompagnent et motivent le mode d'acquisition par accession.

Nous ne croyons donc pas que l'acquéreur soit obligé de remettre au vendeur qui exerce le réméré la part du trésor qui lui a été attribuée comme propriétaire ; car si son titre de propriétaire est résolu, il n'est néanmoins obligé de rendre que ce qu'il a reçu, et l'on ne saurait prétendre que le trésor lui ait été vendu. Ce n'est pas même une chose qui provienne de l'objet qui lui a été remis, elle n'a été acquise qu'à l'occasion de la possession à titre de propriétaire de cet objet, et tous les avantages que l'acquéreur a perçus à cette occasion ne sauraient, sans distinction, être soumis à une restitution. *L.* 20, § 3, *ff. de petit. hœred.* (Pothier, *vente*, n° 405 ; Perez, C. lib. X., *tit.* 15, *n°* 12). *Contrà*, Duranton, *t.* 16, *n°* 464.

363. Si la vente est suspendue par une condition, ou cette condition faiblira, et alors le

trésor restera au vendeur comme s'il n'y avait jamais eu de contrat ; ou bien elle s'accomplira, alors rétroagissant au jour du contrat, l'acquéreur sera censé propriétaire dès ce jour, et en vertu de cette fiction, il semble que le trésor doit lui appartenir. Cependant, si l'on considère que le vendeur, sous condition suspensive, doit supporter les risques de la chose (art. 1182) jusqu'à l'événement de la condition ; que durant ce temps il continue à acquérir les fruits, on décidera le contraire. En effet, l'acquéreur ne peut réclamer que ce qui lui a été *vendu* et les accessoires, dont ne peut faire partie le trésor.

Ne serait-ce pas d'ailleurs blesser cette équité qui, suivant l'empereur Adrien [1], a présidé à la distribution du trésor que de laisser, dans notre espèce, tous les risques de la chose au vendeur conditionnel (art. 1182), et de lui refuser les bénéfices qu'il peut faire à son occasion ? Ne serait-ce pas aussi une inconséquence que de lui en laisser les fruits, qui lui appartiennent incontestablement, dans notre droit, jusqu'à l'accomplissement de la

---

(1) § 39, inst. de rer. div.

condition, et de lui enlever ce qu'il n'a obtenu qu'à son occasion [1].

564. Le trésor trouvé dans son fonds par le propriétaire lui appartient sans partage. Cependant il est encore utile de distinguer la part qu'il acquiert comme inventeur, de celle qu'il acquiert comme propriétaire, par rapport aux effets que l'invention peut produire sur la communauté. Car cette dernière part suit l'appropriation de l'immeuble qui la recelait ; si l'immeuble est propre au mari, la part afférente du trésor lui restera propre ; s'il ne lui appartient qu'en sa qualité de souverain administrateur de la communauté, la même part appartiendra à cette même communauté. Mais, dans tous les cas, la part attribuée au mari ou à la femme, *jure inventionis*, appartient à la communauté, qui doit jouir de tout le mobilier acquis pendant son existence par les deux époux [2].

565. Sous la qualité de propriétaire, nous ne comprenons pas seulement les simples particuliers, mais encore l'état, propriétaire

---

(1) V. cependant Perez, C. liv. 10, tit. 15, n. 12, *in fine*.
(2) V. Duranton, t. 4e, n. 312.

de ses domaines privés, et comme administrateur des choses publiques ; les communes, quant aux choses qui font partie de leur domaine privé ou du domaine public municipal ; les hospices, etc.

§ II. *Des Choses perdues ou égarées.*

366. Nous l'avons déjà dit, l'invention n'est pas un mode d'acquisition des choses perdues ou égarées ; elle n'est à leur égard que l'occasion d'une prise de possession qui peut conduire à la propriété.

Nous ne devons traiter dans ce chapitre que des modes d'acquisition, et même que des modes d'acquisition originaires ; néanmoins, la liaison des matières nous a fait croire qu'il était utile de dire comment il est possible d'acquérir les choses perdues, et sous quel rapport leur mode d'acquisition se rapproche des modes d'acquisition originaires. Les choses perdues ont un maître, et suivant ce principe de droit, qu'il ne peut y avoir en même temps deux propriétaires de la totalité d'une seule et même chose, le maître qui l'a perdue continue de l'être, lors même que la chose est passée entre les mains d'un tiers qui l'a trouvée; car la propriété se conserve sans la possession. Mais si la propriété se conserve sans la possession, cet état de choses ne peut cependant durer indéfiniment; aussi la possession finit-elle par l'emporter, en sorte que, prolongée pendant un certain temps, elle fait présumer l'abandon de la propriété. La chose perdue est réputée telle tant que celui qui l'a perdue en reste propriétaire; pendant ce temps l'invention ne peut être qu'un titre de possession. Mais par la force de la loi cet état de choses cesse, la chose perdue est présumée, au bout d'un temps déterminé, chose abandonnée; car la prescription est aussi fondée sur une présomption d'abandon contre celui qui a cessé de posséder et en faveur de celui qui possède. C'est alors que l'invention de titre de possession devient titre de propriété; à un acte purement physique d'appréhension, la prescription vient ajouter un droit absolu, le droit de propriété. L'invention a alors changé de caractère; mais néanmoins elle est toujours l'acte occasionnel de l'acquisition.

367. Le trésor, avons-nous dit, est une chose égarée, cependant il diffère des choses

dont nous traitons ici, en ce qu'il est présumé légalement n'avoir pas de propriétaire, tandis que la chose perdue est présumée en avoir un. Cette diversité naît de ce qu'il y a pour ainsi dire impossibilité de reconnaître le propriétaire du trésor, tandis que le propriétaire de la chose égarée est presque toujours facilement reconnu ; de là les différences qui président à leur acquisition. L'occupation du trésor, ainsi que des choses *nullius*, en fait acquérir immédiatement la propriété ; l'occupation des choses perdues n'est qu'une prise de possession qui peut conduire seulement à la propriété ; la moitié du trésor appartient au propriétaire du fonds qui l'a conservé, le propriétaire du fonds sur lequel a été trouvée la chose perdue ne peut réclamer aucun droit.

368. Il n'est pas difficile de distinguer un trésor d'une chose perdue ; mais il est plus difficile de distinguer une chose perdue d'une chose abandonnée. Cependant la nature de la chose, son importance et les circonstances locales apporteront toujours un motif de décision. Des pièces d'argent, un animal domestique, trouvés dans un chemin, sont toujours des choses égarées ; car leur nature et

leur importance n'en font pas présumer l'abandon, il faudrait auparavant présumer la folie du maître. L'abandon, nous le répétons, n'a pour objet que des choses dont la conservation est plus à charge qu'à profit.

369. Suivant l'art. 717, « le droit sur les choses perdues dont le maître ne se représente pas est réglé par des lois particulières. »

La plupart de ces lois sont antérieures au Code, et elles sont loin de présenter un ensemble de dispositions propres à faciliter la solution des diverses questions qui peuvent se présenter. On est obligé, dans certains cas, d'avoir recours à des décisions ministérielles. Aussi s'est-il élevé, sous le Code, des difficultés pour savoir à qui, de l'état ou de l'inventeur, appartiennent les choses perdues et non réclamées. Les uns, argumentant des art. 539 et 713 du Code civil, les attribuent à l'état ; d'autres, argumentant de l'usage consacré par des décisions ministérielles, les attribuent à l'inventeur. Cette dernière opinion est plus conforme, non-seulement à la raison, mais encore aux principes. En effet, nous avons démontré précédemment [1] que l'art.

____

(1) Nᵒˢ 151, 274.

539, dont l'art. 713 répète le principe, ne devait pas être pris dans un sens aussi général que ses termes semblent l'indiquer ; l'appliquer suivant son sens grammatical, ce serait commettre une absurdité. La volonté du législateur proteste d'ailleurs contre une pareille interprétation dans les art. 714, 715, 716 et 717. En effet, ces articles ont pour objet des choses sans maître que plusieurs lois particulières attribuent à d'autres qu'à l'état ; et si, dans l'espèce présente, une loi ne règle pas cette attribution, du moins il est évident que le législateur n'a pas voulu que les art. 539 et 713 fussent applicables, puisqu'il a dit expressément (art. 717) que cette attribution serait réglée par des lois autres que celles du Code civil. En l'absence de ces lois, il y a des principes généraux de droit, consacrés par la justice de tous les temps, qui doivent nous guider et qui nous dispensent de recourir à des articles dont l'application n'a pas été dans le vœu du législateur. En effet, lorsqu'on ne peut reconnaître la propriété, on doit avoir recours à la possession, et comme il ne peut y avoir pas plus deux possesseurs [1] que deux

____

(1) Egaux en droit.

propriétaires d'une même chose, il importe
de savoir quel est le possesseur. Il sera facile
de le reconnaître, puisque la possession se
manifeste ordinairement par des faits, et toujours par des faits lorsqu'elle est par elle-même
son seul titre. Le premier fait possessoire fixe
la possession entre les mains de celui qui l'a
exercé, tant qu'un titre contraire ne vient pas
la détruire; et quel est, dans l'espèce, ce premier fait? n'est-ce pas l'invention ? L'inventeur est donc possesseur, l'invention est un
titre qui légitime sa possession, et le seul
qui lui soit possible d'avoir dans cette circonstance. A cette possession sont attachés des
effets juridiques, qui, à l'égard des tiers, sont
les mêmes que ceux de la propriété. La possession la fait présumer, et cette présomption
dure tant qu'elle n'est pas détruite par un titre
puisé, soit dans les conventions, soit dans
les lois. Le législateur, nous venons de le voir,
n'a pas voulu appliquer à l'espèce les art. 539
et 715; en l'absence de toute autre disposition
légale en faveur de l'état, l'inventeur doit
rester en possession par cela seul qu'il est en
possession. Le dépôt que, suivant les règlements, il est obligé de faire est bien loin de

lui enlever, soit la possession, soit son espoir à la propriété ; car la possession (et les lois le disent formellement) reste attachée à la personne du déposant.

Citons maintenant la décision du ministre des finances, en date du 3 avril 1825. Ordinairement il suffit qu'il y ait doute sur l'interprétation d'un article pour que l'esprit de fiscalité l'interprète en sa faveur exclusive. Cependant il n'en a pas été ainsi dans l'espèce de cette décision, c'est évidemment parce que l'extension des art. 539 et 713, au cas prévu, n'était pas possible ; voyons quels en sont les motifs :

« Le ministre secrétaire-d'état des finances, vu la pétition de la dame Marie-Louise Huard, veuve de Bernard Lancesseur, demeurant à Versailles, rue de Madame, tendant à obtenir l'indemnité à laquelle elle peut avoir droit, d'après les lois et règlements, à raison du dépôt volontaire par elle fait, il y a trois ans, au greffe du tribunal civil de Versailles, d'une montre d'or qu'elle avait trouvée, sur la voie publique, au mois d'octobre 1821, et dont le propriétaire ne s'est point représenté pour la réclamer ; laquelle montre a été vendue ré-

cemment par le domaine, avec d'autres objets mobiliers saisis sur des condamnés;

« Vu l'arrêté de M. le préfet du département
de Seine-et-Oise, en date du 8 mars dernier,
tendant à ce que la somme de 72 fr. 05, montant de la montre d'or dont il s'agit, soit allouée à la réclamante;

« Vu la délibération du conseil d'administration du domaine, du 20 avril dernier;

« Vu également l'avis de M. le directeur-
général de la même administration, dont les
conclusions tendent à attribuer à l'état les
objets perdus et non réclamés dans les trois
ans, sur le motif que, d'après l'art. 717 du
Code civil, les droits sur les objets perdus
devront être réglés par des lois particulières,
et aucune disposition n'étant intervenue depuis, il y avait lieu de se reporter aux anciens
règlements, et notamment à la jurisprudence
du parlement de Paris, qui attribuait les
épaves au seigneur-justicier, aujourd'hui représenté par l'état;

« Vu la décision du 10 août 1821, rendue
dans une espèce analogue, et celle du 28
juillet 1824, prise pour son exécution;

« Vu l'art. 717 du Code civil;

« Considérant qu'en l'absence de dispositions spéciales sur la matière, l'on ne peut se déterminer que par des considérations morales ; qu'il importe de laisser à l'inventeur l'espoir de profiter ou jouir de ce qu'il a trouvé, puisque cet espoir peut le décider à en faire le dépôt, et que cette mesure, par la publicité qu'elle occasionne et les délais qu'elle entraîne, a pour but de mieux asssurer les droits du propriétaire ;

« Considérant d'ailleurs qu'il est de principe qu'en fait de meubles la possession vaut titre ;

« Décide ce qui suit :

« L'arrêté de M. le préfet du département de Seine-et-Oise, du 8 mars dernier, est approuvé. La somme de 72 fr. 05, perçue par le domaine pour le prix de la vente faite d'une montre d'or trouvée au mois d'octobre 1821 par la dame veuve Lancesseur, sera en conséquence remise à celle-ci, sous la déduction toutefois des frais de régie. »

« On peut, dit M. Duranton [1], regarder cette décision comme comblant une lacune de notre jurisprudence, jusqu'à ce qu'il y ait sur cette matière une disposition législative, qui, à vrai dire, nous paraît superflue. »

---

(1) T. 4ᶜ, n. 326.

370. La déclaration et le dépôt de la chose trouvée doivent être faits au greffe du tribunal civil.

371. Le même doute ne se présente pas à l'égard de certaines épaves, des lois spéciales en règlent l'attribution. Les effets, paquets, balles et ballots qui se trouvent dans les bureaux des carrosses, coches, messageries et maisons où se tiennent des voitures publiques, tant par terre que par eau, et dont on ne connaît point les propriétaires, doivent être réclamés dans le délai de deux ans. Après ce délai, les objets *appartiennent* à l'état à titre d'épaves, et les agents du fisc peuvent les faire vendre [1].

372. Les greffiers, geoliers et tous autres dépositaires d'effets mobiliers déposés à l'occasion des procès civils ou criminels définitivement jugés, et qu'il serait nécessaire de vendre, soit à raison de leur détérioration, soit pour toute autre cause, doivent présenter requête au président du tribunal civil pour être autorisés à faire remise desdits objets aux préposés de l'administration des domaines, qui

---

[1] Duranton, loc. cit.

doivent procéder à la vente dans les formes suivies pour l'aliénation des objets non réclamés et sur lesquels l'état a un droit éventuel [1].

Les sommes provenant desdites ventes sont versées à la caisse des dépôts et consignations, et les ayants-droit peuvent les réclamer dans les délais fixés par l'art. 2262 du Code civil [2].

L'administration des domaines est autorisée à faire provoquer, de six mois en six mois, auprès des procureurs-généraux près les cours royales et des procureurs du roi près les tribunaux de première instance, la remise que les greffiers, geoliers et autres dépositaires doivent faire au domaine, en conformité de l'ordonnance du 22 février 1829, des objets mobiliers déposés et susceptibles d'être vendus [3].

Les sommes en deniers comptant sont comprises au nombre des objets mobiliers qui doivent être remis au domaine (art. 2).

Les procureurs du roi sont tenus de véri-

---

(1) Ordonnance du 13 mars 1829 , art. Ier.

(2) *Ibid.*, art. 2.

(3) Ord. du 27 juin 1831 , art. Ier.

fier et de certifier l'exactitude de la requête que les greffiers, geoliers et autres dépositaires doivent présenter au président du tribunal civil pour être autorisés à faire la remise au domaine des objets susceptibles d'être vendus.

Sont exceptés de cette remise les papiers appartenants à des condamnés ou à des tiers, lesquels papiers resteront déposés dans les greffes pour être remis à qui de droit, s'il y a lieu.

Les dispositions ci-dessus sont applicables aux effets déposés dans les greffes des conseils de guerre et des tribunaux maritimes, ainsi que dans les prisons militaires et maisons de détention de la marine [1].

373. La possession de la chose perdue n'est plus un titre équivalent à la propriété en faveur de celui qui l'a achetée de l'inventeur. En effet, suivant l'art. 2279, la propriété n'est acquise au tiers détenteur qu'après une possession de trois ans, à dater de la perte ; jusqu'à l'accomplissement de cette prescription, le propriétaire peut la revendiquer entre les mains de celui qui la possède.

---

(1) Ord. du 13 mars 1829 et 27 juin 1831. V. aussi l'ord. du 1er février 1821.

Mais quelle doit être la durée de la possession nécessaire pour mettre l'inventeur à
l'abri de la revendication de l'objet? La prescription de trois ans n'a été établie qu'en faveur du tiers détenteur, c'est-à-dire en faveur
de celui qui a un titre de propriété en mains,
qu'il croit tenir du véritable propriétaire, soit
que ce titre soit un achat, une donation ou tout
autre acte translatif de propriété. L'inventeur ne se trouve pas dans une position aussi
favorable; il possède, et sa possession est susceptible de lui faire acquérir la propriété, mais
il ne possède pas en vertu d'un acte translatif de
propriété. L'invention est son seul titre de
possession, et la propriété de l'objet est res-
tée entre les mains du maître qui l'a perdu,
à quelque temps que la perte puisse monter.
C'est là ce qui distingue les choses perdues des
choses abandonnées, dont la perte de la propriété est instantanée. Et cette différence a
son origine dans la volonté du propriétaire,
qui alors ne peut être présumé avoir abandonné sa propriété. La loi seule peut le dé-
posséder dans cette circonstance. La possession
de l'inventeur le fait réputer propriétaire à

l'égard des tiers, elle l'autorise à revendiquer l'objet contre eux ; mais elle n'est pas un titre de propriété contre le propriétaire ; car il répugnerait de dire qu'il y a, dans ce cas, deux propriétaires du même objet. L'inventeur n'a donc aucun titre de propriété, au regard du maître de la chose perdue qui prouve son titre ; il s'agit donc de savoir quelle est la durée de ce titre vis-à-vis de l'inventeur. L'art. 2279 est muet sur cette question, alors la prescription de l'objet tombe sous la règle générale de l'art. 2262, et ne s'accomplira que par trente ans de possession. Et si le dépôt n'interrompt pas le cours de la prescription, et si la possession reste attachée à la personne de l'inventeur, on doit dire aussi que la restitution faite par le domaine au bout de trois ans ne lui confère pas une propriété incommutable. Il ne fait que continuer sa possession, ou du moins la restitution ne lui confère qu'une propriété résoluble. Il ne reçoit l'objet qu'avec l'obligation de le restituer au propriétaire, en nature, s'il le possède encore, ou le prix, s'il l'a vendu [1].

____

[1] Conf., Duranton, n. 730.

374. La durée de la prescription ne saurait être réduite à un terme moins long en faveur de l'inventeur, par cette circonstance qu'il n'aurait pas fait le dépôt de l'objet trouvé, ou employé les moyens de publicité nécessaires pour découvrir le propriétaire, ou même renié l'invention de l'objet à son propriétaire. En effet, quoiqu'un pareil fait constitue, dans le premier cas, un quasi-délit, et, dans le second, un véritable délit; cependant, considéré sous le rapport du dommage qu'il cause au propriétaire, il peut, comme tout autre fait, quelle qu'en soit la criminalité, donner lieu à une action purement civile. Rien ne peut obliger le propriétaire de la chose perdue à poursuivre comme un délinquant celui qui, cachant son invention, a refusé de rendre l'objet; car c'est un principe de droit criminel que l'action civile peut être exercée séparément de l'action publique [1].

Et si l'art. 638 du même Code soumet l'action civile à la même prescription que l'action publique, ce n'est que dans le cas où les deux actions sont exercées simultanément. C'est la

____

(1) Art. 3 , C. d'inst. crim.

conséquence que l'on doit tirer de la jurisprudence de la cour de cassation [1] : « Attendu, dit-elle, que l'action qui a pour objet et pour but unique d'obtenir la réparation d'un dommage, sans ratacher le fait qui l'a causé à aucun délit qualifié par la loi, peut être réparé par application de l'art. 1382 ; — qu'il ne saurait appartenir à ceux qui ont commis ces faits, en s'imputant une turpitude, d'aggraver ces faits et ces circonstances, et de leur donner le caractère d'un délit correctionnel, que le demandeur à fins civiles ne leur a point attribué, et de ne chercher à leur imprimer ce caractère que pour échapper à une condamnation purement civile, au moyen d'une prescription prévue par les art. 2, 637 et 638 du Code d'inst. crim. » De ces faits il résulte donc une obligation personnelle qui consiste dans la restitution de la chose, cette obligation n'étant pas limitée, quant à sa durée, ne se prescrit conséquemment que par trente ans.

375. Sous le rapport de l'action publique, il est utile de voir quelles sont les circonstances qui constituent un délit contre l'inven-

---

[1] Cavaré, C. C. 26 mars 1829.

teur qui n'a pas fait de déclaration ou de dépôt.

Le droit romain semble considérer comme vol l'action de celui qui, ayant trouvé un objet, en avait caché l'invention dans l'intention de se l'approprier ; voici les raisons qu'il en donne : *Ridiculum etenim est dicere vel audire quod per ignorantiam alienam rem aliquis quasi propriam occupaverit. Omnes autem scire debent, quod suum non est, hoc ad alios modis omnibus pertinere* [1]. Et voici la conséquence que la loi 43, § 4 *de furtis ff.*, tire de ce principe : *Qui alienum quid jacens lucri faciendi causâ sustulit, furti obstringitur, sive scit cujus sit, sive ignoravit. Nihil enim ad furtum minuendum facit, quod cujus sit ignoret.*

Mais peut-il en être de même dans notre droit ? Voici ce que dit M. Duranton sur ce sujet [2] :

« Si de cela seul que l'inventeur ne fait aucune démarche pour découvrir le propriétaire, ni aucune déclaration de l'invention, on devait nécessairement conclure qu'il a formé le

______

(1) L. ult., *undè vi*, C.
(2) T. 4ᵉ, n. 327.

dessein de garder l'objet trouvé, quand même le propriétaire se ferait connaître, évidemment il y aurait déjà fraude de sa part; et la question ne serait plus que de savoir si ce genre de fraude constitue **un** fait de vol tel qu'il est qualifié par le Code pénal, question qu'un criminaliste pourrait croire devoir résoudre par la négative, sans penser blesser les principes conservateurs de l'ordre social. Mais ce dessein ne peut guère être connu que de celui qui lit dans les cœurs et en sonde les plus secrets replis; et comme aucune loi en vigueur ne punit de la peine du vol le défaut de déclaration de la part de l'inventeur, l'action criminelle qui serait dirigée contre lui avant qu'il eût été, soit par l'autorité, soit par la personne qui a fait la perte, sommé, même verbalement, d'avouer qu'il a trouvé la chose, et d'en faire le dépôt ou de la rendre, s'évanouirait probablement dès qu'il déclarerait, sans avoir d'abord nié le fait, qu'il l'a en effet trouvée, et qu'il est prêt à la restituer.

« Il ne peut donc y avoir de sérieuses difficultés que pour le cas où l'autorité ou le propriétaire ayant su quel était l'inventeur, et lui ayant demandé de restituer l'objet perdu, il a nié d'abord l'avoir trouvé, et a été convaincu de mauvaise foi. Dans ce cas y a-t-il vol dans le sens de la loi ? Y a-t-il la *soustraction* exigée par l'art. 379 du Code pénal pour qu'il y ait vol ? L'idée de soustraction semble supposer un déplacement de la chose du lieu où elle avait été *mise* par le propriétaire ou par quelqu'un de son choix : ce qui ne paraît guère s'accorder avec le fait de perte ; car il est difficile de dire que l'objet avait été *mis* à l'endroit où il a été trouvé. Mais si l'on s'attache aux véritables caractères du vol, le doute s'évanouira. La loi romaine le définissait *contrectatio fraudulosa rei alienæ lucri faciendi gratiâ*. Ainsi c'était le *maniement* frauduleux de la chose d'autrui, en vue de se l'approprier sans droit ; le mot *soustraction* a été employé dans nos lois pénales pour signifier la même chose. Or, le maniement frauduleux de la chose d'autrui existe tout-à-fait dans celui qui nie mensongèrement avoir cette chose, qui la possède, qui en jouit, qui veut en disposer ; et si le vol ne résulte pas du fait de prise de possession de l'objet, il se commet ensuite par la rétention frauduleuse qu'en fait l'inventeur qui en connaît le propriétaire : en sorte que la criminalité du fait tire son caractère des circonstances qui l'ont suivi. Telle est au surplus la jurisprudence. » En effet, la cour de Nîmes [1] a condamné comme coupable de vol un individu qui, ayant trouvé une somme d'argent perdue par des gendarmes, l'avait gardée après avoir eu connaissance de la réclamation des propriétaires. La cour de cassation a établi le même principe dans un arrêt du 4 avril 1823 :

La femme Mallet avait trouvé, sur la route de Mesle à Mortagne, une pièce de monnaie de six livres, renfermée dans une bourse ; mais elle nia le fait lorsque le propriétaire de cette pièce vint en faire la réclamation.

La femme Mallet fut traduite, comme prévenue de vol, devant le tribunal de Mortagne, qui la condamna aux peines de l'art. 401 du Code pénal.

Sur son appel, le tribunal correctionnel d'Alençon la renvoya des poursuites, sur le motif qu'une rétention frauduleuse n'était

____

[1] Arr. du 16 juin 1829.

point une soustraction, et ne pouvait ainsi avoir le caractère d'un vol.

Sur le pourvoi, la cour de cassation a cassé le jugement.

« Considérant que l'enlèvement sur la voie publique, d'une chose qui n'appartient pas à celui qui s'en empare, et dont la propriété d'ailleurs ne peut s'acquérir par l'occupation, prend son caractère dans les faits et circonstances qui l'ont suivi; que, lorsque la chose étant réclamée par le propriétaire, celui qui s'en est emparé nie de l'avoir enlevée, et manifeste ainsi son intention d'en faire son profit, il commet une soustraction frauduleuse qui caractérise le vol, tel qu'il est défini par l'art. 379 du Code pénal. »

§ III. *Des Effets jetés à la mer.*

376. Le § 47 *aux inst. de rer. div.* assimile les choses jetées à la mer pour alléger le vaisseau au moment de la tempête aux choses perdues; en effet, dans l'un et l'autre cas, le maître conserve la propriété de ses objets. Il est évident que celui qui, dans la crainte d'être englouti par les flots, jette dans la mer des

objets qui lui appartiennent, n'a pas plus l'intention d'en abandonner la propriété que celui qui, à son insçu, laisse tomber quelque chose sur la voie publique. Car l'abandon de la propriété est le résultat d'une volonté libre. Il en est de même dans ce cas que dans celui où un individu surchargé d'un fardeau, le dépose dans le chemin dans l'intention de revenir bientôt le reprendre avec l'aide d'autres personnes [1].

377. Néanmoins, quoique ces choses aient un maître, cette propriété est susceptible de cesser par l'effet de la prescription et de passer entre les mains de l'inventeur, en tout ou en partie ; l'invention est encore ici l'occasion d'acquisition de droits.

Suivant l'art. 717 : « Le droit sur les effets jetés à la mer est réglé par des lois particulières. »

L'ordonnance de la marine est encore ici la règle générale.

Les poissons, les coquillages, le corail, les varechs sont des objets du crû de la mer, que nous avons expliqués précédemment dans

____

[1] L. 8, ad leg. rhod. ff.

leur rapport avec le droit de propriété; il n'est question ici que des épaves maritimes ou objets naufragés, qui ne sont pas du crû de la mer.

378. Suivant la nature des objets et le lieu où ils ont été trouvés, l'invention des épaves maritimes peut, au moyen d'une possession prolongée pendant un certain temps, sans réclamation du propriétaire, faire acquérir la propriété de tout ou partie des objets; quelquefois elle ne donne lieu qu'à une simple indemnité en faveur de l'inventeur.

379. Ainsi, *les ancres tirées du fond de la mer*, qui ne seront point réclamées dans deux mois après la déclaration qui en aura été faite, appartiendront entièrement à ceux qui les auront pêchées [1].

380. Les vêtements trouvés sur les corps noyés échoués sur les grèves sont délivrés à ceux qui les auront tirés sur les grèves et transportés au cimetière (art. 35). S'il se trouve sur le cadavre argent monnoyé, bagues ou autre chose de prix, le tout sera déposé au greffe de l'amirauté, pour être rendu à

---

[1] Art. 28, lit. 9, de l'ord. de 1681.

ceux à qui il appartiendra, s'il est réclamé dans *l'an et jour*, sinon il sera partagé entre l'état, pour les deux tiers, et celui qui l'aura trouvé, *pour le tiers*, les frais de justice et de l'inhumation préalablement pris (art. 36).

381. Si les effets naufragés ou jetés à la mer pour alléger le vaisseau ont été trouvés en pleine mer, ou tirés de son fond, *la troisième partie* en sera délivrée *incessamment* et sans frais, en espèces ou en deniers, à ceux qui les auront sauvés, et les deux autres tiers seront déposés pour être rendus aux propriétaires, s'ils les réclament dans l'an et jour, après lequel temps ils appartiendront au domaine, les frais de justice préalablement pris (art. 27).

382. Si les vaisseaux et effets échoués ou *trouvés sur le rivage* ne sont point réclamés dans *l'an et jour*, ils appartiendront au domaine ; les frais du *sauvement* et de justice préalablement pris [1].

383. Ceux qui auront sauvé des effets *au moment* ou à la suite d'un naufrage auquel on travaille *actuellement* ne peuvent prétendre

---

[1] Art. 26 de l'ordon. de 1681.

que *les frais du sauvetage*. Si le propriétaire ne réclame pas dans l'an et jour, le fisc profite de la totalité [1].

384. Le droit de sauvetage sera des deux tiers de la valeur des objets sauvés en pleine mer, quand lesdits objets seront des propriétés *ennemies*. Le tiers restant, après déduction de tous frais, sera versé dans la caisse des invalides de la marine [2].

385. Le juge de paix pourra faire vendre de suite, sur la réquisition du chef des classes, les effets qui ne seront pas susceptibles d'être conservés ; et, s'il ne se présente point de réclamation dans le mois, il procédera, en présence du même chef, à la vente des marchandises les plus périssables ; et sur les deniers en provenant seront payés les salaires des ouvriers, suivant le règlement qu'il en aura fait provisoirement et sans frais [3].

---

(1) Ord. du 10 janv. 1770.
(2) Art. 1 et 2 de la loi du 26 nivôse an VI.
(3) Art. 6 du décret du 9 août 1791.

SECTION IV.

DES EFFETS PRIS SUR L'ENNEMI.

SOMMAIRE.

386. Comment les choses appartenant à l'ennemi peuvent faire l'objet de l'occupation.
387. Quel doit être l'objet de la guerre?
388. Quels sont les droits qu'elle donne?
389. Quelles sont ses bornes.
390. Les droits des nations manquent encore de tribunaux pour les reconnaître et de force pour les faire respecter.

§ 1er *Du Butin.*

391. Que nomme-t-on butin ?
392. Sous la législation romaine à qui appartenait le butin? était-ce au soldat? était-ce au peuple ?
393. Les principes du droit romain sont encore applicables.
394. Mais le souverain laisse dans plusieurs circonstances aux soldats les choses prises sur l'ennemi.
395. Ces choses nous sont acquises légitimement et incommutablement.

§ 2. *Des Prises maritimes.*

396. Les citoyens de l'état ennemi sont nos ennemis, et les choses qui leur appartiennent sont choses appartenant à l'ennemi ; conséquences.

419. Comment se répartit le produit de la vente de leurs navires et chargements ?

Art. 3. *Comment se distribuent les prises faites par les armateurs.*

420. Prises faites par les vaisseaux de la marine royale.
421. Vente de la capture.
422. Répartition du produit.
423. Part attribuée aux bâtiments armés en *guerre et marchandises.*
424. Le coffre du capitaine ne doit pas entrer en distribution.
425. Défense de promettre avant l'embarquement aucune part dans les prises.
426. Avantages faits aux blessés et aux veuves.
427. Les parts des marins et leurs salaires sont insaisissables.

386. L'occupation est un mode d'acquisition immédiat, non pas seulement quant aux objets qui n'ont réellement pas de propriétaire, mais encore quant aux objets qui sont *réputés* n'en avoir pas, soit parce qu'il est impossible de le reconnaître, soit parce qu'un certain concours de circonstances nous autorise à ne pas respecter ce titre. Ce concours de circonstances résulte de l'état de guerre. « L'état de guerre, dit Puffendorf[1], rompt en-

____

(1) De jure natur. et gent. , lib. 4 , cap. 6 , § 14 ; V. Duranton , t. 4°, n. 337.

tre les parties belligérantes tous les droits qui doivent être observés en temps de paix, et anéantit dès-lors les principes sur lesquels repose la propriété; en sorte que l'on n'est tenu de respecter celle de l'ennemi qu'autant que l'humanité le conseille. Ce n'est pas, assurément, qu'il cesse d'être le maître de sa chose; mais c'est parce que, par rapport à nous, c'est comme s'il ne l'était plus; tellement que ses biens sont à notre égard comme des biens vacants et sans maître, dont par conséquent nous pouvons légitimement nous emparer par droit de premier occupant. »

387. La guerre est cet état dans lequel on poursuit son droit par la force. Le droit d'user de force, ou de faire la guerre, n'appartient aux nations que pour leur défense et pour le maintien de leurs droits; elle ne doit avoir pour but que de venger ou de prévenir l'injure. *Venger* signifie ici poursuivre la réparation de l'injure [1]. « Un état fait la guerre, dit Montesquieu [2], parce que sa conservation est juste comme tout autre conser-

---

(1) Vattel, t. 3ᵉ, chap. 1 et 3.

(2) Esprit des Lois, liv. 10, chap. 2.

vation. Entre les citoyens, le droit de la défense naturelle n'emporte point avec lui la nécessité de l'attaque. Au lieu d'attaquer, ils n'ont qu'à recourir aux tribunaux. Ils ne peuvent donc exercer le droit de cette défense que dans le cas momentané où l'on serait perdu si l'on attendait le secours des lois. Mais entre les sociétés, le droit de la défense naturelle entraîne quelquefois la nécessité d'attaquer, lorsqu'un peuple voit qu'une plus longue paix en mettrait un autre en état de le détruire, et que l'attaque est dans ce moment le seul moyen d'empêcher cette destruction. Le droit de la guerre dérive donc de la nécessité du juste et du rigide. »

388. Du droit de guerre dérive celui de conquête qui en est la conséquence. « L'état qui prend les armes, dit Vattel [1], pour un juste sujet, a un double droit contre son ennemi : 1° le droit de se mettre en possession de ce qui lui appartient et que l'ennemi lui refuse, à quoi il faut ajouter les dépenses faites à cette fin, les frais de la guerre et la réparation des dommages; car s'il était obligé

---

[1] T. 3ᵉ, chap. 9.

de supporter ces frais et ces pertes, il n'obtiendrait point en entier ce qui est à lui ou ce qui lui est dû; 2° il a le droit d'affaiblir l'ennemi pour le mettre hors d'état de soutenir une injuste violence, le droit de lui ôter les moyens de résister. De là naissent, comme de leur principe, tous les droits de la guerre sur les choses qui appartiennent à l'ennemi.

« On est en droit de priver l'ennemi de ses biens, de tout ce qui peut augmenter ses forces, et le mettre en état de faire la guerre ; chacun travaille à cette fin de la manière qui lui convient le mieux. On s'empare, quand on le peut, des biens de l'ennemi ; on se les approprie ; par là, outre qu'on diminue les forces de son adversaire, on augmente les siennes propres, et l'on se procure, au moins en partie, un dédommagement, un équivalent, soit du sujet même de la guerre, soit des dépenses et des pertes qu'elle cause. On se fait justice soi-même. »

389. Mais le droit de se faire justice soi-même a, même dans ces circonstances, ses bornes légitimes ; en effet, comme le dit le même auteur, tout le mal que l'on fait à l'ennemi sans nécessité, toute hostilité qui ne

tend point à amener la victoire et la fin de la guerre , est une licence que la loi naturelle condamne.

390. Nous avons cru utile de citer l'opinion des publicistes pour démontrer la légitimité de ce mode d'acquisition. Sans doute il arrive souvent que la guerre n'a pas d'autre origine que les passions et l'ambition des peuples ou des rois , et que la conquête n'est que la récompense de la cupidité. La raison du plus fort est mise souvent à la place du droit et jouit de ses priviléges ; mais c'est là la conséquence de l'état de l'humanité ; le droit manque encore ici de tribunal pour le reconnaître et souvent de force pour le faire respecter. Le droit international des sociétés modernes, quelqu'imparfait qu'il soit encore aux yeux de la raison , est cependant bien supérieur au droit des gens des sociétés anciennes, et l'avenir ne nous révèle que des progrès ; insensiblement le droit et le respect de l'humanité remplacent l'usurpation et la cruauté. Et si les lois de la guerre autorisent encore des actes plus dignes des temps barbares que de nos temps civilisés , espérons que l'avenir effacera ces taches , et rendons hommage de

nos progrès à la religion, à la philosophie et à l'amélioration de nos mœurs.

§ Ier. *Du Butin*.

391. Par la même raison que l'on nomme *conquêtes* les villes et les terres prises sur l'ennemi, on nomme *butin* les choses mobilières qu'on lui enlève.

392. Les commentateurs du droit romain ont agité long-temps la question de savoir si le butin était acquis au peuple qui faisait la guerre ou au soldat qui l'avait capturé. En effet, tandis que Cujas [1] veut qu'il soit acquis aux soldats vainqueurs ; d'autres commentateurs, Bartole et Cavaruvias, veulent qu'il appartienne au peuple ou au chef qui fait la guerre. La fréquence des cas rapportés par l'histoire où le soldat romain était admis au partage du butin a pu faire croire qu'il y avait droit. Cependant il n'en était rien, le butin appartenait au peuple, c'est ce qui résulte du passage suivant, ainsi que de beaucoup d'autres, que nous ne devons pas rapporter.

---

(1) Obs , cap. 7, lib. 10, 9.

Parmi les Romains, dit Denys d'Halicarnasse, la loi veut que tout le butin fait sur l'ennemi par des coups de bravoure appartienne au public; en sorte que, non-seulement un particulier ne peut se les approprier, mais que même le général de l'armée n'a rien a y prétendre. Le trésorier fait vendre le tout, et en rapporte le montant au trésor public [1].

Il est bien vrai que le butin appartenait au peuple; mais le général avait le droit de le distribuer aux soldats, toutefois en rendant compte au peuple de la manière dont il en avait usé. Ce droit de distribution résulte, entr'autres textes, de celui de la loi 36, *tit.* 54, *lib.* 8, *C. de donationibus*, et la charge d'en rendre compte, de cet exemple de Lucius Scipion, qui fut condamné, comme coupable de péculat, pour avoir gardé une certaine somme d'argent qu'il fut obligé de remettre au trésor [2].

On faisait prêter serment aux soldats, *de ne rien détourner du butin* et d'en rendre compte fidèlement [3]. Le soldat qui détournait du

---

(1) Antiq. rom., lib. 7, cap. 63.
(2) V. Valère-Maxime, liv. 5, chap. 3.
(3) Polybe, lib. 10, chap. 16.

butin se rendait aussi coupable de péculat,
« *is qui prædam abhostibus captam subripuit*,
peculatus tenetur, *et in quadruplum dam-*
natur [1]. »

Ce texte, dit Grotius [2], devait suffire pour
empêcher que les interprètes modernes ne se
missent dans l'esprit que les choses prises sur
l'ennemi sont acquises à chaque particulier
qui s'en est saisi le premier ; car il est constant que le crime de péculat ne se commet
qu'en matière de choses publiques ou sacrées.

Voici comment Vinnius [3] explique l'acquisition du butin, considéré comme chose *nullius*,
au profit du peuple romain : « *Quæ nullius*
sunt, *sive immobilia sint*, *sive mobilia*, *semper*
fiant capientium ; sed tàm eorum qui per alios,
quàm qui per se capiunt : neque enim servi tan-
tum aut filiifam. Sed et liberi homines, *qui ve-*
nando, *aucupando*, *piscando*, *margaritas*
legendo, *operam suam addixerunt*, *statim ejus*
quod ceperunt, *possessionem et dominium aliis*
acquirunt, *iis scilicet*, *quibus operam navant :*

---

(1) D. lib. 48 , tit. 13 , ad leg. jul. pecul.
(2) Liv. 3 , chap. 6, § 21 , n. 4.
(3) § 17, de rer. div.

II. 5

quippè quæ naturaliter acquiruntur, non modò per nosmetipsos, sedetiam per quemlibet alium, cujus ministerio utimur, acquirere possumus ; locumque hic habet, quod dicitur, nihil interesse, utrum per se quis faciat, an per alium [1] . *Sic apud. Græcos, qui in Olympiis certabant, præmia acquirebant iis , à quibus mittebantur.* » Cependant, comme il arrive dans certaines occasions que le soldat acquiert directement les choses qu'il prend sur l'ennemi, Vinnius, d'après Grotius [2], explique cette circonstance en faisant une distinction entre les actes militaires, entre les exploits véritablement publics et les exploits faits d'autorité privée à l'occasion d'une guerre publique. Dans les derniers, les choses prises sur l'ennemi sont acquises directement aux particuliers ; dans les autres, au peuple, parce que alors , dit ce jurisconsulte, les soldats *ut ministri operam navant;* dans les exploits privés, *non intelliguntur capere ut ministri.* Telles sont les dépouilles prises sur l'ennemi dans un combat singulier, les objets que les soldats rapportent de la ma-

---

(1) L. 53 , de acq. rer. dom. ; L. 20 , de acq. poss. ff.
(2) Liv. 3, chap. 6. 5. 10.

raude, etc. Mais les choses qui sont prises dans une bataille ou dans un combat, ou sur l'ordre du général qui envoie en détachement pour s'emparer des vivres, des munitions ou des bagages de l'ennemi, appartiennent au peuple. Ne pourrait-on pas, avec Barbeirac, critiquer cette distinction? Toute guerre publique se faisant par autorité du peuple ou du chef du peuple, c'est de lui aussi que vient originairement tout le droit que les particuliers peuvent avoir sur les choses prises à l'ennemi. Il faut toujours ici un consentement exprès ou tacite du souverain.

393. Ces principes du droit romain sont applicables aujourd'hui. « Le butin, dit Vattel [1], n'appartient pas moins que les conquêtes au souverain qui fait la guerre ; car lui seul a des prétentions à la charge de l'ennemi, qui l'autorisent à s'emparer de ses biens et à se les approprier. Ses soldats, et même les auxiliaires, ne sont que des instruments dans sa main pour faire valoir son droit. Il les entretient et les soudoie ; tout ce qu'ils font, ils le font en son nom et pour lui. »

____

[1] Loc. cit.

394. « Mais le souverain peut faire aux troupes telle part qu'il lui plaît du butin. Aujourd'hui on leur abandonne, chez la plupart des nations, tout celui qu'elles peuvent faire en certaines occasions où le général permet le pillage, la dépouille des ennemis restés sur le champ de bataille, le pillage d'un camp forcé, quelquefois celui d'une ville qui se laisse prendre d'assaut. Le soldat acquiert encore, dans plusieurs services, tout ce qu'il peut enlever aux troupes ennemies quand il va en parti ou en détachement, à l'exception de l'artillerie, des munitions de guerre, des magasins et convois de provisions de bouche et de fourrages, que l'on applique aux besoins et à l'usage de l'armée [1]. »

395. Les objets que nous acquérons ainsi nous sont acquis aussi légitimement qu'à tout autre titre et d'une manière aussi incontestable. Celui de nos compatriotes qui nous en dépouillerait commettrait un vol, lors même que ces choses lui auraient appartenu avant la guerre ; car il en avait perdu la propriété, et le soldat qui les a reprises s'est emparé d'objets

---

(1) V. Pothier, op. conf., n. 88, 89.

appartenants alors à l'ennemi. Il faut cependant faire une exception dans le cas où entre l'enlèvement et la reprise il s'est passé un temps fort court. Le butin pris par l'ennemi n'est censé lui appartenir définitivement que lorsqu'il a été conduit dans un lieu protégé par sa puissance ; jusque-là, il peut le perdre d'un moment à l'autre ; si ce fait arrive, il est juste de le rendre à celui auquel l'objet avait été enlevé primitivement [1].

§ II. *Des Prises maritimes.*

396. Tous les citoyens de l'état avec lequel on est en guerre sont ennemis, et tout ce qui appartient, soit à cette nation, soit à ses citoyens, est au nombre des choses appartenantes à l'ennemi : ces choses conservent ce caractère en quelque lieu qu'elles se trouvent ; voilà pourquoi le droit public autorise, en temps de guerre, au nombre des hostilités, les attaques dirigées contre le commerce maritime de la nation entière.

397. Mais ce qui distingue les guerres ma-

---

(1) Heineccius, Elem. juris., n. 348 ; Duranton, n. 343.

ritimes des guerres terrestres, c'est que dans les guerres maritimes les simples particuliers sont, non-seulement admis, mais encore appelés et encouragés à servir d'auxiliaires, comme armateurs, aux forces navales de l'état.

Telle est la source de la législation sur les armements en course et les prises maritimes.

398. L'armement en course doit être autorisé par le gouvernement.

La raison primitive de cette autorisation, dit Valin [1], est qu'il n'y a que le souverain qui ait le droit de faire la guerre.

A cette raison il en faut joindre une autre fondée sur l'intérêt qu'a l'état que la course se fasse dans les règles et suivant les lois de la guerre, sans excès à l'égard des ennemis, comme sans injures par rapport aux amis et alliés [2].

Nous verrons dans un premier article quels sont ceux qui ont le droit de s'emparer des vaisseaux ennemis ; dans un second, quels

---

[1] Ord. de 1681 , tit. 9.

[2] Voy. de Gérando, Éléments du Code administratif, tom. 2, p. 109.

sont les vaisseaux et les effets dont la prise est légitime ; dans un troisième, comment se distribue le produit de la prise.

Art. Ier. *Quels sont ceux qui ont le droit de s'emparer des vaisseaux ennemis.*

399. Les officiers commandant des vaisseaux ou frégates de la marine de l'état, ou les particuliers autorisés par le gouvernement à armer en guerre, à leurs frais, ont seuls pouvoir de courir sur les vaisseaux ennemis et de s'en emparer.

L'autorisation est accordée aux particuliers par *des lettres de marque*.

400. Mais diverses conditions sont exigées pour que les lettres de marque soient accordées.

En effet, nul ne peut obtenir des lettres de marque, s'il n'est citoyen français, ou s'il n'est, en pays étranger, immatriculé comme citoyen français sur les registres des consulats [1].

Les lettres de marque, soit pour les armements en course, soit pour les armements en

---

(1) Arrêté du 2 prairial an XI, art. 16.

guerre et marchandises, ne peuvent être délivrées en Europe que par le ministre de la
marine et des colonies. Chaque lettre de marque est accompagnée d'un nombre suffisant
de commissions de conducteurs de prises [1].

Les lettres ne sont délivrées aux armateurs
qu'après qu'il a été vérifié, si le bâtiment est
solidement construit, gréé, armé, équipé ;
s'il est d'une marche supérieure ; si son artillerie est en bon état ; si le capitaine désigné par l'armateur est suffisamment expéri-
menté [2].

401. La durée des lettres de marque peut
être de six, douze, dix-huit et vingt-quatre
mois, à compter du jour où elles sont enre-
gistrées au bureau de l'inscription maritime
du port de l'armement.

Tout armateur doit donner un cautionnement proportionné sur le nombre des hommes
qui composent son équipage, il peut même
être forcé à donner caution (art. 20).

402. Dans le cas où une prise a été faite

---

(1) Arrêté du 2 prairial an XI, art. 15 ; ord. de 1681,
liv. 3, tit. 9, art. 1 et 3.

(2) *Ibid.*, art. 18.

par un bâtiment non muni de lettres de marque, et sans que l'armateur ait fourni le cautionnement exigé, elle est confisquée au profit
du trésor public, et peut même donner lieu à
punition corporelle contre le capitaine du bâtiment capteur, le tout sauf le cas où la prise
a été faite, dans la vue d'une légitime défense,
par un bâtiment de commerce, d'ailleurs muni
de passeport ou congé de mer [1]; sauf encore
le cas où la capture a été faite pour cause de
piraterie [2].

Art. II. *Quels sont les vaisseaux et les effets
dont la prise est légitime.*

403. Non-seulement les navires de la nation ennemie, mais encore les vaisseaux
étrangers, dans certains cas, sont de bonne
prise. En tout temps la prise des navires des
pirates est légitime.

Il résulte du principe que nous avons
posé, que les citoyens de l'état qui est en
guerre avec nous sont nos ennemis, et les

---

(1) Arrêté du 2 prairial an XI, art. 34. Voy. les autres
conditions exigées, soit dans cet arrêté, soit dans M. de
Gérando, loc. cit., d'où nous avons extrait les dispositions
ci-dessus.

(2) Art. 10 de la loi du 10 avril 1825.

choses qui leur appartiennent sont choses appartenants à l'ennemi ; qu'il n'y a pas lieu de distinguer, quant à la légitimité de la prise, si les vaisseaux capturés appartiennent à la marine de l'état, ou à des particuliers, s'ils sont armés en guerre ou s'ils ne sont chargés que de marchandises.

Sont de bonne prise, tous bâtiments appartenants aux ennemis de l'état, ou chargés d'effets appartenants aux ennemis, ou commandés par des pirates, forbans ou autres gens courant la mer sans commission spéciale d'aucune puissance [1].

404. Il résulte de cet article que les vaisseaux français ou neutres *chargés d'effets appartenants à l'ennemi* sont de bonne prise. En effet, toute relation commerciale est interdite par la déclaration de guerre entre les parties belligérantes ; quant aux navires des puissances neutres, en se mettant au service de l'ennemi, ils contreviennent à la neutralité, le règlement du 23 juillet 1704 le disait formellement : « S'il se trouve sur les vaisseaux

---

(1) Arrêté du 2 prairial an XI, art. 51 ; ord. de 1681, liv. 3, tit. 9, art. 4, 6 et 7.

neutres des effets appartenants aux ennemis de sa majesté, les *vaisseaux* et tout le chargement seront de bonne prise» (Art. 5.)

405. Il faut distinguer les marchandises appartenantes aux ennemis de celles d'un particulier sujet d'une puissance neutre, qui les porte à l'ennemi pour faire le commerce avec lui ; car il est défendu à tous armateurs d'arrêter les navires des états neutres, même sortant des ports ennemis, ou destinés pour ces ports [1]. Il y a cependant deux exceptions à faire à cette prohibition, c'est lorsque ces navires portent des secours à des places bloquées, investies ou assiégées, ou bien, des marchandises de contrebande de guerre, telles que armes, poudres, boulets, chevaux et équipages. Ces marchandises de contrebande doivent être saisies et confisquées, et même, si elles composent les trois quarts de la valeur du chargement, le navire sera aussi confisqué [2].

406. Tout bâtiment combattant sous autre

---

[1] Loi du 28 et arrêté du 29 frimaire an VIII.

[2] Arrêté du conseil du 14 janvier 1799 ; lois du 9 mai 1793 et 1er nivôse an III , et arrêté du 2 prairial an XI.

pavillon que celui de l'état dont il a commission, ou commissionné de deux puissances différentes, est aussi de bonne prise ; et, s'il est armé en guerre, les capitaines et officiers sont punis comme pirates [1].

407. Sont encore de bonne prise, soit les bâtiments, soit leurs chargements, en tout ou en partie, dont la neutralité n'est pas justifiée conformément aux règlements ou traités [2].

408. Tout navire qui refuse d'amener ses voiles, après la semonce qui lui en a été faite, peut y être contraint ; et, en cas de résistance et de combat, il est de bonne prise.

Les capitaines sont tenus d'arborer le pavillon français avant de tirer le coup de semonce [3].

L'article suivant pourvoit à la sûreté du vaisseau qui a amené ses voiles et exhibé ses papiers ; il est défendu, sous peines corporelles, d'y prendre ou souffrir qu'il y soit pris aucun effet.

---

(1) Arrêté du 2 prairial, art. 52 ; ord. de 1681, liv. 3, tit. 9, art. 5.
(2) Même arrêté, art. 53.
(3) Art. 57, ord. du 17 mars 1696.

409. Le navire, de quelque nation qu'il soit, qui a jeté à la mer ou autrement suprimé des papiers qui pouvaient faire connaître s'il était neutre ou non, est, par ce seul fait, de bonne prise avec sa cargaison [1].

410. Sont de bonne prise, tous bâtiments étrangers sur lesquels il y a un subrécargue marchand, commis ou officier-major d'un pays ennemi, ou dont l'équipage est composé au-delà du tiers des matelots, sujets des états ennemis, ou qui n'a pas à bord le rôle d'équipage arrêté par les officiers publics des lieux neutres d'où les bâtiments sont partis (art. 9).

411. Les choses de l'ennemi restent telles en quelque lieu qu'elles soient ; cependant il ne nous est pas permis de nous en emparer en tout lieu. Car nous devons respecter le territoire ou les dépendances du territoire des pays neutres, c'est par cette raison que le droit de prise maritime ne s'exerce que dans les parties de la mer qui n'appartiennent à personne, et non dans les ports ou rades d'une puissance neutre.

---

(1) Règlement du 26 juillet 1778, art. 2 et 3.

412. Comme nous sommes ennemis à l'é-
gard de nos ennemis, ce qu'ils prennent sur
nous leur est acquis au même titre que ce que
nous prenons sur eux nous est acquis. Mais
les chances de la guerre sont si variables que
nous pouvons reprendre ce qu'ils nous ont
pris ; alors se présente cette question : l'objet repris sera-t-il rendu à l'ancien propriétaire, ou sera-t-il acquis aux preneurs ? Suivant que les lois sur la matière ont considéré
la propriété acquise ou non à l'ennemi, la
propriété de l'objet repris a été adjugée à
celui qui l'a repris, ou rendu à l'ancien propriétaire. On a considéré que l'objet repris
dans le même jour qu'il avait été enlevé par
l'ennemi n'avait pas été assez de temps en
son pouvoir pour qu'il fût regardé comme
sien. C'est par cette raison que la reprise du
navire faite avant les vingt-quatre heures par
des armateurs ne donne d'autre droit à ces
derniers que celui de se faire payer le tiers de
la valeur du navire et de sa cargaison ; les
équipages des vaisseaux de l'état qui ont fait
la reprise dans le même temps n'ont droit qu'à
un trentième de la valeur. Tandis que si un
navire français ou allié est repris par des cor-

saires sur les ennemis de l'état, après qu'il a été vingt-quatre heures entre les mains de ces derniers, il appartient en totalité auxdits corsaires ; car le vaisseau que l'ennemi a gardé plus de vingt-quatre heures est censé lui appartenir avec toute sa cargaison. C'est donc le temps de la possession de l'ennemi qui décide si le vaisseau doit être rendu à l'ancien propriétaire, ou si l'armateur qui l'a repris le gardera. Nous disons *l'armateur*, car si la reprise a été faite , *même après les vingt-quatre heures*, par un bâtiment de l'état, le vaisseau sera rendu à l'ancien propriétaire, sous la déduction du dixième de la valeur payée aux équipages repreneurs, et à la charge de tous les frais relatifs à cette reprise [1].

Pothier [2] rapporte un arrêt du conseil du 5 novembre 1748, rendu sur une espèce que nous croyons utile de citer ici. « Un armateur français, dit cet auteur, pendant la guerre que nous avions avec l'Angleterre, s'était emparé d'un vaisseau anglais, qu'il avait eu en sa pos-

---

[1] Art. 54 de l'arrêté du 2 prairial ; ord. de 1681 , liv. 3 , tit. 9 , art. 8.

[2] Propriété , n. 98.

session pendant trois jours; au bout duquel temps le vaisseau de cet armateur français, et celui dont il s'était emparé, avaient été pris par l'ennemi, et repris, seize heures après, sur l'ennemi, par un autre armateur français. Il n'y avait pas de contestation pour le vaisseau français appartenant au premier armateur : le second armateur qui l'avait repris sur l'ennemi, au bout de seize heures, consentait de le lui rendre, en retenant seulement le tiers pour la recousse ; la contestation n'était que pour le vaisseau anglais. Le premier armateur français prétendait qu'il lui devait être restitué aussi bien que le sien : ses moyens étaient qu'il avait acquis le domaine de propriété de ce vaisseau, l'ayant eu en sa possession pendant trois jours , depuis la prise qu'il en avait faite, domaine qu'il était censé avoir toujours conservé , quoique l'ennemi l'eût repris, ne l'ayant eu que seize heures en sa possession jusqu'à la recousse ; qu'il devait lui être restitué, aussi bien que le sien.

« Le second armateur soutenait, au contraire, que le vaisseau anglais, dont il s'était emparé, devait lui appartenir, et non au premier armateur; il est vrai que ce vaisseau a appartenu au premier armateur, pendant qu'il a été en sa possession ; mais il ne lui appartenait plus lorsque le second armateur l'a repris sur l'ennemi.

« De ce que le premier armateur est censé avoir toujours conservé le domaine de son propre vaisseau, parce qu'il n'a pas été vingt-quatre heures en la possession de l'ennemi, il ne s'ensuit pas qu'il en doive être de même du vaisseau anglais qu'il avait pris ; car il est de la nature du domaine que nous avons des choses que nous avons prises à l'ennemi, que nous ne le conservions que tant que ces choses sont en notre possession, et que nous le perdions aussitôt que nous en sommes dépouillés, et qu'elles sont retournées à l'ennemi ; de même que nous ne conservons le domaine des animaux sauvages, que tant que nous les avons en notre possession, et que nous le perdons aussitôt qu'ils ont cessé d'être en notre possession, et qu'ils sont retournés dans l'état de liberté naturelle.

« Sur ces contestations est intervenu l'arrêt du conseil du 5 novembre 1748, rapporté en entier par Valin, qui a adjugé le vaisseau anglais au second armateur. »

413. Si le navire, sans être recous, est abandonné par les ennemis, ou si, par tempête ou autre cas fortuit, il revient en la possession des Français avant qu'il ait été conduit dans un port ennemi, il est rendu au propriétaire qui le réclame dans l'an et jour, quoiqu'il ait été plus de vingt-quatre heures entre les mains des ennemis [1].

En effet, l'ennemi perd le domaine aussitôt qu'il perd la possession, et comme le retour du vaisseau en notre pouvoir n'est dû qu'au hasard, ou sans qu'il y ait eu combat et prise par nos compatriotes, l'ancien propriétaire en recouvre le domaine sans indemnité *et quodam jure postliminii*.

414. Les pirates sont ennemis de toutes les nations ; aussi sont-ils traités comme tels par toutes les nations, même avec beaucoup plus de sévérité, car ils ne peuvent invoquer le droit des gens, qu'ils violent chaque jour, soit quant à la protection de leurs personnes et de leur fortune, soit quant à la manière d'acquérir suivant les règles de ce droit. En effet, les captures qu'ils font sont considérées comme

---

(1) *Ibid.* art. 55, ord. de 1681 ; *ibid.* art. 9.

des brigandages, et le propriétaire, malgré la perte de la possession, est toujours censé conserver son titre. Ainsi, les navires et effets des Français ou alliés, repris sur les pirates, et réclamés dans l'an et jour de la déclaration qui en a été faite, sont rendus aux propriétaires en payant le tiers de la valeur du navire et des marchandises, pour frais de recousse [1].

415. Puisque les vaisseaux et effets des pirates sont susceptibles d'être acquis par nous par simple droit d'occupation, et que d'ailleurs cette classe d'ennemis est soumise à des peines particulières, il est utile de voir quels sont ceux qui sont considérés comme pirates.

Sont poursuivis et jugés comme pirates : 1° tout individu faisant partie de l'équipage d'un navire ou bâtiment de mer quelconque, armé et naviguant sans être ou avoir été muni pour le voyage de passeport, rôle d'équipage, commissions ou autres actes constatant la légitimité de l'expédition ; 2° tout commandant d'un navire ou bâtiment de mer, armé et porteur de commissions délivrées par deux ou plusieurs puissances ou états différents [2].

---

(1) Arr. du 2 prairial, art. 56.
(2) Art. Ier, loi du 10 avril 1825.

416. Sont poursuivis et jugés comme pirates : 1° tout individu faisant partie de l'équipage d'un navire ou bâtiment de mer français, lequel commet à main armée des actes de déprédation et de violence, soit envers les navires français ou les navires d'une puissance avec laquelle la France n'est pas en guerre, soit envers les équipages ou chargements de ces navires ; 2° tout individu faisant partie de l'équipage d'un navire ou bâtiment de mer étranger, lequel, hors l'état de guerre et sans être pourvu de lettres de marque ou de commissions régulières, commet lesdits actes envers des navires français, leurs équipages ou chargements ; 3° le capitaine et les officiers de tout navire ou bâtiment de mer quelconque qui aurait commis des actes d'hostilité sous un pavillon autre que celui de l'état dont il avait commission [1].

417. Sont également poursuivis et jugés comme pirates : 1° tout Français ou naturalisé français qui, sans l'autorisation du roi, prend commission d'une puissance étrangère pour commander un navire ou un bâtiment de mer

---

[1] Loi du 10 avril 1825, art. 2.

armé en course; 2° tout Français ou naturalisé français qui, ayant obtenu, même avec l'autorisation du roi, commission d'une puissance étrangère pour commander un navire ou bâtiment de mer armé, commet des actes d'hostilité envers des navires français, leurs équipages ou chargements [1].

418. Sont encore poursuivis et jugés comme pirates, tout individu faisant partie d'un navire ou bâtiment de mer français qui, par fraude ou violence envers le capitaine ou commandant, s'empare dudit bâtiment; 2° tout individu faisant partie de l'équipage d'un navire ou bâtiment de mer français, qui le livre à des pirates ou à l'ennemi [2].

419. Les produits de la vente des navires et bâtiments de mer capturés pour cause de piraterie sont répartis conformément aux lois et règlements sur les prises maritimes. Lorsque la prise a été faite par des navires de commerce, ces navires et leurs équipages sont, quant à l'attribution et à la répartition du pro-

---

(1) **Loi du** 10 avril 1825, art. 3.
(2) *Ibid.*, art. 4.

duit, assimilés à des bâtiments pourvus de lettres de marque et à leurs équipages [1].

De cet article il résulte que, non-seulement le produit des navires capturés, mais aussi le produit de leur chargement et de tout ce qui se trouve à bord, appartient aux navires capteurs, sauf toutefois les réclamations en temps utile de la part des propriétaires, notamment lorsque les actes de piraterie auraient été consommés à leur insçu.

Art. III. *Comment se distribuent les prises faites par les armateurs.*

420. Les prises faites par les vaisseaux de la marine royale appartiennent à l'état, sauf quelques gratifications accordées aux officiers et à l'équipage.

La juridiction des prises a toujours été attribuée à des tribunaux spéciaux : le conseil d'état, qui est aujourd'hui investi de cette juridiction, a succédé au conseil des prises [2].

421. Lorsque la capture arrivée dans les ports, après instruction, a été déclarée légi-

---

(1) Loi du 10 avril 1825, art. 10.
(2) Ord. du 23 août 1815, art. 13.

time, et que, dans un certain délai, il ne s'est élevé aucune réclamation, ou que le jugement a acquis force de chose jugée, il est procédé à la vente [1].

422. Après la vente et le dépôt au greffe du tribunal de commerce du compte du produit de la prise, il est procédé aux liquidations particulières (art. 8) et aux répartitions gérales.

Le tiers du produit des prises qui ont été faites appartient à l'équipage du bâtiment qui les a faites ; mais le montant des avances qui ont été payées est déduit sur les parts de ceux qui les ont reçues [2].

423. Les équipages des bâtiments *armés en guerre et marchandises* n'ont que le cinquième des prises ; et il ne leur est fait aucune déduction pour les avances comptées à l'armement, ou pour les mois payés pendant le cours du voyage [3].

424. Le coffre du capitaine du vaisseau capturé, ni les pacotilles ou marchandises qui

---

(1) V. arr. du 2 prairial, celui du 6 germinal an VIII.

(2) Arr. du 2 prairial, art. 91.

(3) Art. 92.

peuvent lui appartenir, dans quelque endroit du bâtiment qu'elles soient chargées, ne peuvent, dans aucun cas, être distribuées au capitaine du corsaire qui fait la prise; mais l'armateur peut stipuler en faveur du capitaine, et pour lui tenir lieu de dédommagement, une somme proportionnée à la valeur de la prise, laquelle somme ne peut toutefois excéder deux pour cent du montant net de la liquidation particulière de ladite prise (art. 95).

425. Il n'est promis, avant l'embarquement, aucune part dans les prises, aux officiers majors, officiers mariniers, volontaires, soldats matelots, ou autres; mais elles sont réglées immédiatement après le retour du corsaire, à proportion du mérite et du travail de chacun, dans un conseil tenu à cet effet dans le lieu des séances du tribunal de commerce, en présence des juges de ce tribunal et du commissaire de l'inscription maritime (art. 93).

426. Le règlement des ports assigne, sur le produit des prises, une somme aux officiers et autres gens de l'équipage qui ont été blessés et estropiés dans les combats, et aux veuves et enfants de ceux qui ont été tués, ou qui sont morts de leurs blessures.

Lesdites sommes sont payées à ceux auxquels elles sont accordées, en sus de leur part de prises, pourvu que ces gratifications n'excèdent pas le double de la valeur desdites parts (art. 103).

427. Les parts de prises des marins, comme leurs salaires, sont déclarées insaisissables. (Voyez les développements de cette matière dans l'arrêté du 6 germinal an VIII, l'arrêté du 2 prairial an XI, les *Éléments du Droit administratif* de M. de Gérando, soit relativement aux rançons, aux devoirs du capitaine capteur après les prises, aux mesures préparatoires et provisoires, à l'instruction, au jugement et à la vente des prises).

SECTION V.

DE L'OCCUPATION SIMPLEMENT DITE.

SOMMAIRE.

428. *L'occupation simplement dite* est un nom générique qui comprend les divers modes d'acquisition par occupation qui n'ont pas un nom particulier.

429. L'eau pluviale est un objet de cette occupation.

430. La commune peut disposer de l'eau pluviale qui tombe sur la voie publique.

431 Si la commune n'en a pas disposé, chaque riverain du chemin peut s'en emparer lorsqu'elle passe devant son fonds.

432. Ce droit ne peut être prescrit.

433. Les abeilles sont-elles au rang des animaux sauvages ? peut-on les acquérir par occupation ?

434. Elles sont dans la plupart des cas l'objet d'un mode d'acquisition par accession ;

435. Quelquefois l'objet d'un mode d'acquisition par occupation.

428. Les diverses espèces d'occupations, dont nous avons parlé précédemment, ont chacune un nom particulier, et sont régies par des lois qui varient suivant leurs objets. Ces espèces ne sont pas les seules qui soient comprises sous le nom générique d'*occupation ;* car elles sont presque aussi nombreuses que les objets différents que l'on peut acquérir par ce seul titre. Mais faute d'un nom particulier, et souvent de lois particulières qui en règlent la forme et le mode d'acquisition, elles se nomment *occupations proprement dites.*

En effet, beaucoup de choses dont il n'a pas été fait mention précédemment, et à qui l'on ne saurait appliquer les modes d'acquisition antérieurement décrits, sont sans maître et susceptibles ou de faire partie de notre domaine, ou d'être soumises à notre usage.

429. Par exemple , l'eau pluviale étant une chose qui n'appartient à personne , le propriétaire du fonds sur lequel elle tombe l'acquiert en sa qualité de premier occupant , soit qu'elle s'imbibe dans ses terres , soit qu'elle coule sur le sol. En effet, ne tenant de personne l'eau pluviale qui coule sur mon fonds , je ne dois pas être tenu de la rendre à d'autres , je puis donc la retenir et faire sur mon fonds les travaux nécessaires à cette fin : *Non enim est prohibitum, aliquid in meo facere, quo aqua pluvia retineatur* [1] , et le jurisconsulte ajoute : *Nec aliquid in meo facere, quo aqua in vicino superfluens ad meum fondum derivetur, modo opus in alieno non fiat.* L'eau pluviale est, dans cette circonstance, dans la même position que les autres choses *nullius* sur lesquelles on perd tous droits en en perdant la possession. Si mon voisin n'a pas usé de la faculté de retenir l'eau pendant qu'elle coulait sur son fonds, il perd tous droits sur elle dès qu'elle a dépassé les limites de son champ; et je puis m'en emparer, la retenir au moyen des travaux que j'aurai faits sur

---

(1) Brunemann , L. Iʳᵉ, *de aquá et aquæ* , ff.

mon fonds : *Prodesse sibi unusquisque non prohibetur, dum aliis non nocet* [1]. Je ne porte aucun préjudice au propriétaire supérieur, puisqu'il est dans l'impossibilité de s'en servir, je ne prive le propriétaire inférieur d'aucun droit, puisqu'il n'en avait encore acquis aucun, et que l'usage de l'eau pluviale est un don de la bienfaisance du ciel sur lequel nous ne pouvons acquérir de droit que par l'occupation.

Je puis disposer de l'eau pluviale qui coule sur mon fonds, de la même manière que je puis disposer de l'eau de la fontaine qui y jaillit, parce que, comme le dit M. Proud'hon [2], soit que les eaux tombent d'en haut, soit qu'elles jaillissent d'en bas, le propriétaire du fonds où la nature elle-même les a versées, n'en tenant rien de personne, ne doit point être tenu d'en rendre l'usage à d'autres. De là il résulte que je puis la diriger sur quelque partie de mon fonds qu'il me plaira, la transmettre à un de mes voisins plutôt qu'à l'autre, quelque soit le temps que ce dernier en

---

(1) Brunnemann, loc. cit.
(2) Dom. pub., n. 1304.

ait joui, parce que cette jouissance n'était qu'un acte de pure tolérance de ma part, incapable d'être le fondement d'une prescription.

430. Cette souveraine disposition est un droit attaché à la propriété du sol, à quelque personne réelle ou morale qu'appartienne cette propriété.

Les chemins publics font partie du domaine public municipal; et s'ils n'appartiennent à personne en ce sens que chacun peut en user librement, du moins en les considérant dans leurs rapports avec le corps, qui est chargé de faire les frais de leur établissement et de leur conservation, et qui profite de la propriété de leur sol lorsque cesse leur destination, on ne peut refuser à la commune le titre de propriétaire; sous la charge toutefois de respecter les usages du public conformes à la destination des voies publiques, mais aussi avec le droit de profiter exclusivement des avantages en dehors de cette destination. Le corps municipal a donc le droit de s'emparer des eaux qui coulent sur le chemin, à titre de premier occupant, et d'en disposer en la faveur exclusive d'un des riverains, sans que les autres aient le droit de se plaindre, puisqu'aucun d'eux ne peut avoir un droit acquis, soit sur les eaux, tant qu'elles ne sont pas arrivées sur sa propriété, soit sur la voie publique, quant à un pareil usage. C'est d'ailleurs de toute équité que la commune puisse se procurer un léger dédommagement aux frais d'entretien dans l'amodiation [1] de ces eaux.

431. Mais si la commune néglige de profiter de cet avantage, les propriétaires riverains du chemin public ont le droit de s'emparer de l'eau qui y coule à mesure qu'elle passe vis-à-vis de leurs fonds ; il n'y a pas de préférence entr'eux. Mais la disposition des lieux peut être plus ou moins favorable aux uns qu'aux autres ; le propriétaire supérieur peut arrêter les eaux à leur passage et les faire servir à l'irrigation de son fonds. Il n'est pas obligé de borner sa prise d'eau de manière à ce que les riverains inférieurs puissent en profiter d'une partie, à la différence de l'usage des cours d'eau pérennes, qui, à raison de leur perpétuité, sont soumis à des règlements d'ordre public et à des usages fixes et réglés par les lois civiles.

---

(1) V. le développement de cette question, Dom. pub., n. 1337.

452. Quelque fût même le temps pendant lequel un riverain inférieur aurait joui des eaux pluviales, le propriétaire supérieur appelé par la nature en premier ordre n'a à craindre aucune prescription contre son droit, car la jouissance du riverain inférieur n'est que le résultat d'une pure tolérance de sa 'part. La jouissance du propriétaire supérieur est une faculté qu'il tient de la disposition des lieux et dont il peut user ou ne pas user; son titre est perpétuel et proteste toujours contre toute possession qui tendrait à en paralyser les effets ; sa volonté seule, dûment constatée au profit du propriétaire inférieur, peut donner des droits à ce dernier. Sans doute le riverain supérieur porte préjudice au riverain inférieur en s'emparant des eaux dont il a joui longtemps ; mais il ne lui fait pas *injure*, comme disent les docteurs, il ne fait qu'user de son droit : « S'il n'y a point de servitude contraire, dit Dunod [1], le propriétaire du fonds supérieur peut retenir ou détourner, dans son fonds, l'eau qui coule dans ce fonds ou dans le chemin qui le touche. » Cet auteur cite, à l'ap-

____

[1] Prescription, p. 88.

pui de sa doctrine, l'arrêt suivant : « Jean Vuillemin d'Arçon avait, de temps immémorial, détourné dans son verger, l'eau qui coulait au voisinage le long de la rue publique ; le nommé Dornier, qui avait un héritage supérieur, l'y fit couler : Vuillemin se pourvut et fut débouté, sans aucun égard à la possession qu'il alléguait, par arrêt rendu au rapport de M. Masson de Braisnans, le 15 avril 1701, sur ce qu'il n'était censé avoir usé que par faculté, et qu'un autre habitant pouvait en user comme lui, en se prévalant de l'avantage du lieu. »

La même question s'est présentée devant la cour de cassation et a été résolue de même. Voici l'espèce rapportée dans le Journal du Palais [1] : Une partie des eaux pluviales de la ville de Tretz sort par la porte Neuve, et va se jeter dans un canal qui longe d'abord le pré de la *Romade*, appartenant au sieur Roccas, et ensuite d'autres prairies appartenant aux dames de Peignier.....

L'élévation du terrain du sieur Roccas ne lui permettant pas de se servir de ces eaux pour

----

[1] T. 3ᵉ de 1823, p. 56.

l'irrigation de sa propriété, il a pratiqué dans le mur du canal une ouverture par laquelle il les fait entrer et séjourner dans des espèces de cloaques où elles déposent les engrais qu'elles entraînent dans leurs cours. Elles retournent ensuite dans le canal, et vont arroser les prairies des dames de Peigner.

Il paraît que cet état de choses nuisait aux dames de Peigner, en ce que les eaux arrivaient sur leurs fonds dégagées des matières qu'elles portaient avec elles.

Elles ont demandé la suppression du nouvel œuvre du sieur Roccas. Elles se fondaient, d'une part, sur la disposition de l'art. 644 du Code civil, et d'autre part, sur une possession immémoriale qui troublait l'entreprise du sieur Roccas.

La cour d'Aix a rejeté leurs prétentions [1], par ce motif que l'art. 644 n'est pas applicable à la cause; que, par eau courante, cet article ne désigne que l'eau de source, et que cette qualification ne peut comprendre les eaux pluviales qui n'ont qu'une existence et un cours purement accidentel ; que ces eaux

---

[1] Arrêt du 18 août 1820.

7

ne sont pas susceptibles d'une possession per-
manente et régulière, qu'elles appartiennent
toujours au premier occupant; et qu'ainsi le
sieur Roccas avait le droit d'attirer les eaux
pluviales de la ville de Tretz dans sa propriété,
et de les y retenir autant de temps et en telle
quantité qu'il le jugeait convenable.

Les dames de Peigner ont provoqué la cassation de cet arrêt, pour violation de l'art.
644 du Code civil.

Mais la cour [1], après avoir délibéré en la
chambre du conseil, motiva ainsi le rejet du
pourvoi : « Attendu qu'il s'agit dans la cause,
non pas d'une *eau courante* qui traverse ou
qui borde des héritages, mais bien d'un égoût
qui reçoit les *eaux pluviales* qui découlent de
la ville de Tretz sur la voie publique ; qu'ainsi
l'art. 644 n'est pas applicable à l'espèce, et ne
peut dès-lors avoir été violé ; rejette, etc. »

433. Les abeilles sont-elles au rang des animaux sauvages ou des animaux domestiques ?
Peut-on en acquérir la propriété par occupation ?

Il y a souvent une difficulté réelle à décider

---

(1) Arrêt du 14 janvier 1823.

si certains animaux doivent être réputés sauvages ou domestiques, car notre droit, à la différence du droit romain, n'a pas cherché à établir des classifications à cet égard.

L'on ne peut trouver des motifs de décisions que dans les règles particulières qui président à l'acquisition et à la perte de leur propriété. Car il est clair que si certains animaux deviennent ou cessent d'être nôtres de la même manière que les animaux rangés par le droit romain dans la classe des animaux sauvages, c'est parce que notre droit les considère sous le même rapport, c'est parce qu'il leur reconnaît la même qualité.

C'est une règle de ce genre qui nous donnera la solution de la question présente. Mais voyons d'abord quelle est la nature que le droit romain assignait aux abeilles. Ulpien et Paul paraissent avoir eu à cet égard des opinions opposées ; en effet, le premier semble les assimiler aux animaux domestiques, puisqu'à la loi 8, § 1er, *fam. erciscundæ*, il déclare, d'après Pomponius, qu'elles font partie de notre patrimoine et qu'elles viennent en partage ; tandis que le second, à la loi 26 *de furtis*, les assimile aux animaux sauvages et dit formellement qu'elles n'appartiennent pas au propriétaire de l'arbre où elles se sont fixées. Mais il est facile de concilier ces deux opinions, leur diversité n'est qu'apparente ; en effet, dans l'espèce prévue par Ulpien, les abeilles ont déjà été l'objet d'une appropriation privée ; elles ont déjà été renfermées dans des ruches.

Au contraire , dans l'espèce prévue par Paul , elles n'ont pas d'autre asile que les bois ou les champs ; elles n'ont pas encore reçu de la main de l'homme un asile et des soins ; en un mot, personne ne s'en était encore emparé dans l'intention de se les approprier. La nature des animaux est indépendante de leur appropriation : l'animal sauvage ne cesse pas d'être sauvage parce que je m'en suis emparé, elle est même indépendante de leur changement d'habitude , ils peuvent s'apprivoiser sans que pour cela ils deviennent domestiques. Aussi Caius, *L.* 5 , § 2 *de acq. rer. dom.*, et après lui, Justinien [1], les classent-ils sans distinction parmi les animaux sauvages, *apium fera natura est.* On se tromperait donc grave-

---

(1) Inst. de rer. div. , § 14.

ment si, à la loi **26** *suprà*, on prenait le mot *fera* par opposition au mot *mansueta*, et si l'on en concluait que les seules abeilles qui habitent les bois et les champs sont sauvages. Ce mot n'est pris que par opposition au mot *mansuefacta ;* les abeilles qui logent dans le creux d'un arbre sont prises par opposition à celles qui ont été renfermées dans des ruches, et qui, en vertu de cette circonstance, sont assimilées aux animaux apprivoisés, *mansuefactis* [1] : « *Omnes apes*, dit Vinnius (d. § 14), *naturâ feras esse, non eas solas, quas rei rusticæ scriptores sylvestres appellant..... Liberè enim omnes feruntur et vagantur, nec raro locum et alvearia mutant, etiam quæ aliquandiù inclusæ fuerant.* »

L'auteur du mot *abeilles*, dans l'*Encyclopédie du droit*, s'est donc trompé lorsqu'il dit (n° 2) que le droit romain ne mettait au nombre des animaux sauvages que les abeilles qui se trouvent dans les bois. Celles-ci seules étaient à la vérité *res nullius ;* mais cet auteur commet encore une erreur plus grave lorsqu'il dit qu'il en est de même aujourd'hui.

---

(1) V. la note d'Heineccius sur le § 14 des Inst. de Vinnius.

Notre droit a-t-il conservé aux abeilles la même nature? Il ne s'explique pas, nous l'avons déjà dit, catégoriquement à cet égard, mais on doit l'induire de certaines dispositions légales.

En effet, la nature des animaux sauvages influe sur l'acquisition, la conservation et la perte de leur propriété. Nous ne les conservons que tant qu'ils sont en notre possession ou qu'ils ont perdu l'esprit de retour; hors de ces circonstances, ils sont *res nullius* et peuvent être acquis comme tels. Nous conservons, au contraire, notre propriété sur les animaux domestiques lors même qu'ils ont fui notre présence et que nous ignorons où ils sont; un autre ne peut les acquérir que par notre consentement. Or, suivant le § 5 de la sect. 3ᵉ de la loi du 28 septembre 1791, le propriétaire d'un essaim, qui s'est enfui, n'a le droit de le réclamer et de s'en ressaisir *que tant qu'il n'a point cessé de le suivre;* c'est-à-dire que dès qu'il a cessé de le suivre ou que l'essaim s'est enfui à son insçu, il en a perdu la propriété, et qu'un autre a pu l'acquérir sans son consentement.

Ces circonstances sont une suite du caractère propre aux animaux sauvages; aussi le §14, *inst. in fine,* avait-il une disposition semblable ; une conséquence nécessaire et légitime, c'est donc que nos lois, à l'imitation du droit romain, rangent les abeilles au nombre des animaux sauvages.

434. La nature des abeilles reconnue, il s'ensuit qu'elles peuvent être acquises par occupation, toutes les fois qu'elles ne sont pas possédées à titre de propriétaire ; mais cette circonstance se rencontre rarement dans notre droit. En effet, si, d'après le droit romain, les abeilles qui habitent le creux de mon arbre ne m'appartiennent pas plus que l'oiseau qui a posé son nid sur la branche de cet arbre (d. § 14), il ne saurait en être de même aujourd'hui en présence de la loi du 28 septembre, qui attribue la propriété de l'essaim au propriétaire du terrain sur lequel il s'est fixé. C'est là un mode d'acquisition semblable à celui prévu par l'art. 564 (C. civ.) ; c'est un mode d'acquisition par le moyen de mon immeuble ; en un mot, un mode d'acquisition par accession. Quelque soit ce mode d'acquisition, l'appropriation est certaine et l'aissaim ne pourrait être enlevé du creux de l'arbre par un étranger sans commettre un vol. Il n'est donc plus

vrai aujourd'hui, comme l'affirme l'auteur de l'article ci-dessus cité, que les abeilles qui habitent les bois soient *res nullius ;* car ces bois ont un maître quelconque, qui possède au même titre les choses qui en sont devenues un accessoire, conséquemment les abeilles qui se sont fixées dans le creux des arbres.

435. L'essaim qui a fui à notre insçu ou qui a cessé d'être poursuivi par nous est *res nullius*, et il conserve ce caractère jusqu'à ce qu'il se soit fixé sur un fonds quelconque ; alors, jusqu'à ce moment, il peut être acquis par occupation. C'est ce qui se pratique ordinairement à l'égard des essaims qui fuient, ou qui, aux termes de la loi, ne sont pas encore *fixés*. La loi du 28 septembre n'a pas déterminé l'étendue de ce mot, mais nous croyons qu'il n'est applicable qu'à l'essaim qui a fixé sa demeure, qui a choisi un lieu pour y établir sa résidence habituelle. Car l'essaim qui n'est qu'en passant sur votre fonds, qui pend à la branche où il ne peut trouver un asile propre à l'abriter, ne saurait être réputé déjà faire partie de votre fonds, en être l'accessoire ; il ne vous appartient pas plus que le pigeon du colombier voisin qui vient se reposer sur le

vôtre. On objectera peut-être qu'il n'est permis à personne de s'introduire dans votre fonds
pour s'emparer de l'essaim qui vient de s'y reposer, cela est vrai ; aussi pouvez-vous inter-
dire cette entrée et faire punir ceux qui n'ont
pas respecté votre propriété. Mais vous ne
pourrez réclamer et ressaisir l'essaim qui est
pris, faire punir les ravisseurs pour vol, pas
plus que vous ne pouvez reprendre le gibier
que le chasseur a tué sur votre terrain, parce
que ces choses ne sont pas *vôtres*.

CHAPITRE V.

SOMMAIRE.

436. L'accession est une manière d'acquérir la propriété d'une chose par son union à une autre (art. 712).

« La propriété d'une chose, dit l'art. 546, soit mobilière, soit immobilière, donne droit sur tout ce qu'elle produit, et sur ce qui s'y unit accessoirement, soit naturellement, soit artificiellement. Ce droit s'appelle *droit d'accession*. »

Reprenons un à un chaque terme de cet article.

437. *La propriété d'une chose.* — L'acquisition par droit d'accession n'est qu'un privilége de la propriété, elle n'est pas l'attribut d'une simple jouissance; néanmoins quand un objet est soumis à un droit de jouissance, cette même jouissance s'étend sur la chose qui accède à cet objet.

Soit mobilière, soit immobilière. — Peu importe la nature de l'objet auquel s'unit accessoirement une chose, le droit de propriété auquel il est soumis a la même extension, il jouit des mêmes priviléges à cet égard.

438. *Donne droit.* — La propriété d'une chose est alors elle-même la cause en vertu de laquelle nous acquerrons d'autres choses; nous verrons bientôt quel est le fait qui donne naissance à cette manière d'acquérir. Mais nous pouvons remarquer dès cet instant qu'elle diffère sous un rapport important de l'acquisition par occupation; car cette dernière manière d'acquérir n'a pas d'autre cause et même d'autre moyen que la prise de possession de l'objet *animo domini;* elle diffère des modes d'acquisition dérivés, en ce que ceux-ci ont pour cause le consentement du propriétaire de l'objet aliéné ou la loi.

439. *Sur tout ce qu'elle produit.* — La production est un des faits qui donnent naissance à ce mode d'acquisition, et la corrélation plus ou moins intime des produits avec la chose productive est l'acte qui fait conférer la propriété des produits au maître de la chose productive. Ces produits n'étant pas la propriété d'autrui, et tombant immédiatement dans le domaine de celui qui possède la chose productive, cette manière de les acquérir est alors originaire. Elle est un attribut de toutes les propriétés, elle s'applique à tous les produits, qu'ils consistent en une chose matérielle ou immatérielle. Elle est conforme aux fins de la propriété; car, considérée sous ce rapport, elle ressemble au droit de jouir; mais elle n'est pas bornée là.

440. *Et sur tout ce qui s'y unit accessoirement.* — Une chose ayant une existence propre, distincte et séparée, peut venir s'unir à la nôtre; l'existence des choses unies peut être divisible ou indivisible; leurs natures peuvent être semblables ou différentes; une chose immatérielle peut être unie à une chose matérielle, car la diversité de nature n'a pas été considérée par la loi comme un obstacle à l'accession des objets. La chose unie *accessoirement* se confond avec la chose principale et en suit l'appropriation. La qualité d'accessoire a varié suivant les temps et les idées des législateurs ; car, par l'effet de la loi, une chose peut passer du rang d'accessoire au rang de principale, suivant que le législateur aura attaché à cette chose plus ou moins d'importance et de valeur. La chose unie accessoirement appartenant à autrui, il y a aliénation, transmission ; l'accession est, dans ce cas, un mode d'acquisition dérivé.

Soit naturellement. — L'union est naturelle lorqu'elle est l'effet de la nature même des choses.

Soit artificiellement.—L'union est artificielle lorsqu'elle n'est que le produit de l'art.

441. L'art. 546 distingue donc deux sortes d'accessions par rapport aux choses unies : l'une *naturelle*, l'autre *artificielle*. Les îles et les alluvions formés dans les rivières sont des exemples d'accessions nuturelles et se manifestent par des accroissements extérieurs. Est aussi une accession naturelle, celle qui a pour objet les produits qui, par l'œuvre de la nature, se dilatent intérieurement et croissent

insensiblement, tels que les arbres et les plantes, ou ceux qui ne sont que le développement des germes de fécondité, tels que les fruits.

L'accession artificielle, c'est-à-dire celle qui a pour origine le fait de l'homme, consiste à unir deux choses matérielles ou à donner à une chose matérielle une plus grande valeur ; dans ce dernier cas, il y a union réciproque et nécessaire de la forme à la matière.

442. Mais quelles que soient les différences d'origine qui distinguent ces deux espèces d'accessions, elles ont l'une et l'autre des manières d'acquérir par la force et puissance d'une propriété préexistante [1]. On ne considère plus alors l'origine de la propriété, le fait qui l'a produite, ni même sa nature, mais sa seule existence ; car ce n'est pas une manière d'acquérir par son propre fait, mais, comme le dit la loi romaine, *vi ac potestate rei nostræ*.

443. Cependant le Code civil, considérant la diversité d'origine des choses accessoires et les conséquences diverses qui en ressortent, a divisé le droit d'accession en deux parties,

---

[1] Encyc. du droit. V. accession.

suivant qu'il avait pour objet les produits de la chose ou les choses qui s'y unissent, subdivisant cette dernière partie suivant que l'accession était relative à des immeubles ou à des meubles.

SECTION Ire.

DU DROIT D'ACCESSION SUR CE QUI EST PRODUIT PAR LA CHOSE.

SOMMAIRE.

444. Étendue du mot *fruits*. Leurs diverses espèces; fruits naturels.
445. Le croît des animaux est un fruit naturel.
446. Fruits industriels. Leur différence avec les fruits naturels.
447. Fruits civils.
448. Tous ces fruits appartiennent au propriétaire de la chose productive.
449. Les fruits pendants *pars fundi videntur*.
450. Ils sont séparés du fonds par la perception.
451. La loi règle la perception des fruits civils.
452. Les fruits civils sont le prix de l'utilité de la chose.
453. Ressemblances et différences du croît des animaux avec les autres fruits.
454. Quels sont les possesseurs qui doivent être indemnisés des frais de semences ?
455. *Quid* du possesseur de mauvaise foi?
456. Est-ce par droit d'accession que le fermier et l'usufruitier acquièrent les fruits?

444. Les produits d'une chose sont considérés comme l'accessoire de cette chose et reçoivent le nom général de *fruits* qui, suivant l'extension légale que ce mot a reçue, comprend, non pas seulement ce qui naît de la chose même, mais encore ce qui est perçu à son occasion : le mot *fruits* comprend enfin tous les revenus et avantages que peut procurer une chose [1]. Cependant, comme il y a des différences essentielles dans leur nature et dans la manière de les créer, on a été obligé d'en faire plusieurs classes ; de là leur division en fruits naturels, fruits industriels et fruits civils (art. 547). Les fruits naturels sont ceux qui sont le produit spontané de la terre (art. 583) ; les bois, l'herbe des prés, les pommes, les noix, et généralement tous les fruits des arbres, sont des fruits naturels.

445. Quelques docteurs hésitaient à ranger dans la classe des fruits naturels le croît des animaux, à raison des soins qu'exige leur éducation ; par la même raison ils regardaient comme fruits industriels le lait et la laine. L'art 547 laissait subsister ce doute, mais il a été levé par la disposition formelle de l'art. 583, qui range dans la classe des fruits naturels le produit et le croît des animaux.

446. Les fruits industriels sont ceux que

---

(1) L. 36, de usuris, ff.

l'on obtient par la culture (art. 583), tels sont les céréales, les légumes, les raisins. Les fruits industriels se distinguent des fruits naturels en ce que ceux-ci sont un bienfait de la nature qui les a procréés sans avoir été sollicitée par les travaux de l'homme ; tandis que les fruits industriels ne peuvent être obtenus, *naturâ adjuvatrice*, qu'après des cultures préalables et des soins continus.

447. Les fruits civils sont les loyers des maisons, les intérêts des sommes exigibles, les arrérages de rentes. Les prix des baux à ferme sont aussi rangés dans la classe des fruits civils (art. 584).

Les fruits civils ne naissent pas directement de la chose même, comme les fruits naturels ou industriels, mais ils se perçoivent à son occasion ; ils sont le prix de son utilité. Certainement des loyers de maisons ou des intérêts de sommes ne sont pas dans leur nature ce qu'on appelle, proprement dit, des fruits, mais ils tiennent cette qualité de la loi ; comme le disent les docteurs : *In fructus numerantur, quia vicem fructuum obtinent* [1].

---

[1] Licet fructus civiles propriè non dicantur fructus rei sed potiùs obventiones, quia non ex ipso corpore, sed alia

448. Tous ces fruits, quels que soient les motifs qui nécessitent une distinction entre eux, appartiennent, suivant l'art. 547, au propriétaire de la chose qui les a produits, par droit d'accession à cette chose. Il est en effet conforme à la raison que la chose produite soit considérée comme une dépendance de la chose productive.

449. Puisque l'accession est une manière d'acquérir les produits de la chose qui m'appartient, il est utile de voir à quel moment ces produits deviennent des êtres distingués de cette chose et cessent de participer à la même nature. Nous ne devons pas, à cet égard, les considérer dans leur état naturel ; car alors ils sont toujours faciles à reconnaître et à distinguer entre toutes autres choses ; mais nous devons les considérer sous le rapport du droit dans les diverses phases de leur existence. Leur condition n'est pas la même lorsqu'ils sont inhérents au fonds que lorsqu'ils en sont séparés.

---

ex causâ proveniunt, tamen generaliter veniunt appellatione fructuum simpliciter, et fructibus naturalibus æquiparantur. (Dumoulin, Cout. de Paris, tit. Ier, § Ier, Glos. Ire, n. 50.)

Les fruits pendants par branches ou par racines sont assimilés au fonds qui les a produits, ils ne font qu'un seul et même tout, une seule et même chose avec lui, *fructus pendentes et fundus una res est* [1]; ils en suivent le sort et participent à sa nature comme s'ils en étaient partie intégrante. C'est ce que la loi *de rei vind. ff.* exprime avec concision par ces mots : *fructus pendentes pars fundi videntur*. De là il suit : 1° que celui qui est propriétaire du fonds est, par cela même, propriétaire des fruits pendants, qu'il n'est pas propriétaire de deux choses, et d'un fonds et des fruits de ce fonds, mais d'une seule chose, d'un fonds chargé de fruits ; 2° que, participant de sa nature, ils sont immeubles comme lui, *sicut quod hæret religioso religiosum est, ità quod cohæret solo immobile est;* 3° que l'aliénation du fonds emporte aliénation de ces fruits, s'il n'y a pas une exception expresse ; que le vendeur ne vend pas deux choses, un fonds et les fruits de ce fonds, mais seulement un fonds chargé de fruits. Car, quoique les fruits augmentent la valeur du

____

(1) Cujas, L. 44, de rei vind. ff. ; Comm. sur le dig.

fonds, on ne peut diviser le prix en deux parties, l'une pour le fonds, l'autre pour les fruits, *si fundus qui fuit hyemis tempore centum, messis autem vindemiæ tempore eo fit habitu, ut fructus pendentes possint vendi decem, fundus cemtum decem, non ideo dicam duas esse res, fructus decem et fundum centum, sed dicam unam esse rem, fundum centum decem* [1] ; 4° qu'ils appartiennent à l'usufruitier entrant en possession de son droit de jouissance, ou au propriétaire à la fin de l'usufruit.

450. Par la perception, les fruits sont séparés du sol ; par la perception, ils deviennent des êtres distingués du fonds auquel ils adhéraient. Ils continuent néanmoins d'appartenir au maître du fonds, *nam si fructus pendentes pars sunt fundi et ejus, qui fundi dominus est* [2], *necesse est etiam separatos ejusdem manere : id enim est quod dicitur meum esse, quod ex re meâ superest* [3].

L'acte de la perception n'est en effet que la

---

(1) Cujas, sur la loi 44, de rei vind. ff. V. le Comm. sur le dig.

(2) L. 44, de rei vind. ff.

(3) L. 49, de acq. rer. dom. ff. Vinnius, § 35, de rer. div

conséquence du droit de propriété, et un des moyens destinés à le faire parvenir à son but. Le domaine des fruits est alors un domaine distingué du fonds qui les a produits, alors ils n'ont plus d'autre qualité que celle que leur a donnée la nature, ils sont meubles. L'acquéreur du fonds, après la récolte, ne peut la réclamer.; le légataire particulier du fonds n'aura pas droit aux fruits récoltés antérieurement à sa demande en délivrance. Cette dernière circonstance paraît être une exception à cette règle qui veut que les fruits n'appartiennent pas à d'autres qu'au propriétaire du fonds; car le légataire est propriétaire même avant sa demande, et à dater du jour du décès du testateur; il semblerait donc que les fruits devraient lui appartenir à dater de ce jour. Mais s'il n'en est pas ainsi, c'est par cette raison que celui qui veut profiter d'un don doit manifester son intention à cet égard ; jusqu'à l'accomplissement de cette formalité, l'héritier a la saisine sur tous les biens, et est réputé possesseur de bonne foi.

451. La perception est un acte instantané, attributif d'une propriété pleine et entière en faveur de celui qui possède le fonds à juste

titre ; mais elle ne s'applique et ne peut s'appliquer qu'aux fruits naturels et industriels ; car eux seuls adhèrent au sol ou à la chose productive, et sont susceptibles d'en être séparés. Les fruits civils n'étant pas adhérents au sol ne sont pas susceptibles d'une perception proprement dite, d'une séparation de la chose productive par un fait instantané ; aussi leur perception a-t-elle été réglée par la loi, qui a déclaré qu'ils s'acquerraient jour par jour [1] (art. 586).

La raison de cette différence vient de ce que les fruits civils ne tiennent leur existence que de la loi, les fruits naturels ou industriels sont créés par notre chose même, par nos héritages. Les contrats et obligations donnent naissance aux fruits civils : de là il suit que si les fruits naturels ou industriels pendants par branches ou par racines appartiennent en totalité à l'acquéreur, comme faisant partie de sa chose, il ne saurait en être de même

---

(1) Fructus naturales producuntur per separationem à re corporali : antè enim quam nascentur vel separantur, non propriè fructus, sed pars rei verè et propriè dicuntur. Civiles autem producuntur statim quod incipiunt deberi. (Dumoulin, loc. cit., n. 51). V. *infrà*, n. 485, 472.

des fruits civils dus au vendeur, puisque l'effet des contrats ne doit, en principe, profiter qu'aux parties contractantes, ou à celles qui leur sont légalement substituées. Les fruits civils antérieurs au jour de l'acquisition ne peuvent donc, sans une clause expresse, passer entre les mains de l'acquéreur; mais, à dater de cette époque, étant substitué en tous les droits du vendeur *sur la chose même*, il acquerra les fruits civils comme émoluments de sa chose, et pourra actionner en son nom propre le débiteur, en faisant connaître son titre.

452. En général les fruits civils sont le prix de l'utilité ou du service de ma chose, soit mobilière, soit immobilière. Le prix des baux à ferme n'est pas et ne doit pas plus être représentatif de la récolte qu'une pièce de 5 fr. n'est représentative de la mesure de blé qu'elle sert à acheter.

453. Le croît des animaux nous appartient par la même raison que les plantes, qui germent et croissent sur nos fonds, nous appartiennent; nous le devons aussi à la force ou puissance productive de notre chose; et les points de ressemblance entre ces deux espèces de fruits,

examinées dans les diverses phases de leur existence et dans la manière de les acquérir, sont assez nombreux. Les fruits pendants *pars fundi sunt*, les animaux encore dans le sein de leurs mères *portio sunt viscerum matris* [1]; par la perception, les fruits d'un fonds deviennent des êtres distincts et sont l'objet d'un domaine particulier, la naissance des animaux les soustrait à cette indivisibilité d'existence et de sort qu'ils partageaient avec leurs mères, ils vivent alors de leur existence propre et sont l'objet d'une appropriation distincte; les fruits séparés du sol restent *nôtres*, parce qu'ils étaient une partie de ce sol lorsqu'ils lui adhéraient; les animaux nés restent *nôtres*, parce que, dans l'intervalle de la conception à la naissance, ils ne reçoivent leur existence que de leur mère qui nous appartient et sont comme une partie de ses entrailles; les fruits pendants passent à l'acquéreur, les animaux conçus appartiennent à l'acheteur de la mère, ils ne font qu'un seul et même tout avec elle et sont acquis pour un seul et même prix; les fruits pendants sont immeubles, les animaux

---

(1) L. 1, § 2, de inspic. ventr. ff.

conçus n'ont pas d'autre nature que celle de leurs mères, fussent-elles immeubles par destination; les animaux nés ne sont plus liés au sort de leurs mères, et si souvent ils ont la même qualité, par exemple, celles d'immeubles par destination, c'est en vertu d'une circonstance extérieure indépendante de leur nature. Celui qui a fait la plantation ou la semence ne devient pas pour cela propriétaire des fruits, ils sont un accessoire du fonds et appartiennent en cette qualité au propriétaire de ce fonds; en effet, *omnis fructus non jure seminis, sed jure soli percipitur* [1]; et voici la raison que la loi 11 de rei vind. C. donne de cette décision : *Postquàm hæ* (les plantes ou les semences) *radicibus terram fuerint amplexæ, solo cedere rationis est.* Par la même raison, le croît des animaux n'appartient pas au maître du mâle qui a fécondé la femelle, il n'est considéré que comme un fruit de la femelle et n'appartient conséquemment qu'au maître de cette femelle, *si equam meam equus tuus prægnantem fecerit, non esse tuum, sed meum*

---

(1) L. 25, de usuris, ff.

quod natum est [1]. Le mâle qui a fécondé la femelle a cependant part à la production; mais, comme le dit Pothier [2] : « Cette part est très-peu de chose en comparaison de celle qu'a la femelle, qui porte dans son sein les petits depuis l'instant de leur conception. » Mais si cette part qui appartient au mâle dans la production est si peu de chose qu'elle ne mérite aucune considération dans l'attribution des produits, et si, sous ce rapport, elle est assimilée à la semence ou à la plantation, cette similitude cesse quant au droit à l'indemnité. Il n'est pas accordé d'indemnité au maître du mâle, tandis que, suivant l'art. 548 : « Les fruits produits par la chose n'appartiennent au propriétaire qu'à la charge de rembourser les frais des labours, travaux et semences faits par des tiers. » En effet, si le propriétaire avait fait faire à ses frais la culture de son champ, il n'aurait de bénéfice ou produit net que ce qui excéderait ses frais de culture ; c'est ce qu'exprime cette maxime qui nous vient du droit romain : *Nulli sunt fructus, nisi impensis deduc-*

---

(1) L. 5, § 2, de rei vind. ff.
(2) De la Propriété, n. 152.

tis. Il y aurait donc de l'iniquité de la part du propriétaire qui voudrait s'emparer de la totalité de la récolte, sans indemniser celui qui a travaillé, labouré et semé, car ce serait vouloir profiter des travaux et du bien d'autrui. Aussi cette indemnité est-elle passée dans notre Code comme un principe général; elle est placée au titre général *de la propriété*, indépendante en cela des formes particulières et du titre qui constituent la propriété; tandis que dans le droit romain, plus fidèle à la rigueur du droit qu'à l'équité, la prescription de cette indemnité était insérée dans des titres qui avaient pour objet des manières spéciales d'acquérir [1]; de là, le débat entre les interprètes, s'il fallait généraliser le principe, ou s'il ne fallait l'appliquer qu'à la matière spéciale pour laquelle il semblait avoir été posé.

454. L'art 548 pose un principe d'équité qui semble devoir s'appliquer en faveur de tout individu, quelle que soit sa qualité, à moins d'une dérogation spéciale, telle que celle qui fait l'objet de l'art. 585, au titre de l'usufruit.

---

(1) L. 36 et 37, ff. de petit. hæred.

Néanmoins, il est utile de voir quelles personnes l'art. 548 entend désigner par le mot *tiers*. Ce tiers peut être un individu qui n'a aucun droit à la récolte, mais seulement au prix de ses travaux et de ses semences ; il peut être un individu qui vienne en partage de la récolte avec le propriétaire, soit pour indemnité de ses frais, soit après le prélèvement de ses frais. L'art 548 paraît n'avoir pour objet que la première espèce, mais nous mentionnerons ici d'autres espèces où le possesseur, sous différents noms, est indemnisé de pareils frais.

Et d'abord ce mot *tiers* ne s'applique pas au fermier, car il est aux droits du propriétaire, quant à la perception de la récolte, et les frais de semence sont à sa charge exclusive ; d'ailleurs leurs obligations et droits respectifs sont déterminés par le titre et l'état des lieux au moment de la mise en possession ; cet état doit être le même à la fin du bail.

Il ne s'applique pas à l'usufruitier, car, pendant la durée de son usufruit, lui seul a le droit de percevoir les récoltes et doit faire les frais de semence. L'art 585 exclut d'ailleurs de cette indemnité, soit celui qui a concédé l'usufruit ou ses héritiers, soit l'usufruitier ou ses héritiers, lorsque l'usufruit a pris fin.

Mais il peut désigner l'envoyé en possession des biens d'un absent, lorsque le retour a lieu après les semences. M. Duranton [1] lui accorde même une part dans les fruits en proportion du temps qu'a duré l'envoi pendant la dernière année, « car, dit-il, les fruits sont attribués aux envoyés pour les indemniser de leurs soins et de leurs peines, comme ceux de la dot sont acquis au mari pour supporter les charges du mariage. » Cette part de fruits lui sera donc attribuée pour ses frais de semences et autres travaux.

L'époux, propriétaire du fonds ensemencé, après la dissolution du mariage doit rapporter les frais de labours et de semences à la masse, dans le cas de communauté légale ou conventionnelle ; le mari doit les déduire avant le partage des fruits, dans le cas du régime dotal ; et sous le régime d'exclusion de communauté, la femme en doit indemnité au mari [2].

---

(1) T. Ier, n. 408.

(2) Proud'hon, de l'usufruit, n. 2685.

Il s'applique au possesseur de bonne foi constitué en mauvaise foi avant la levée des fruits.

455. Il s'applique au possesseur de mauvaise foi qui souffre l'éviction de la chose qu'il possède. En effet, étant soumis au rapport de tous les fruits qu'il a perçus et même qu'il devait percevoir (art. 549), ce serait blesser l'équité et vouloir profiter des travaux et du bien d'autrui que de ne vouloir pas lui tenir compte de ses frais de labours et de semences [1].

Cette dernière proposition, qui ne peut souffrir aucune difficulté dans notre droit, était le sujet d'une controverse dans le droit romain. En effet, le § 32, *inst. de rer. div.*, assimile les semences et autres impenses qui pourraient être faites par le possesseur de bonne ou mauvaise foi à l'avantage de la chose possédée, aux constructions qui auraient été faites sur le fonds. Dans cette dernière circonstance, le constructeur de bonne ou mauvaise foi n'avait aucune action contre le propriétaire pour se faire indemniser [2]. Ce-

---

(1) Proud'hon, de l'usufruit, n. 1427.
(2) V. Vinnius, § 32, de rer. div.

pendant la justice de la cause du constructeur de bonne foi lui avait fait accorder *une exception de dol* contre le propriétaire qui revendiquait *domum suam*, sans vouloir payer le prix de la matière et de la main d'œuvre. Mais cette exception supposait nécessairement la possession entre les mains du constructeur, car elle ne pouvait être opposée que contre le revendicateur [1], et par celui seulement qui était de bonne foi lors de la construction. Elle n'était plus admise de la part du possesseur de mauvaise foi; celui qui s'était rendu coupable de dol n'était pas en droit de s'en faire une arme pour réclamer une indemnité. Il s'est exposé volontairement aux chances d'une perte, il savait bien que le fonds ne lui appartenait pas. Aussi était-il réputé avoir eu l'intention de gratifier le propriétaire, lorsque la construction constituait une amélioration et non une réparation nécessaire [2]. Ce n'est pas ici le lieu de voir quelles sont, en général, les impenses que le possesseur de bonne ou de mauvaise foi peut réclamer au propriétaire

---

(1) § 30 , Inst. *de rer. div.*; L. 44 , *de dol. mal.* ff.
(2) Dict. § , Inst.; L. 37 et 45 , *de rei vind.* ff.

qui revendique sa chose, il nous suffira de dire que cette intention de gratifier, qui n'était qu'une pure supposition démentie par les faits, n'est plus admissible dans notre droit ; qu'elle n'est autorisée par aucnn texte, et ne saurait se présumer, puisque le possesseur a travaillé pour lui-même et non dans l'intérêt et au nom du propriétaire, *imò constat de contrario, quod non vult donare, sed potius alienum usurpare* [1].

Dans le droit romain lui-même, cette décision était combattue par plusieurs dispositions plus conformes à l'équité [2]. Nous ne devons nous occuper ici que d'une classe d'impenses, des frais de labours et semences faits par le possesseur de mauvaise foi.

Presque tous les interprètes, malgré l'assimilation qui ressort du texte du § 32, *inst. de rer. div.*, font une distinction en faveur de ces impenses, ils distinguent entre les impenses destinées à la reproduction et conservation des fruits, et les impenses qui ont eu pour but l'amélioration de la chose même. Ils se fondent sur le § *ult. L. 36, de hæred petit. ff.*, ainsi

---

(1) Dumoulin, Cout. de Paris, tit. Ier, § Ier, Glos. 5, n. 101.

(2) L. 37 et 38, *de petit. hæred.* ff.

conçu : « *Fructus intelliguntur deductis impen-*
sis quæ quærendorum, colligendorum conserva-
dorumque eorum gratiâ fiunt. Quod non solùm
in bonæ fidei possessoribus naturalis ratio ex-
postulat, verùm etiam in prædonibus, sicut Sa-
bino quoque placuit [1]. »

En effet, comme le dit Cujas sur la L. 51,
fam. ercisc. ff. : « *Nullus casus incidere potest*
quid impediat hanc deductionem sumptuum [2]. »

« *Porro quæ,* dit Perez[3], *hactenus de fructuum*
restitutione dicta sunt, intelliguntur deductis im-
pensis, nam sine iis fructus non fuissent [4]. »

Vinnius lui-même, qui, au § 32, refuse
au possesseur de mauvaise foi toute action et
toute exception, même lorsqu'il possède, pour
se faire indemniser de ses impenses, au livre
1er de ses Questions de Droit commence ainsi
le chap. 24 : « *De qualitate impensarum, quæ*
in rem alienam, fructuum quærendorum aut
colligendorum conservandororumque gratiâ fac-
tæ sunt, non est laborandum, cum hæc omnes
citrà ullam distinctionem ab omnibus possesso-

---

(1) V. aussi L. 46, de usuris, ff.
(2) V. encore Cujas, paratitla, in lib. 7, C. tit. 51.
(3) C. de rei vind., n. 25.
(4) V. Voët, de acq. rer. dom., n. 25.

ribus deducantur, *ubi hæc ratio à veteribus red-
ditur*, *quod fructus non intelligatur*, *nisi quod
deductis impensis superest.* »

Voët suit la même doctrine au tit. *de hæred.
petit.*, nᵒˢ 21 et 22.

Les frais de labours et de semences, *fructuum quærendorum gratiâ*, comme les frais de
récoltes et ceux employés à la conservation des
fruits, *colligendorum conservandorumque eorum
gratiâ*, étaient regardés comme impenses nécessaires que tout possesseur pouvait réclamer. Aussi Potier [1] dit-il que « le possesseur
de mauvaise foi est tenu de faire raison ,
même des fruits qui proviennent des semences
qu'il a mises dans les terres revendiquées et
des labours qu'il y a faits; sauf que , sur le prix
desdits fruits, on doit lui faire déduction de
ses semences et de ses labours [2]. »

De cette discussion nous sommes autorisé
à tirer la conséquence que si, sous la législation romaine et notre ancienne jurisprudence,
on permettait généralement la déduction des

---

[1] De la Propriété, n. 335.

[2] V. Tiraqueau, *du Retrait lignager*, Glos, Iᵉ, § 15,
n. 1 et 2.

frais de labours et de semences en faveur du possesseur de mauvaise foi, à plus forte raison, cette déduction sera permise sous notre Code plus ami de l'équité et moins asservi aux subtilités et à la rigueur des formes [1]. Aussi devons-nous accorder au possesseur de mauvaise foi la faculté, non-seulement d'imputer ces frais sur les restitutions, mais encore, au cas où cette imputation n'aurait pas eu lieu, d'intenter une action judiciaire aux fins d'en obtenir une indemnité [2]. L'art. 548 n'impose pas, en effet, au propriétaire revendicateur seulement la charge d'en souffrir la déduction, mais encore de les *rembourser*.

456. Le fermier et l'usufruitier acquièrent-ils les fruits de la chose dont ils jouissent par droit d'accession?

Voici ce que l'on peut dire pour l'affirmative :

Le droit d'accession n'est pas un droit incessible, le droit d'accession et le droit de

---

(1) V. Merlin, Répert., au mot *fruits*, n. 4.

(2) Et hoc nedùm per modum retentionis , sed etiam *vià actionis*, post simplicem restitutionem rei. (Dumoulin, loc. cit., n. 101.)

propriété ne sont pas tellement indivisibles
dans leur co-existence qu'ils ne puissent être
séparés pour un temps. Car le droit d'accession, lorsqu'il ne s'applique qu'aux produits
de la chose, n'est pas autre que le droit de
jouissance ; or, rien de plus certain que le
droit de jouissance ne puisse être séparé du
droit de propriété sans cesser pour cela d'être
un des caractères essentiels de ce droit. En
effet, le propriétaire peut céder son droit de
jouissance à un fermier, et il est bien vrai
que l'acquisition des fruits au profit du fermier a pour origine son bail ; mais quel est
l'effet de ce dernier titre? Ce n'est pas de
transmettre directement des fruits ; car ordinairement ces fruits n'existent pas encore ;
n'est-ce pas de substituer le fermier aux droits
du propriétaire, quant à la perception des
fruits et émoluments qui proviennent de la
chose? Ce titre a-t-il d'autre effet que de transférer le droit d'accession quant aux fruits, ou
autrement dit, le droit de jouissance, le droit
de jouir et d'user de la chose, de profiter de
ce qu'elle produit?

Le fermier n'acquiert certainement pas les
fruits par la force et puissance de la chose qui

lui appartient, mais par la force et puissance de la chose dont il *a le droit de jouir* en vertu de son titre ; car le droit de jouissance renferme le droit de percevoir les fruits que la chose produit [1].

L'usufruitier ne tient aussi son droit que de la volonté du propriétaire ou de la loi ; la constitution d'usufruit a aussi pour effet de transférer en la personne de l'usufruitier le droit qu'a le propriétaire d'acquérir, par droit d'accession, tous les fruits qui naissent de sa chose. Cette séparation de la jouissance est même , dans cette circonstance , regardée comme un démembrement de la propriété ; l'usufruit est considéré comme un immeuble. En effet, comme le dit la L. *4 de usufructu ff. :* « *Ususfructus in multis casibus pars dominii est ;* » non pas, il est vrai, qu'il puisse être considéré comme une partie *corporelle* de l'immeuble auquel il est attaché ; mais seulement, sous ce rapport, que dans plusieurs circonstances *vice partis fungitur ;* c'est ce que Cujas [2]

----

(1) Pothier, *de la Propriété* , n. 153 , 154 ; Toullier, t. 3ᵉ, n. 108 , 110.

(2) L. 25 , de V. S. ff. ; Comm. sur le dig.

exprime aussi par ces mots : « *Quia continet omne rei emolumentum in plerisque causis, effectum portionis obtinet.* L'usufruitier est donc pleinement et véritablement *loco domini,* quant au droit de percevoir tous les émoluments qui proviennent de la chose.

De cette doctrine il résulterait qu'on ne doit pas considérer l'acquisition des fruits par le fermier ou l'usufruitier comme une véritable exception au droit d'acquisition par accession, parce que leurs titres n'ont pas d'autre effet que de les substituer aux lieu et place du propriétaire [1].

Mais nous croyons la négative mieux fondée.

En effet, l'accession est une manière d'acquérir par la seule force et puissance de la chose qui nous appartient, elle est l'effet d'une propriété préexistante. Aussi les art. 546 et 547 du Code civil, conformes en cela à la loi romaine, font-ils du droit d'accession un attribut particulier de la propriété. Ce ne peut être par droit d'accession que le fermier et l'usufruitier acquièrent des fruits, puisqu'ils ne sont pas propriétaires de la chose dont ils

---

[1] Pothier, eod. loc.

jouissent; c'est en vertu de leur titre, qui n'est pas seulement l'origine, mais encore la cause de cette acquisition. Son objet direct n'a pas été, il est vrai, de leur transférer des fruits, mais un droit, le droit de jouir; voici la nature vraie de ce droit? il contient sans doute le droit de percevoir les fruits de la chose soumise à la jouissance, il peut sans doute être séparé de la propriété; mais il ne suit pas de là qu'il puisse être assimilé au droit d'accession et que le droit d'accession puisse être séparé de la propriété. Ces deux droits diffèrent, non-seulement sous le rapport de leur étendue, mais encore sous le rapport de leurs objets et de leurs effets : le premier a, pour unique objet, *la jouissance* de la propriété d'autrui; le second, *l'acquisition* de la chose d'autrui ou n'appartenante à personne. Et par cela même que le droit de jouir est alors séparé de la propriété, il ne peut plus être assimilé au droit d'accession ; car la propriété et la possession sont distinctes, et le droit d'accession serait devenu l'attribut de la possession. Celui qui a droit de jouir acquiert les fruits, comme celui qui possède la propriété; mais quoique leurs droits abou-

tissent à ce même résultat, il y a la même différence entre ces droits qu'entre ceux qui les
possèdent, qu'entre l'usufruitier ou le fermier
et le propriétaire [1].

457. Par les mêmes raisons, l'acquisition
des fruits par le possesseur de bonne foi paraît être une exception à leur acquisition par
accession ; en effet, il ne les acquiert pas *vi ac
potestati rei suæ*, puisqu'il n'est pas le véritable maître de la chose d'où ils proviennent. Ils
n'accèdent pas même à son travail ; car, comme
le dit Vinnius sur le § 35, *de rer. div.*: « *Eadem
ratione fierent et malæ fidei possessoris, atque
ab alio percepti, agrove ab alio consito, bonæ
fidei possessoribus non fierent, licèt perceptio
bonæ fidei possessoribus sit causa sine quâ
non.* »

Ces raisons ont paru suffisantes à Vinnius,
qui a été imité en cela par M. Duranton [2],
pour attribuer l'acquisition des fruits au profit du possesseur de bonne foi par d'autres
considérations.

Cependant cette opinion, quelque conforme

---

(1) Duranton, t. 4ᵉ, n. 345.
(2) Eod. loc.

qu'elle soit aux principes de la matière, paraît n'avoir pas été adoptée par les rédacteurs du Code civil, quant au possesseur de bonne foi; la position des art. 549 et 550 dénote une intention contraire. A la vérité, le possesseur de bonne foi, dans ses rapports avec la chose, n'est pas dans une position analogue à celle du fermier ou de l'usufruitier; ceux-ci ne possèdent la chose qu'à titre précaire, leurs titres assignent le caractère et posent les limites de leurs droits; ce possesseur, au contraire, possède à titre de propriétaire. Sa bonne foi le fait réputer propriétaire, elle est, comme le dit Cujas [1], *loco dominii*. Il semble donc que, dans cette circonstance, l'acquisition des fruits par accession serait devenue un attribut de la possession de bonne foi. Nous citerons l'opinion de Pothier sur ce point, parce qu'elle paraît avoir été partagée par les rédacteurs du Code. Ce point établi, nous serons dispensé de classer l'acquisition des fruits par le possesseur de bonne foi dans un ordre à part, sans rapport avec le mode d'acquisition par accession. Voici l'opinion de Pothier [2] : « Les

---

[1] Lib. 7, digest. Juliani, L. 25, de usuris.
[2] De la Propriété, n. 345.

fruits qui naissent pendant la possession de bonne foi sont acquis au possesseur plutôt qu'au propriétaire de la chose. Ce n'est cependant qu'une exception apparente, qui ne donne aucune atteinte à notre principe, que le domaine des fruits suit celui de la chose dont ils sont des accessoires ; car si le possesseur qui, à la vérité, n'est pas propriétaire, semble en ce cas, acquérir les fruits de la chose, ce n'est qu'autant qu'il est réputé le propriétaire de la chose qu'il possède, jusqu'à ce que le véritable propriétaire ait paru et ait justifié de son droit. » En effet, si le possesseur de bonne foi ne peut, relativement à la chose, ou par rapport aux droits généraux qu'elle fait naître, avoir des droits aussi absolus et étendus que le propriétaire lui-même, il est néanmoins, quant à ce qui regarde la perception des fruits de cette chose, *penè loco domini* [1]. C'est alors qu'on peut dire : *Tantum præstat bona fides quantum veritas*, maxime dont la loi 25 *de usuris ff.* a fait une application à l'espèce qui nous occupe : *Porrò bonæ fidei possessor in percipiendis fructibus id juris ha-*

---

[1] L. 48, de acq. rer. dom. ff.

bet, quod dominis prædiorum tribulum est. Aussi les rédacteurs du Code civil ont-ils traité de l'acquisition des fruits par le possesseur de bonne foi au titre de l'acquisition par accession.

458. Ces questions de pure doctrine ne changent pas les conditions exigées par la loi pour que le possesseur acquière les fruits. La loi n'accorde ce privilége qu'au possesseur de bonne foi; mais quand le possesseur est-il de bonne foi? « Le possesseur est de bonne foi, quand il possède, comme propriétaire, en vertu d'un titre translatif de propriété dont il ignore les vices. » (Art. 550.)

Ainsi, trois conditions sont exigées, il faut: 1° posséder comme propriétaire; 2° que la qualité de propriétaire ait été conférée par un titre translatif de propriété; 3° ignorer les vices qui affectent ce titre. La possession qui réunit ces trois conditions est la seule qui produise des effets juridiques qui puissent être comparés aux conséquences du droit de propriété, c'est la seule qui produise les mêmes effets que le droit de propriété quant à l'acquisition des fruits. En effet, il ne suffit pas de se croire propriétaire et de posséder comme tel, il faut encore que cette croyance soit plausible, qu'elle ait *une juste cause*, qu'elle doit puiser dans le titre qui l'a fait naître. Car si moralement l'on peut être de bonne foi sans titre, en droit, cette bonne foi n'est légitime qu'avec son appui [1]. Aussi, considérons-nous ici le titre, non pas comme condition de l'acquisition des fruits, mais comme un des éléments constitutifs de la bonne foi. Sans doute il n'y a pas présomption légale de mauvaise foi, même contre celui qui possède sans titre (2268) ; mais le demandeur, en revendication, pourra s'armer de ce défaut de titre pour démontrer la mauvaise foi du possesseur, et celui-ci n'en évitera les conséquences qu'en établissant que le fait qui a été l'origine de sa possession était capable de lui assigner le caractère de bonne foi.

La bonne foi est, suivant Voët [2], *Illæsa conscientia putantis rem suam esse*, mais elle n'est *illæsa* ou ne doit être considérée comme

---

(1) Nec sufficit putare, titulum intervenisse, si non intervenerit : nam ut falsa existimatio nostra usucapionem non petit, ità nec ad fructuum acquisitionem prodesse debet : *nisi forté huic nostræ opinioni causam dederit justa et probabilis facti ignorentia.* Vinnius, instit. §. 35, n. 4 *in fine.*

(2) De usucap. n. 6.

telle, que lorsque celui qui la possède réunit les autres conditions exprimées par le même auteur : *Dum credit, eum, a quo nactus est possessionem fuisse dominum illius rei, et alienandi jure haud destitutum.* Voyons dans les lois le développement de ces principes.

459. Celui-ci seul, qui possédait à titre de propriétaire, qui pensait que la chose possédée était *sienne*, jouissait des mêmes priviléges que le propriétaire quant à l'acquision des fruits, il en était déchu s'il possédait *sciemment* la chose d'autrui [1]. Il faut, dit Vinnius [2], que le possesseur qui veut faire les fruits *siens, animo et affectu dominantis rem teneat;* c'est là la première condition nécessaire aujourd'hui comme autrefois.

460. Le possesseur ne tient la chose *animo et affectu dominantis,* que lorsqu'elle a été mise en son pouvoir par un *titre translatif de propriété;* car, comme le dit le jurisconsulte Paul dans la loi 31 de *acq. rer. dom.* : « *Nunquam nuda traditio transfert dominium : sed ità, si venditio, aut aliqua justa causa præcesserit,*

---

(1) Inst. § 35, de rer. div.
(2) *Ibid.,* n. 2.

propter quam traditio sequeretur. » La vente, l'échange, la donation entre-vifs ou testamentaire, la succession et la transaction sont des actes translatifs de propriété ou de *justes causes* légitimant la possession à titre de propriétaire. Si la possession avait en effet pour cause un titre non translatif de propriété, si elle avait pour origine un contrat de prêt, de louage ou de gage, elle ne saurait être à titre de propriétaire. Aussi le § 35 *suprà* n'accorde-t-il l'acquisition des fruits qu'à celui qui possède la chose en vertu d'un acte translatif de propriété, *si quis…… fundum emerit, vel ex donatione aliave qualibet justâ causâ œque bonâ fide acceperit, naturali ratione placuit, fructus quos percepit, ejus esse.*

461. Il est de principe que la propriété ne peut être transmise que par son maître même ou celui qui a pouvoir de lui ou de la loi; d'où il suit que le possesseur qui croit avoir acquis la propriété doit être persuadé qu'il l'a reçue du véritable propriétaire; car il doit savoir que lui seul a le droit de l'aliéner. En effet, le doute à cet égard serait exclusif de la bonne foi, il n'y aurait pas cette véritable ignorance des vices du titre exigée

par l'art 550 : *In quâ tamen*, dit Voët [1], *bonâ fide esse non intelligitur, qui dubitat, utrùm is, à quo rem habet, dominus fuerit et alienandi facultatem habuerit, nec ne; cum aliud sit credere, aliud dubitare, imò dubitatio sit quid medium inter bonam et malam fidem, inter scientiam et ignorantiam sicut silentium ejus, qui interrogatur, in se spectatum, neque confessionem continet, neque negationem* (L. 142, ff. de reg. jur.) [2].

Il doit ignorer que la chose qu'il possède est la chose d'autrui : *bonæ fidei emptor esse videtur, qui ignoravit eam rem alienam esse : aut putavit eum, qui vendidit, jus vendendi habere, putà procuratorem, aut tutorem esse* [3]. Car s'il sait que celui qui lui fait la vente n'est pas propriétaire, ou bien s'il achète d'un mineur ou d'un interdit, connaissant leur minorité ou leur interdiction, il ne saurait être de bonne foi, il n'ignorerait pas les vices de son titre : *At qui sine tutoris auctoritate à pupillo emit, vel falso tutore auctore, quem scit*

---

(1) De usurp. et usuc. , n. 6.

(2) M. Troplong, prescript., t. 2ᵉ, n. 927.

(3) L. 109 de verb. signif.

*tutorem non esse, non videtur bonâ fide emere,
ut et Sabinus scripsit* [1]. Il n'ignorerait pas les
vices de son titre, si, sachant qu'une femme
est mariée, il acquérait d'elle seule et sans
l'autorisation de son mari.

462. Mais s'il achète de celui qu'il croit être
propriétaire ou d'un mineur qu'il croit être
majeur, d'un interdit dont il ignore l'interdiction, d'un individu qui agit comme tuteur,
sans dépasser les pouvoirs d'un tuteur, et qu'il
croit tuteur [2], d'un individu qui agit comme
mandataire en vertu d'une fausse procuration,
enfin, d'une femme mariée qu'il ne croit pas
mariée, il sera alors acquéreur de bonne foi ;
car les vices de son titre ne sont que le résultat d'une erreur de fait, que peuvent commettre les plus prudents sans pouvoir souvent
l'éviter : *Interpretatio facti plerumque etiam
prudentissimos fallat* [3].

En effet, il est des vices qui affectent le
titre d'acquisition et dont l'ignorance constitue
la bonne foi du possesseur ; tels sont les vices

---

(1) L. 27 de contrah. empt. ff.
(2) D. L. 27 ; L. 109 de V. S. ; L. 13, pub. in remuct.
(3) L. 3 de jur. et facti ignor.

qui proviennent d'une erreur de fait. Il en est d'autres dont l'ignorance même semblerait ne pouvoir faire réputer le possesseur de bonne foi, tels sont les vices qui proviennent d'une erreur de droit. Il est d'une grande importance dans le droit de distinguer ces deux espèces d'erreur, car si les faits sont si multipliés qu'il n'est nul homme qui puisse avoir la prétention de les connaître tous et de ne pas se tromper dans leur interprétation, il n'en est pas de même des dispositions légales, du droit, *cum jus finitum et possit esse, et debeat* [1]. Aussi est-ce une maxime de droit, *que nul n'est censé ignorer la loi.* En faisant l'application de cette maxime au sujet qui nous occupe, il en résulterait que les vices du titre, qui ont pour origine une erreur de droit, ne s'opposerait pas seulement à la transmission de la propriété, mais encore à la constitution d'une possession de bonne foi; car la loi refusant au possesseur le bénéfice d'une pareille ignorance, il serait réputé connaître les vices de son titre, conséquence nécessairement exclusive de la bonne foi. D'après ce système, il

---

(1) L. 2 de jur. et furti ignor. ff.

ne serait donc question, dans l'art. 550, que des vices qui ont pour origine une erreur de fait. Mais qu'est-ce qui distingue l'erreur de fait de l'erreur de droit? le passage suivant fait connaître clairement les circonstances qui les distinguent [1] : *Facti error est, cum aut quod factum est, factum esse nescitur, aut quod factum non est factum putatur. Contrà qui factum quid esse scit, aut non esse factum, et tamen ignorat, quid hìc sibi jure tribuatur, in jure errat* [2]. Ainsi, celui qui achèterait un immeuble d'un mandataire général ne pourrait être réputé possesseur de bonne foi, car il devrait savoir qu'un mandataire général n'a pas le pouvoir d'aliéner (art. 1980), son erreur serait une erreur de droit. De même, s'il achète d'une femme mariée, ou s'il accepte d'elle une donation, sans que cette aliénation soit autorisée par son mari, croyant qu'elle peut vendre ou donner valablement seule et sans le concours de son mari, il ne pourrait être réputé possesseur de bonne foi, car sa possession n'est que le résultat d'une erreur de droit.

---

[1] Vinnius, *juris quæst.*, lib. 1er, cap. 47.
[2] V. L. 1re de jur. et facti ignor. ff.

De même, le légataire qui s'est mis en possession de l'immeuble légué, sans avoir préalablement demandé l'envoi en possession aux héritiers, ne pourrait être réputé possesseur de bonne foi ; car il doit savoir qu'il n'a pas le droit de se mettre en possession lui-même, qu'il ne doit la tenir que des héritiers (art. 1004), qui sont ses contradicteurs légitimes et à qui il doit d'abord faire reconnaître sa qualité de légataire.

En effet, un point constant en jurisprudence, c'est que, si l'erreur de droit ne doit pas nous faire perdre ce qui nous appartient, du moins elle est incapable de nous faire acquérir, *juris ignorantia non prodest adquirere volentibus* [1].

463. L'erreur de fait n'est cependant pas toujours excusable ; celle qui proviendrait d'une ignorance crasse, ou que la moindre attention de notre part saurait prévenir, n'est pas excusable, elle devrait être assimilée à l'erreur de droit et constituer comme elle le possesseur en mauvaise foi. Nous devons encore suivre dans l'interprétation des actes consti-

---

[1] L. 7 de jur. et facti ignor.

tutifs de l'erreur de fait la L. 6, *de jur. et facti
ignor : Nec supina ignorantia ferenda est factum ignorantis, ut nec scrupulosa inquisitio exi-
genda. Scientia enim hoc modo œtimanda est,
ut neque negligentia crassa, aut nimia securitas
satis expedita sit, neque delatoria curiositas
exigatur.*

464. La bonne foi, telle qu'elle est considérée dans l'art. 550, ne puiserait donc pas
toujours sa légitimité dans le fait même de son
existence, elle serait encore obligée d'aller la
chercher dans les actes extérieurs qui l'ont fait
naître. Et lorsque ces actes ne sont que le
produit d'une erreur de droit, la bonne foi qui
en naît ne devrait pas être légitime [1]; aussi,
celui qui la conteste est-il autorisé à vérifier si
le possesseur peut se dire de bonne foi.

465. Le même principe nous servirait à décider si les vices de forme sont un obstacle à
la bonne foi. Sans doute il ne s'agit pas ici de
rechercher si ces vices enlèvent au titre sa
qualité de juste titre, mais seulement s'ils

---

(1) Seulement ce possesseur ne saurait être réputé *prœdo*,
le possesseur *malœ fidei* et le *prœdo* ne sauraient être assimilés
en tout, L. 25, ff. de pet. hœred. § 6 ; Brunemann, n. 3.

sont un obstacle à la bonne foi du possesseur. Considérés sous ce point de vue, si les
vices de forme étaient assez graves pour empêcher la transmission de la propriété, le possesseur ne pourrait être réputé de bonne foi,
car le défaut est visible. Mais dans la plupart
de nos modes d'acquisition la forme n'est pas
substantielle et ne sert qu'à prouver l'aliénation qui l'a précédée et qui en est indépendante ; les nullités de forme ne doivent donc
être considérées que dans les actes où la forme
est substantielle. La question ainsi posée, il
semblerait qu'il ne peut y avoir de doute que
l'oubli d'une formalité substantielle, qui empê-
che la transmission de la propriété, est un obstacle à la bonne foi du possesseur ; car, comme
le dit M. Troplong [1], « on ne peut supposer
que le possesseur l'ait ignorée, une nullité de
forme est extrinsèque et visible. » L'excuse sur
l'ignorance des formes ne serait pas valable,
car l'ignorance d'une formalité, commandée
sous peine de nullité par la loi, n'est pas autre chose que l'ignorance de la loi, et croire
que, malgré l'oubli de cette formalité qu'il est

____

[1] Prescript., n. 920.

censé connaître, la propriété a été transmise, c'est commettre une erreur de droit. Ainsi, celui qui s'est emparé de l'universalité d'une succession sur la foi d'un testament olographe qui est seulement signé de la main du testateur et non écrit par lui (art. 970), ou d'un testament authentique qui n'est signé par aucun des témoins (art. 974), ne saurait être réputé possesseur de bonne foi; car il a dû reconnaître ces nullités; elles enlèvent à l'acte son existence, elles sont extrinsèques et visibles, elles empêchent la transmission de la propriété. Cette possession ne repose que sur l'ignorance de la loi, et la croyance à la validité de l'acte n'est fondée que sur une erreur de droit. De même, l'individu qui s'empare d'un immeuble sur la foi d'une donation sous seing privé (art. 948), ou d'objets mobiliers sans un état estimatif annexé à la minute de l'acte de donation (art. 948), ne saurait être réputé possesseur de bonne foi; car ce sont des formalités commandées expressément par la loi et que l'on doit observer sous peine de nullité (V. cette question au t. 3e).

465 *bis*. Quelque soit l'enchaînement rigoureux des principes qui viennent d'être émis sur

les règles constitutives et les effets de l'erreur de droit, et à cause même de la sévérité de ces déductions, nous devons reconnaître cependant que ce serait mal interpréter l'art. 550 que de décider sans distinction que les erreurs de droit sont des obstacles invincibles à la constitution d'une possession de bonne foi. En effet, quand il s'agit de vérifie r si une possession est de bonne foi , et si en conséquence elle a pu faire acquérir les fruits de la chose possédée, il ne faut pas s'attacher à la subtilité du droit, mais considérer plutôt l'état moral du possesseur, voir s'il est *réellement* de bonne foi ; car il n'est nullement question de rechercher *s'il a le droit* de se dir e de bonne foi. C'est là ce qui distingue la possession afin de prescrire de la possession afin d'acquérir les fruits.

La prescription n'est qu'un titre que donne la loi ; aussi son origine et ses règles n'ont-elles leur fondement que dans la loi. Tandis que la possession qui fait acquérir les fruits est, comme le disent les docteurs, plutôt de fait que de droit, c'est-à-dire qu'elle se déduit plutôt de la réalité du fait de la bonne foi que de la subtilité du droit.

C'est donc en vain que l'on oppose que personne n'est présumé ignorer la loi; car ce n'est là énoncer qu'une vérité légale ; l'on pourrait, avec une vérité plus conforme à la réalité, retourner dans un sens contraire ce principe d'ordre social.

Les vices de forme sont visibles, dit-on ; oui, mais ils ne le sont que pour quelques personnes ; il faut avoir souvent des connaissances en droit assez étendues pour reconnaître si un acte n'est pas revêtu de toutes ses formalités, ou si l'absence d'une formalité lui ôte son existence. Vouloir généraliser une connaissance qui n'est le partage que de quelques privilégiés, n'est-ce pas mettre de côté la réalité pour s'attacher à une fiction ?

La possession de bonne foi ne doit pas sans doute se déduire du seul état moral du possesseur ; car elle a aussi ses conditions extérieures, elle a son fondement dans les actes qui l'ont fait naître. Mais vouloir tirer, dans cette circonstance, une ligne inflexible entre les erreurs de droit et les erreurs de fait, c'est mal interpréter l'art. 550. Par la même raison que l'on ne doit pas absoudre toutes les erreurs de fait, nous ne voulons pas aussi que l'on condamne toutes les erreurs de droit. L'art. 550 ne distingue pas en effet entre les diverses espèces de vices, et nous croyons que le législateur n'a pas voulu poser de bornes dans la crainte de tomber dans l'arbitraire, s'en rapportant à la sagesse des juges, aux yeux desquels l'ignorance crasse qu'elle porte sur un fait ou sur un point de droit ne saurait être une excuse et constituer un droit.

L'art. 550 ainsi interprété est conforme à l'ancienne comme à la nouvelle jurisprudence: « *In bonâ fide est*, dit Brunemann sur la L. 25, § 6 *de petit. hæred.*, n°s 6 et 7, *qui in jure errat, et sic fructus consumptos non restituit* (Donnel, *lib.* 19, *cap. num.* 4). *Et hinc colligitur regulam illam, quod error juris non inducat bonam fidem esse limitandam, quod non habeat locum in fructibus. Nam titulus causatus errore juris prodest, et non impedit bonam fidem quoad acquisitionem fructuum* (d. l. et L. *quod uxor. ff. de adq. poss.*), *sed illud dupliciter temperatur :*

1° . . .

2° *Non aliter audiri hunc errorem, nisi adhibuerit peritiores, vel ad libere non potuit.* »

« *Dignus enim est*, dit le président Fabvre[1]
à la fin de son Commentaire sur le même § de
la L. 25, *qui puniatur is*, *qui contra legis pro-*
hibitionem peccat, *non etiam is*, *qui simplici*,
ac merâ tantum juris imperitiâ labitur, *quod et*
Bartolus benè vidit. »

Aussi la cour royale de Douai a-t-elle décidé
la question dans le même sens sous l'empire
du Code civil, et dans un arrêt du 7 mai 1819,
rendu dans l'espèce d'une donation de rente
viagère annullée pour défaut de mention, de
la part du notaire, de la signature de la donatrice. Les donataires ne furent pas condamnés à restituer les arrérages reçus antérieurement à la demande en nullité, par
ce motif que l'erreur échappée à l'attention
du notaire ayant dû être plus difficilement
aperçue par des personnes moins instruites,
par conséquent par les parties contractantes,
la bonne foi de celles-ci est présumable; que
les donataires ayant, pendant quatre ans, reçu
la rente au vu et su, au moins sans réclamation de la donatrice, on doit penser qu'à l'é-

---

(1) Rationalia.

poque de l'acte, et jusqu'à la demande en nullité, ils ont été toujours de bonne foi.

La cour de Lyon a aussi décidé, par arrêt
du 29 novembre 1828, que le vice de forme
(le défaut de signature de l'un des témoins),
quoiqu'il annulât le testament, était cependant de *telle nature* qu'on dût supposer qu'il
était *ignoré* du légataire, que celui-ci devait
dès-lors être réputé avoir possédé de bonne
foi, et avoir fait les fruits *siens*, jusqu'au jour
de la demande qui lui a fait connaître le vice
du titre.

Enfin, la cour de Dijon, par arrêt du 7
janvier 1817, a considéré comme possesseur
de bonne foi le cohéritier qui, en vertu d'un
acte de donation ou de partage, en date du
27 janvier 1777, annulé par la loi du 17 nivôse
an II, avait joui dans l'hérédité commune,
ouverte postérieurement à cette loi, d'une
part supérieure à la sienne, et ne l'a condamné
à restituer les fruits que du jour où ses cohéritiers ont invoqué le bénéfice de la loi nouvelle, et ont demandé le partage.

465 *ter*. Les nullités de forme, comme
celles qui sont le produit du dol, sont cou-
vertes par l'exécution *volontaire* de la part du

débiteur (art. 1338)[1], ou bien par la prescription de dix ans (art. 1304), entre les parties contractantes. Nous disons entre les parties contractantes, parce que on ne peut repousser la revendication du propriétaire, qui n'a pas été partie dans l'acte translatif, que par la prescription de trente ans.

466. Du principe que le possesseur de bonne foi doit se croire propriétaire, il suit que le possesseur, qui a employé des moyens frauduleux pour se faire transmettre la propriété, ne saurait être de bonne foi, il ne pourrait se croire légitime propriétaire; car il doit savoir que la transmission de la propriété est le résultat d'une volonté *libre*. En effet, rien n'est plus contraire à la bonne foi que le dol, *si dolo adversarii deceptum venditionem prædii te fecisse, præses provinciæ aditus animadverterit : sciens contrarium esse dolum bonæ fidei, rescindi venditionem jubebit* [2].

Aussi Cujas, sur la L. 27 *de contrah. empt. ff.*, s'exprime-t-il ainsi à l'égard de l'acqué-

---

(1) A l'égard du donateur, V. art. 1339; à l'égard de ses héritiers, V. art. 1340.

(2) L. 5, C. de rescind. vend.

reur : « *Emptor quoque est malæ fidei qui dolo induxit venditorem ut venderet.* » Il regarde aussi comme acquéreur de mauvaise foi celui qui achète contre les prohibitions de la loi ; en effet, la fraude à la loi est aussi coupable que la fraude qui a pour but de circonvenir une personne [1].

« Il suit de là, dit M. Troplong [2], que la mauvaise foi ne se considère pas seulement par rapport au tiers, qui est le véritable propriétaire de la chose ; il faut encore examiner toutes les positions qu'occupe l'acquéreur ; il faut le considérer, soit dans ses rapports avec son cédant, soit dans ses rapports avec la chose, soit dans ses rapports avec le véritable propriétaire, et il doit sortir pur de toutes ces épreuves.

« Ainsi celui qui achète contre la prohibition de la loi, ou qui reçoit une chose pour récompense d'un crime ou pour toute autre cause contraire aux bonnes mœurs et à l'ordre public, manque de bonne foi. Il objecterait en vain qu'à l'égard du tiers qui réclame cette chose

------

(1) L. 7, C. de agric. et censit.
(2) Prescript. n. 918.

comme sienne, il a été dans l'ignorance incontestée de son droit de propriété, qu'ainsi il a été de bonne foi à son égard. Mais a bonne foi n'est pas seulement l'ignorance du droit d'autrui, c'est la certitude qu'on est propriétaire. Et assurément une conviction de cette nature n'existe pas chez celui qui a acquis en vertu d'un acte prohibé par la loi. La chose ne lui appartient pas, et il a dû savoir qu'un acte nul ne transfère pas le domaine ; car la loi n'accorde pas d'effets civils à ce qu'elle défend.

« Il n'est pas même nécessaire de se placer dans le cas d'une nullité absolue pour trouver la mauvaise foi. La nullité résultant du dol et de la fraude, bien que relative, écarte toute idée de la bonne foi ; elle s'oppose à ce que le possesseur se croie légitime propriétaire.....»

467. Lorsque le possesseur est pur de tous ces vices, que sa possession est de bonne foi, de fait et de droit, il fait les *fruits siens* (art. 549). C'est là la seule conséquence que nous puissions en tirer ici. En effet, ce n'est que comme moyen d'acquérir les fruits que nous devons considérer la bonne foi, dont nous avons jusqu'ici recherché les faits cons-

titutifs. Le possesseur de bonne foi fait les fruits siens, parce qu'il serait injuste qu'après plusieurs années de jouissance du fonds productif, il fut obligé de restituer les revenus, que, dans la persuasion où il était de son droit de propriété, il aurait employés à satisfaire ses sentiments de bienfaisance dans des œuvres de charité, ou ses goûts de luxe, de beaux arts et de plaisirs. Car on borne ordinairement ses dépenses sur ses revenus, un accroissement de revenus nous incite à vivre plus largement, *lautius vivere*, à sacrifier plus aux plaisirs et aux agréments qu'à l'utilité. Ne serait-ce pas compromettre la fortune du possesseur de bonne foi que de le condamner à restituer, non-seulement le fonds productif, mais encore tous les produits qu'il a perçus depuis plusieurs années? Telles sont les raisons qui ont incité le législateur à laisser les fruits au possesseur de bonne foi.

468. Si l'on considère le possesseur dans ses rapports avec la chose, sa bonne foi le substitue au lieu et place du propriétaire; elle l'autorise par cela même à acquérir les choses accessoires à la propriété. Sa bonne foi est le fondement de son droit, c'est elle

qui, dans l'acquisition des fruits, donne le même droit que le droit de propriété. Cependant le propriétaire et le possesseur n'acquièrent pas les fruits au même moment : en effet, nous avons remarqué que les fruits pendants ne font qu'une seule et même chose avec le fonds, d'où il suit que le propriétaire du fonds est aussi propriétaire des fruits pendants, et *vice versâ*, que celui qui n'est pas propriétaire du fonds ne saurait être propriétaire des mêmes fruits. Aussi le propriétaire qui revendique son fonds revendique-t-il par cela même, et sans avoir besoin d'en faire un chef particulier de demande, les fruits pendants : la vente d'une récolte future par le possesseur n'aura pas d'effet, si la revendication est exercée avant l'enlèvement de la récolte.

La perception faite par le propriétaire n'a pas d'autre effet que de donner aux fruits un corps distinct ; ils sont alors, il est vrai, l'objet d'un domaine indépendant du domaine du sol ; mais le sol et les fruits ont toujours le même maître. La perception faite par le possesseur a d'autres effets ; car, par cela même que la séparation du sol rend le domaine des fruits indépendant du domaine du sol, il y a changement de maître ; le propriétaire du sol n'est pas, en effet, le même que le possesseur. Les fruits n'ayant donc une existence indépendante que par la perception, n'étant distincts et n'ayant, dans le droit, une existence propre que par elle, il s'ensuit que celui qui n'est pas propriétaire du sol, que le possesseur de bonne foi ne devient propriétaire des fruits qu'au moment même de la perception, que dès qu'ils sont perçus.

La perception ainsi entendue est donc une condition de l'acquisition des fruits par le possesseur de bonne foi ; par la même raison, c'est aussi une condition pour l'usufruitier, qui n'est que possesseur du sol.

469. La perception ne peut jamais être à elle seule un titre d'acquisition ; mais la bonne foi, unie à la perception, transmet irrévocablement, dans notre droit, le domaine des fruits au possesseur de bonne foi. Le droit romain accordait aussi au possesseur de bonne foi les fruits *perçus*, *fructus quos percepit* [1] ; mais la propriété acquise par la perception n'était pas irrévocable ; car les fruits *existants*,

____

(1) § 35, instit. de rer. div.

quoique *perçus*, lors de l'introduction de l'action en revendication, devaient être restitués au propriétaire. Leur *consommation* seule rendait irrévocable leur acquisition au profit du possesseur, par la raison qu'on ne pouvait revendiquer ce qui n'existait plus [1].

470. On pouvait induire de certaines dispositions de ce droit que le possesseur de bonne foi ne faisait pas siens les fruits naturels [2].

Les inductions que l'on pouvait tirer de ces dispositions étaient, à la vérité, détruites par d'autres dispositions [3]. Mais il ne peut s'élever aucun doute pareil dans notre droit; car le Code civil, après avoir déterminé les diverses espèces de fruits dans l'art. 547, les attribue sans distinction, dans l'art. 549, au possesseur de bonne foi.

471. Nous devons nous conformer aux principes du droit romain, quand il s'agit de savoir quel est l'acte qui constitue la percep-

---

(1) L. 22 C. de rei vendic.; V. l'interprétation de ces mots *fructus extantes*, donnée par Vinnius, *juris quœst.*, lib. 1er, cap. 26.

(2) D. § 35; L. 45 de usuris, ff.

(3) L. 48 de rei vindic. ff.

tion des fruits. En effet, quand il s'agit des produits de la terre ou des arbres, leur perception ne consiste que dans leur séparation de la terre ou de la branche à laquelle ils étaient attachés. Dès que l'épi ou le foin est coupé, serait-il encore sur le sol ; que le fruit est détaché de l'arbre ou de la plante qui l'a produit, leur perception est parfaite, quoique leur conservation exige d'autres soins et d'autres travaux, et que même ils soient encore impropres à l'usage auquel ils sont destinés ; en effet, c'est de ce moment qu'ils acquièrent une existence indépendante.

Le jurisconsulte Paul s'exprime ainsi à la loi **13** *quib. mod. usuf.* : « *Si fructuarius messem fecit et decessit, stipulam quæ in messe jacet hæredis ejus esse Labeo ait : spicam quæ terrâ teneatur domini fundi esse. Fructumque percipi spica aut fœno cœso aut uva adempta aut excussa olea : quamvis nondum tritum frumentum aut oleum factum vel vindemia coacta sit.* » Le croît des animaux est acquis au possesseur de bonne foi à l'instant même de sa naissance : *In pecudum fructu,* dit Gaius [1], *etiam fœtus est, sicut lac et pilum*

____

[1] L. 28 de usuris, ff.

et lana. Itaque agni et hœdi et vituli statim pleno jure sunt bonœ fidei possessoris et fructuarii.

472. L'acquisition des fruits civils, nous l'avons déjà dit, est réglée entièrement par la loi, leur perception ne consiste pas dans un fait instantané, mais elle se fait jour par jour (586).

« Les fruits qui nous sont dus, dit Merlin [1], comme les loyers de maisons, les revenus de forges, les pensions, intérêts, sont des objets qui entrent dans notre mobilier d'un jour à l'autre, avant même que le quartier soit échu. » Aussi la cour de Rouen [2] a-t-elle jugé que le légataire des meubles a droit à tous les fermages échus jusqu'au jour du décès du testateur, quand il serait stipulé que ces fermages ne se paieraient qu'après la fin de l'année. Une telle clause ne donne pas au légataire des immeubles le droit de prétendre à ceux de l'année entière.

473. En expliquant l'art. 547, nous avons compris sous le mot *fruits* tous les revenus et

---

[1] Répert., au mot *biens*, § 1er.

[2] Arr. du 22 janvier 1828. — Lebretou. V. dict. gén. de jurisp.

avantages que peut procurer une chose ; cependant nous ne lui accorderons pas la même extension dans l'art. 549. En effet, les droits du possesseur de bonne foi sont particulièrement bornés aux fruits qui naissent et renaissent de la chose ou qui sont perçus à son occasion à des époques périodiques ; ses droits sont les mêmes, dans cette circonstance, que ceux de l'usufruitier. Il ne profitera donc pas des futaies (art. 592), des carrières non ouvertes lors de son entrée en possession (art. 598).

Les futaies et les mines participent de la nature de l'immeuble auquel elles sont attachées ; et quoique les futaies soient incontestablement un fruit naturel de la terre, cependant elles ne sont pas considérées, en droit, comme des fruits, parce qu'elles ne naissent et ne renaissent pas, comme les bois taillis, dans l'espace trop court de la vie de l'homme ; elles sont plutôt un capital en réserve [1]. Aussi Vinnius [2] n'accorde-t-il au possesseur de bonne foi qu'une certaine classe

---

(1) Proud'hon, de l'usuf., n. 1164.

(2) Instit. § 35 de rer div., n. 7.

de bois qu'il nomme *Sylva cædua ; Sylva cædua*, dit la L. 30 *de V. S.*, *est*, *ut quidam putant, quæ in hoc habetur, ut cæderetur.* Cujas, interprétant cette loi [1], s'exprime ainsi : « *Sylva cædua, arundo cædua, arbores cæduæ in fructu sunt, etiam si intempestive cædantur, veluti intra quinquennium, antequàm sint cæsuræ pares. Excipiuntur grandes et summæ arbores quæ tegunt sylvam cæduam, eæ in fructu non sunt.* »

Mais il profiterait des parties de bois de haute futaie qui ont été mises en coupes réglées (art. 591), soit que ces coupes se fassent périodiquement sur une certaine étendue de terrain, soit qu'elles se fassent d'une certaine quantité d'arbres pris sur toute la surface du terrain. Il profite aussi du produit des carrières et mines qui sont en exploitation au moment de sa mise en possession (art. 598). Dans ces cas, les futaies et les mines donnant un produit périodique, qui doit finir par les absorber, elles ne doivent plus être considérées comme un fonds de réserve, et rentrent dans la classe ordinaire des fruits.

---

(1) Obs., lib. 24, cap. 5.

474. Dans les autres cas, le possesseur de bonne foi devra une indemnité au propriétaire. Mais, à la différence de l'usufruitier, cette indemnité ne devra pas être calculée sur la valeur de la futaie ou de la mine qu'il a commencé à exploiter, elle s'élèvera seulement jusqu'à concurrence de ce dont il a profité. En effet, l'usufruitier s'empare *sciemment* de ce qui ne lui appartient pas, tandis que le possesseur de bonne foi se regardant comme maître croit avoir même le droit d'abuser [1]. Ce serait le dépouiller injustement que de lui faire restituer au-delà de ce dont il a profité. Aussi le jurisconsulte Ulpien s'exprime-t-il ainsi à l'égard du possesseur d'une hérédité [2] : « *Consuluit senatus bonæ fidei possessoribus ne in totum domno adficiantur, sed in id dumtaxat teneantur in quo locupletiores facti sunt.* » Passant ensuite à l'application de ce principe, il continue en ces termes : « *Quemcumque igitur sumptum fecerint ex hæreditate, si quid dilapidaverunt, perdiderunt, dum re suâ abuti putant, non præstabunt.* » Il

---

(1) L. 25 , § 6 de pet. hæred. ff.
(2) D. L. 25.

ne fait pas même fléchir le principe dans l'espèce suivante, où le possesseur paraît avoir profité d'une partie de l'hérédité, par cela qu'il semblait l'avoir employée à acquitter une dette naturelle : « *Nec si donaverint, locupletiores facti videbuntur : quamvis ad remunerandum sibi aliquem naturaliter obligaverunt* [1].

475. Le travail des animaux est aussi un produit, mais un produit d'un genre tout particulier ; en effet, quoiqu'il ne consiste pas en une chose matérielle, cependant il existe, il a une valeur ; aussi s'acquiert-il et se paie-t-il. Mais sa nature est telle que sa consommation se fait à l'instant même où il est créé, qu'il soit déposé ou non dans une chose matérielle que l'on obtiendrait en échange. Il diffère des fruits naturels ou industriels en ce qu'il ne consiste pas en une chose matérielle ; il diffère des fruits civils en ce qu'il n'est pas une création de la loi, il ne consiste que dans l'application de la force physique des animaux dans un but d'utilité. Le possesseur de bonne

---

[1] Il ne faut pas conclure de là que le véritable propriétaire n'a pas le droit de revendiquer l'immeuble donné.

foi en jouit comme le propriétaire, sans être soumis à une restitution équivalente à l'avantage qu'il lui a procuré.

476. Nous avons vu que l'acquisition des fruits, au profit du possesseur de bonne foi, date du moment de leur perception, et que la bonne foi sans la perception ne saurait produire cet effet. Mais les fruits naissants et renaissants sans cesse renaissent toujours avec les mêmes conditions; ils commencent toujours par ne faire qu'une seule et même chose avec le fonds qui les a produits, et chaque année ils n'acquièrent une existence propre que par la perception. Le fonds productif est et reste toujours le même, mais les produits d'une année, s'ils ressemblent à ceux des années précédentes, cependant ils ne sont plus les mêmes: de là il suit que l'acquisition du fonds par la possession peut être le résultat d'un fait unique, car la possession ne changeant pas d'objet se continue jusqu'à ce qu'elle soit interrompue; tandis que l'acquisition des fruits doit être le résultat d'un fait qui se renouvelle chaque année, car chaque année apportant de nouveaux fruits, chaque année il y a une nouvelle acquisition. De là il suit encore

qu'il suffit que la possession, afin d'acquérir le fonds, réunisse les conditions qui lui sont nécessaires au moment unique où elle prend naissance ; tandis que la possession, afin d'acquérir les fruits, doit réunir les conditions qui lui sont nécessaires à chaque nouvelle acquisition. Aussi la bonne foi qui est nécessaire à la prescription de dix ou vingt ans, comme à l'acquisition des fruits, n'est-elle exigée qu'au moment de l'acquisition du fonds (art. 2269) ; tandis qu'elle est nécessaire à chaque nouvelle perception des fruits, c'est là la décision formelle de la L. 23, § 1ᵉʳ, *de acq. rer. dom. ff.*

Ce qu'Ulpien décide dans ce texte à l'égard des profits qui proviennent *ex operis servi alieni*, est aussi applicable aux croîts des animaux, *à fortiori* aux fruits naturels ou industriels, dont la perception exige un fait de notre part.

Nous nous permettrons de citer un passage latin, parce que nous croyons utile d'insister sur cette différence entre la prescription et la possession. La clarté ordinaire du style de l'auteur et l'utilité qu'on pourra en retirer dans les autres points de comparaison entre la prescription et la possession, nous feront pardonner la longueur de la citation : «*Placet*, dit Cujas [1], *ex tempore quo possessor scivit rem esse alienam, eum mala fide possidere. Nam et hoc simul scivit se esse possessorem injustum, et consequenter ab eo tempore fructus ejus non esse, fructuum enim adquisitio proficiscitur ex fide bonâ. Et ut ostendit L.* bonæ fidei, § 1er hoc titulo, *longè alia ratio est usucapionis, alia possessionis. Nam usucapio, quæ ex lege proficiscitur, magis quàm ex facto nostro aut detentione, non interrumpitur, etiam si supervenerit mala fides : possessio interrumpitur, et quæ bonæ fidei erat, fit malæ fidei, aut certè nulla possessio : et nulla quidem si liberum hominem quem bonâ fide possidebam resciero esse liberum : quoniam liberi hominis possessio nulla esse intelligitur apud eum, qui scit illum esse liberum, quia et hoc simul scit possideri eum non posse. Si igitur malæ fidei possessor sit, qui postea cognovit rem esse alienam, sequitur ex eo tempore fructus ejus non esse, licet eos severit ipse. Neque vero mirum, si non censeatur eodem jure usucapio, et possessio, dominii adquisitio, et fructuum adquisitio. Illa ex jure ve-*

___

(1) Ad African., tract. 7 ; L. 40 de acq. rer. dom.

nil, id est, **XII,** *tab. et procedit jure ipso, si initium habuerit justum, hæc ex facto, id est, possessione bonæ fidei, quæ nisi perseverat, non est etiam quod duret fructuum utilitas.* »

Il est donc constant que c'est une condition nécessaire à l'acquisition des fruits que le possesseur soit de bonne foi à chaque perception, parce que, comme le dit Cujas, dès que sa bonne foi cesse, la cause qui les lui faisait acquérir cesse en même temps.

477. La cause de cette différence entre l'usucapion et la possession, dit le même jurisconsulte, vient de ce que l'usucapion *ex jure venit;* tandis que la cause de l'acquisition des fruits, c'est-à-dire la possession de bonne foi, consiste plutôt en un fait de notre part. De cette diversité d'origine il découle encore une autre différence assez importante entre la prescription et la possession qui fait acquérir les fruits. Il importe peu, dit la L. 48 *de acq. rer. dom.,* que je puisse ou non prescrire ce que j'ai acheté de bonne foi ; car si j'ai acheté d'un individu les biens d'un mineur, quoique je puisse les prescrire, je n'en acquerrai pas moins les fruits en vertu de ma bonne foi, *nam is qui non potest capere propter rei vitium, fruc-*

tus suos facit. Dans cette circonstance, comme dans la précédente, on doit moins s'attacher au droit qu'au fait même de la possession de bonne foi.

478. Nous n'avons encore considéré la bonne ou la mauvaise foi que dans la même personne; nous devons aussi en considérer les effets dans la personne des successeurs, c'est-à-dire voir si les effets de la bonne ou de la mauvaise foi de l'auteur sont transmissibles dans la personne du successeur particulier ou universel, quand il s'agit de la possession afin d'acquérir les fruits.

Examinons préalablement la question à l'égard de la prescription :

La bonne ou la mauvaise foi est une qualité personnelle qui, en vertu de ce caractère, ne devrait profiter ou nuire qu'à la personne qui la possède ; mais, *par une fiction de droit,* la personne de l'auteur se continue dans celle de l'héritier qui, succédant à l'universalité de ses droits et de ses charges, hérite des effets de sa bonne ou mauvaise foi. Par une conséquence de cette même fiction, la possession de l'auteur et celle de l'héritier ne font qu'une seule et même possession ; en sorte que si la bonne foi existe au commencement, l'héritier, serait-il de mauvaise foi, profitera de ses effets ; comme réciproquement, si le commencement de la possession est infecté de mauvaise foi, l'héritier, serait-il de bonne foi, serait réputé posséder de mauvaise foi. Il n'en est pas de même entre l'auteur et le successeur particulier, car celui-ci n'est que successeur *in re*, il ne continue pas la personne de l'auteur, la possession de l'un et celle de l'autre ne font plus une seule et même possession ; elles peuvent se joindre, mais non pas se confondre ; aussi peuvent-elles être de caractères très-différents. La possession de l'auteur peut être de mauvaise foi, celle du successeur, de bonne foi, et réciproquement ; enfin la bonne ou la mauvaise foi de l'auteur n'influera en rien sur le caractère de la possession du successeur.

Ces principes sont constants quand il s'agit de prescription, de l'acquisition du fonds ; mais quand il s'agit de l'acquisition des fruits, il ne peut être question de jonction ou de confusion de possession. Car si l'acquisition du fonds n'est que l'effet d'une possession *continuée*, l'acquisition des fruits est l'effet d'une possession *même instantanée.* La possession de bonne foi, dans le premier cas, abrège le temps voulu pour acquérir ; la possession de bonne foi, dans le second cas, transfère *immédiatement* la propriété des fruits.

On ne doit donc, dans l'acquisition des fruits, que s'inquiéter du caractère de la possession. Cela posé, nous n'avons pas oublié que la prescription n'est qu'une œuvre de la loi, *ex jure venit ;* que la continuation de la personne de l'auteur en celle de l'héritier n'est qu'une *fiction de la loi ;* que la continuation de la bonne ou de la mauvaise foi de l'auteur dans la personne de l'héritier n'est encore qu'une fiction de la loi ; que c'est en vertu de cette fiction que l'héritier peut être réputé de mauvaise foi, quoiqu'il soit en réalité de bonne foi. La fiction alors remplace la réalité. En est-il de même dans l'acquisition des fruits ? N'avons-nous pas vu, au contraire, jusqu'ici, que cette acquisition dépendait du fait positif de la bonne foi ; que dès que ce fait positif cessait, l'acquisition des fruits cessait aussi, quoique la fiction continuât au profit du prescrivant ? N'avons-nous pas vu qu'où la prescription ne pouvait avoir lieu à cause d'un vice réel attaché à la chose, le fait positif de la bonne foi pouvait faire acquérir les fruits de cette chose? N'avons-nous pas vu que ce fait positif de bonne foi est exigé à chaque nouvelle perception des fruits? Aussi, ne peut-il y avoir aucun doute qu'il faut que l'héritier soit *réellement* de bonne foi pour acquérir les fruits. Cujas [1] s'exprime ainsi à ce sujet :

« *Nam ut bona fides quæ in me fuit initio, videtur et mihi in posterum prodesse debere, sic etiam bona fides defuncti heredi : et sanè ad usucapionem prodest, sed non etiam ad possessionem, ut videatur, et ipse bonâ fide possidere, quod defunctus possedit bonâ fide, licèt ipse malâ fide versetur, atque adeò ut fructus suos faciat, vel adquirat ex re suâ vel ex operâ servi alieni, aut liberi hominis quem defunctus bonâ fide possedit, nec enim ità se res habet.* »

479. La fiction ne peut remplacer la réalité dans la personne de l'héritier, c'est un fait constant; mais la réalité lui serait-elle inutile contre la fiction? L'héritier, réellement de bonne foi, doit-il être réputé de mauvaise foi, parce que son auteur était de mauvaise foi? Après

----

(1) V. loc. cit.

avoir reconnu que la fiction ne pouvait remplacer la réalité dans la personne de l'héritier, verrions-nous un fait positif s'effacer devant la fiction? La bonne foi, dans l'espèce, n'étant pas transmissible, la mauvaise foi le serait-elle davantage? La mauvaise foi n'est-elle pas en elle-même un fait positif et ne doit-elle pas être étendue par fiction seulement dans les cas spéciaux prévus par la loi? Dans l'espèce, nous ne saurions reconnaître cette transmission. En effet, le caractère de la possession doit être considéré dans la personne du possesseur, abstraction faite de sa qualité de successeur.

On opposerait en vain, dans la question qui nous occupe, que la possession de l'auteur étant vicieuse, celle de l'héritier doit l'être ; cela est vrai pour la prescription, qui doit subir les fictions qui lui ont été imposées; ce point de droit, attaché à la prescription, dérive de cette fiction que les personnes de l'auteur et de l'héritier sont confondues et que la possession de l'un ne fait qu'une seule et même possession avec celle de l'autre. Cette fiction, dont les conséquences, il est vrai, sont fort étendues, ne doit cependant pas être étendue à notre espèce, elle ne doit pas être appliquée aux cas qui ont pris pour règle la réalité des faits. Quand il s'agit de l'acquisition des fruits, il ne peut y avoir confusion ou jonction de possessions, car l'acquisition des fruits d'une année est indépendante de l'acquisition des fruits des années précédentes. Et c'est du titre qui confère la succession que l'héritier tire sa qualité de possesseur de bonne foi, tandis qu'il ne tire sa qualité de prescrivant que du titre même qui a concédé la chose à son auteur.

Aussi adoptons-nous l'opinion de Voët, qui, au n° 31 *de acq. rer. dom.*, s'exprime ainsi sur cette question. « *Sed et si defunctum mala, heredem bona fide rem possedisse, indèque fructus percepisse concipias ; à defuncto quidem perceptos hæres omninò restituere compellitur, quia nunquàm defuncti fuerunt; à se ipso autem perceptos ac consumtos haud restituit : quia licèt mala fides defuncti obsit hæredi, ne is, utcunquè in bona fide, inchoet usucapionem rei per defunctum mala fide possessæ, tamen id ad fructus transferandum non est, quorum intuitu non initium, singula momenta spectuntur ; L. 23 et 48 d. tit.* »

C'est aussi l'avis de Brunemann ; en effet, ce jurisconsulte, ne faisant aucune distinction entre les successeurs à titre particulier et ceux à titre universel, s'exprime ainsi sur la L. 11, C. *de acq. poss* : « *Et qui rem accipit à mala fidei possessore, licèt rem ipsam non præscribat, tamen fructus ratione culturæ adquirit.* »

Sans doute l'héritier doit restituer les fruits qui ont été perçus par le défunt, car ce dernier n'a pu en acquérir la propriété ; mais quant à ceux qu'il a perçus lui-même, n'est-il pas de toute justice qu'il en profite ? Ne se croyait-il pas maître des revenus qu'il percevait ? N'a-t-il pas dû calculer ses dépenses sur cet accroissement de revenus ? Et ne serait-ce pas l'exposer à être dépouillé d'une partie de sa fortune que de lui faire restituer de longues années de jouissance, dont il a disposées innocemment et souvent infructueusement ? Enfin, il y aurait autant d'injustice à exiger de l'héritier du possesseur de mauvaise foi la restitution des fruits qu'il a perçus de bonne foi, qu'il y en aurait à l'exiger du successeur à titre particulier et de bonne foi du même possesseur [1].

---

(1) V. Duranton, t. 4°, n. 557. —*Contrà* : Caen, 25 juillet 1826, D., p. 28, 2, 151.

Cependant la cour royale de Caen, par arrêt du 25 juillet 1826, a jugé que l'héritier du possesseur de mauvaise foi ne peut invoquer sa bonne foi personnelle pour se soustraire à la restitution des fruits envers le véritable propriétaire.

480. Ce n'est que lorsque le possesseur est évincé d'une chose qu'il peut être question s'il doit ou non restituer les fruits qu'elle a produits. En effet, lorsque sur l'action en revendication la restitution d'une chose est ordonnée, elle doit l'être, en général, avec ses accessoires, et conséquemment avec les fruits qu'elle a produits ; car ils sont classés au rang des accessoires : une exception de bonne foi peut seule empêcher cette dernière restitution. Mais lorsque l'éviction n'est plus possible, lorsque l'action en revendication est prescrite, la propriété du fonds productif est consolidée sur la tête du possesseur et l'ancien propriétaire est censé avoir perdu sa propriété dès le jour même où la prescription a commencé. Il n'a même plus aucun titre pour réclamer les fruits ; car si, avant la prescription, il pouvait se les faire restituer, ce n'était qu'en leur qualité d'accessoires à sa

propriété ; après la prescription, il ne peut plus les réclamer au même titre, les accessoires suivant toujours le sort du principal, et le principal étant passé dans le domaine de celui qui l'a prescrit, ils resteront définitivement à ce dernier.

481. Le titre translatif de propriété, quelle que soit son espèce, peut être l'occasion d'une possession de bonne foi, il peut constituer *une juste cause*. Il en était de même dans le droit romain : cependant ce droit était moins large que le nôtre dans les conséquences qu'il tirait de ce principe ; le possesseur pouvait être de bonne foi, et cependant il arrivait quelquefois que ce possesseur ne profitait pas des fruits qu'il avait perçus et consommés. L'acquisition des fruits était une faveur plus particulièrement accordée au possesseur *rei singularis ;* quant au possesseur *rei universalis*, il ne pouvait en profiter : c'est ainsi que l'acquéreur de la chose qui n'appartenait pas au vendeur, s'il était de bonne foi, faisait *siens* les fruits perçus et consommés. L'héritier putatif, au contraire, ne devant pas être condamné à indemniser le véritable héritier des pertes et diminutions qu'avait subies l'hérédité

sans profit pour lui, ne devait pas, par réciprocité, profiter des choses, qui étaient regardées comme faisant partie de l'hérédité, et conséquemment des fruits. En effet, il était de principe dans cette législation que l'hérédité consistait en un droit universel susceptible d'augmentation ou de diminution, et que, tant qu'elle n'était pas acceptée, elle représentait et continuait la personne du défunt, que l'on réputait alors avoir été maître même des choses qui, après le décès, accédaient aux biens composant l'hérédité. De là il suivait que ces choses étaient une partie même de cette hérédité; qu'elles étaient comprises de plein droit dans la pétition d'hérédité; aussi la L. 20 de *petit. hæred.*, § 5, s'exprime-t-elle ainsi : « *Non solùm ea, quæ mortis tempore fuerunt sed si qua posteà augmenta hæreditati accesserunt, venire in hæreditatis petitionem, nam hæreditas et augmentum recipit, et diminutionem.* »

Après l'adition de l'hérédité, il n'y avait plus, à la vérité, d'hérédité, et les biens qui la composaient passaient dans le patrimoine de l'héritier; mais cela n'était vrai que lorsque c'était le véritable héritier qui avait accepté, l'acceptation de l'héritier putatif ne pouvant empêcher celle du véritable héritier. L'hérédité était considérée comme jacente par rapport à ce dernier ; de là il suivait que les choses qui accédaient aux biens composant l'hérédité, même après l'acceptation de l'héritier putatif, devaient, en général, être restituées avec les biens de l'hérédité au véritable héritier. On faisait cependant une distinction puisée dans la diversité d'origine des accessoires ; en effet, ou ces accessoires provenaient de l'hérédité même, ou ils n'en étaient qu'un bénéfice éloigné ; dans le premier cas, ils devaient être rendus au véritable héritier ; dans le second cas, ils restaient au profit du possesseur de l'hérédité. Les fruits ne pouvaient provenir que de l'hérédité même ; aussi qu'ils eussent été perçus avant ou après l'adition de l'héritier putatif, ils étaient considérés comme une partie même de cette hérédité, ils l'augmentaient et devaient être rendus au véritable héritier ; car, comme le dit Cujas sur la L. 27 *de rei vind.*, § 3 : « *Hæreditas augetur fructibus et fructus sunt hæreditatis.* » Tel est le sens dans lequel on doit entendre cette maxime du droit romain : *Fructibus augetur hæreditas*, et le passage suivant où elle a été puisée : *Sed ea,*

quæ post aditam hæreditatem accedunt, si qui-
dem ex ipsâ hæreditate, puto hæreditati acce-
dere, si extrinsecus, non : quia personæ pos-
sessoris accedunt. Fructus autem omnes augent
hæreditatem, sivè ante aditam, sive post adi-
tam hæreditatem accesserint [1].

482. Cependant l'héritier putatif n'était pas
obligé de rendre la valeur intégrale des fruits,
la restitution était bornée à ce dont il avait
profité ; car, s'il ne devait pas s'enrichir aux
dépens de l'hérédité, l'hérédité ne devait pas
être aussi pour lui l'occasion d'une perte [2].

Les fruits ne pouvaient être rendus en nature lorsqu'ils n'existaient plus, et cette circonstance empêchait leur revendication ; mais
dans l'espèce, il y avait subrogation de la
chose au prix ou du prix à la chose, et le bénéfice se prenait sur l'actif du patrimoine de
l'héritier putatif [3].

483. La doctrine du droit romain fut adoptée par l'ancienne jurisprudence française,
ce qui est attesté par Pothier aux n°s 400

---

(1) L. 20 de petit. hæred. , § 3.
(2) L. 25 , C. de petit. hæred.
(3) D. L. 25.

et 430 de son *Traité de la Propriété*, et par Domat, dans le passage suivant [1] : « Il y a des cas où le possesseur de bonne foi est obligé de rendre les fruits dont il a joui. Ainsi, par exemple : Si des deux cohéritiers de leur père, l'un étant absent, l'autre a joui de tous les biens de la succession, croyant son frère mort, il sera tenu de lui rendre, quand il reviendra, toute sa part de la succession avec les jouissances ; et il en est de même entre tous les autres cohéritiers, soit *ab intestat*, soit par testament, lorsque l'un a joui de la portion d'un autre : car le titre d'un héritier ne lui donne droit qu'en sa portion, et celle de son cohéritier s'augmente par les fruits qui en proviennent. Ainsi, la bonne foi de l'héritier qui jouit de tous les biens de la succession renferme la condition que, s'il se trouve avoir un cohéritier, il lui fera justice de sa portion : ce qui distingue la condition de cet héritier de celle d'un autre possesseur de bonne foi, que rien n'oblige à penser qu'un autre que lui ait droit en ce qu'il possède. »

---

(1) De la Restitution des Fruits, liv. 3 , tit. 6 , sect. 3 , n. 5 et 9.

484. Il n'en est plus de même sous le Code civil, l'hérédité *non sustinet personam defuncti*, les choses qui accèdent après le décès *non videntur à defuncto habitæ*. L'hérédité, même avant l'acceptation, est dévolue à l'héritier ; son acceptation rend seulement la qualité d'héritier irrévocable ; et ses effets remontant au jour de l'ouverture de la succession (art. 777)[1], il en résulte que l'héritier est réputé propriétaire dès ce moment, et qu'on lui restitue les fruits, non pas tant parce qu'ils sont une partie de l'hérédité que parce qu'ils sont un accessoire des biens qui la composent[2], des biens qui sont censés être entrés dans son patrimoine dès le jour de l'ouverture de la succession. Ils augmentent à la vérité la masse et la valeur des biens réclamés ; mais ce n'est plus sous la

---

[1] Il en était de même sur ce dernier point dans le droit romain (L. 138 de reg. jur.) ; néanmoins cette règle n'avait pas pour effet de détruire cette autre règle qui réputait *hæreditatem esse dominam et vicem defuncti sustinere*, comme le prouve la L. 31 *de hæred. instit. ff.* Elle ne pouvait conférer la possession qui exigeait toujours une appréhension corporelle de la part de l'héritier, à la différence de notre droit qui lui confère une possession légale, *la saisine ;* elle ne pouvait *à fortiori* détruire les effets de la possession d'un tiers. L. 13, 23 et 30 *de acq. poss. ff.*

[2] V. Répert. , au mot *hérédité*, n. 8.

même qualité, ils sont et restent accessoires. Et en leur conservant la qualité d'accessoires, à la différence du droit romain qui les regardait comme une partie du principal, comme une partie de l'hérédité, il doit en résulter des différences dans leur restitution, car, en principe, ce qui fait partie du principal doit toujours être restitué ; tandis qu'il arrive souvent que l'accessoire ne suit pas le sort du principal et qu'il reste à celui qui l'a créé ou qui a coopéré par son travail et ses soins à sa création.

On peut objecter que, quoique l'hérédité ne continue plus la personne du défunt, cependant elle est toujours un droit universel qui ne cesse que lorsque l'hérédité est entrée dans le patrimoine de l'héritier véritable ; qu'en cette qualité elle est susceptible d'augmentation et de diminution ; que ce droit universel embrasse les fruits, et qu'il n'y a pas de raison pour diviser les choses qui font l'objet de ce droit en choses principales et en choses accessoires ; qu'elles font toutes partie d'un seul et même corps. Ces raisons sont spécieuses ; elles sont cependant fondées plutôt sur la subtilité du droit que sur la réalité ; car les fruits d'une succession sont toujours différents de la chose qui les produit. Nous ne pouvons croire que l'acquisition du fonds productif et l'acquisition des fruits doivent se faire de la même manière et que leur restitution doive suivre le même principe. Une universalité de choses produit en effet des fruits comme une chose particulière, et, dans l'un et l'autre cas, il est facile de distinguer les fruits du fonds productif, et nécessaire de le faire dans l'espèce qui nous occupe, parce que nous devons avoir plus d'égard à la réalité des faits qu'à la subtilité du droit.

Cependant quelques arrêts, et c'est le motif pourquoi nous avons exposé si longuement la doctrine du droit romain, refusent l'acquisition des fruits au possesseur de bonne foi d'une hérédité : c'est ainsi que la cour royale de Bordeaux, par arrêt du 20 mars 1834 [1], a jugé que dans l'application des art. 549 et 550 , il fallait distinguer la demande tendant à la revendication d'un immeuble de celle qui avait pour objet la pétition d'une hérédité ; que ces articles n'avaient pas dé-

---

[1] J. du P., 2ᵉ édit., t. 3ᵉ de 1834, p. 1ʳᵉ.

rogé au principe de la L. 20, § 3, *de petit. hæred.*, et qu'en conséquence le possesseur même de bonne foi d'une hérédité devait tenir compte des fruits perçus depuis l'ouverture de la succession.

La cour de Bordeaux ne devait pas alors considérer les fruits comme fruits; son système la conduisait à les considérer comme *corps héréditaires*, comme partie du principal et non pas comme accessoires. En effet, si la loi 20, § 3, se sert de ces mots : *Ea quæ accedunt*, ces mots, appliqués aux fruits, font voir qu'elle a d'abord égard à leur nature propre, mais elle leur fait perdre cette nature en les assimilant aux autres corps héréditaires. Car souvenons-nous que tant que l'hérédité n'était pas acceptée par le véritable héritier, elle prolongeait l'existence légale du défunt, qui était censé avoir acquis et confondu dans son patrimoine toutes les choses échues jusqu'à l'acceptation; les fruits perçus avant cette époque devaient donc être considérés comme capitaux, c'est en cette qualité qu'ils augmentaient l'hérédité et qu'ils ne faisaient plus qu'un seul et même corps avec elle.

Nous avons exposé les raisons pourquoi

nous devons nous écarter de la doctrine du droit romain, et pourquoi nous devons considérer les fruits comme fruits, comme des accessoires distincts du corps qui les a produits, dictincts du corps de l'hérédité. En effet, l'hérédité n'est plus une personne morale, dans le sens que l'entendait le droit romain, ce n'est qu'un droit universel. Le Code civil a une disposition formelle en présence de laquelle il ne peut y avoir aucun doute qu'il s'est écarté des principes du droit romain, qu'il distingue les fruits du corps héréditaire qui les a produits, et qu'il a étendu les dispositions des art. 549 et 550 aussi bien en faveur de l'héritier putatif que du possesseur *rei singularis*. Suivant l'art. 138, C. civil, celui qui recueille une succession, en l'absence et dans l'ignorance de l'existence d'un héritier plus proche, gagne les fruits qu'il a perçus de bonne foi.

Quelle raison peut-on avoir pour distinguer la pétition d'hérédité de l'action en revendication? Est-ce que la présomption qui a créé la disposition des art. 549 et 550 est moins favorable au possesseur des biens d'une succession qu'au possesseur d'une chose particulière? Ne doivent-ils pas l'un et l'autre calculer leurs dépenses sur leurs revenus? Et si l'un est présumé les avoir dépensés, ne doit-il pas en être de même de l'autre? Ne serait-ce pas exposer la fortune particulière de l'héritier putatif à une ruine complète, que de le condamner à une pareille restitution?

Aussi plusieurs arrêts ont-ils décidé que l'héritier apparent, qui, de bonne foi, a recueilli une succession, fait les fruits *siens* comme le possesseur de bonne foi d'une chose particulière[1].

Le cohéritier est obligé de faire rapport à son cohéritier des fruits qu'il a seul perçus. Mais alors, connaissant son cohéritier, il est censé n'avoir administré la succession que dans l'intérêt commun, alors ils est inutile de rechercher en quelle qualité il sont dûs, soit comme accessoires, soit comme partie du principal. Tandis que, lorsqu'il s'agit de leur *acquisition*, il n'est pas indifférent de les considérer sous l'un ou l'autre rapport, car nous ne devons pas oublier que nous traitons ici du mode d'acquisition par accession. Sans

---

(1) V. arr. de cass. du 17 août 1830 ; cour roy. de Paris du 5 juillet 1834 ; arr. de cass. du 7 juin 1837.

douté dans la pratique il importe peu que l'héritier putatif acquière les fruits comme partie du corps héréditaire lui-même ou comme accessoires de ce corps ; mais quand il faut expliquer un mode d'acquisition, il est nécessaire d'en rechercher les causes.

485. L'acquisition des fruits est un droit accessoire à la propriété ou à la possession à titre de propriétaire ; mais, en principe, les fruits doivent suivre le sort du fonds qui les a produits, être soumis à la même loi et à la même appropriation. Si donc la possession a quelquefois le même privilége, c'est qu'elle emprunte une des conséquences de la propriété, que le législateur lui a accordée par des motifs d'équité. C'est une dérogation au droit de propriété, c'est une faveur exceptionnelle qui, comme toutes les exceptions, ne doit pas dépasser les limites qui lui ont été imposées ; l'extension qui ne les respecterait pas serait aussi attentatoire au droit de propriété, qu'elle serait contraire à l'esprit du législateur. En effet, la propriété est un droit dont l'existence est indépendante de son exercice, la possession est un fait qui se manifeste par des actes matériels ; la propriété est un

droit que nous pouvons acquérir, dans certains cas, à notre insçu ; la possession ne s'acquiert que par le concours du fait et de la volonté. De là il résulte que la propriété peut produire ses conséquences en notre faveur avant tout acte de notre part et même à notre insçu. Tandis que la possession, qui ne puise pas dans la loi son origine et qui est à elle-même son seul titre, ne peut produire des effets juridiques avant l'acte d'appréhension qui manifeste son origine et qui est une condition nécessaire de son existence. Ce serait vouloir que l'effet précédât la cause.

L'acquisition des fruits n'a même pas la même date que la possession du fonds, elle ne peut être antérieure à leur perception ; cela est si vrai, que les fruits non perçus appartiennent au propriétaire revendicateur, sous la seule déduction des frais de labours et de semences faits par le possesseur (art. 548). La perception des fruits ne consiste pas dans une prise de possession pure et simple ; les fruits déposés dans un grenier ou une cave sont des fruits déjà perçus. En effet, la perception, comme nous l'avons établi précédemment, consiste dans la séparation du sol. Pour le possesseur de bonne foi, la perception des fruits est le moment de leur acquisition. Les fruits civils, nous le répétons, ne sont pas susceptibles d'une véritable perception; mais si l'on veut, par analogie, appliquer les effets de cet acte à cette espèce de fruits, leur perception sera nécessairement contemporaine de leur acquisition; alors l'art. 586 du Code civil nous indiquera aussi le moment de leur perception : *Quod operatur in naturalibus fructibus separatio*, dit Dumoulin [1], *hoc operatur in civilibus cessio.*

Il est en effet bien différent de toucher un prix de fermage ou de le percevoir [2]; le premier acte consiste dans un fait unique, embrassant la totalité du prix; le second, dans un fait se répétant chaque jour, et n'embrassant qu'une quotité minime du prix; le premier consiste dans l'obtention réelle d'une somme; le second donne seulement le droit de l'obtenir. Il est si vrai que les fruits civils non payés peuvent être déjà perçus, que si l'usu-

---

(1) Cout. de Paris, lit. 1er, § 1er, gloss. 1re, n. 52.

(2) Proud'hon, usuf., t. 2e, n. 712. — *Quotidie percipitur,* Vinnius, § 36, de rer. div. instit., n. 3.

fruitier meure avant que le prix annuel du fermage ou du loyer, ou les intérêts ou arrérages, soient échus, ils appartiennent néanmoins à ses héritiers, *à proportion de la durée de l'usufruit*[1]. Et cependant personne n'ignore que l'usufruitier n'a droit qu'aux fruits perçus pendant l'existence de l'usufruit ; et personne n'ignore encore qu'entre l'usufruitier et le possesseur de bonne foi, il y a similitude parfaite, soit quant à l'accomplissement des conditions de la perception, soit quant à ses effets. Cela posé, le possesseur de bonne foi d'une hérédité ne peut tenir ses droits que de sa possession ; aussi l'art. 138 ne lui accorde-t-il que les fruits par lui *perçus*, et nous savons ce que nous devons entendre par ce mot *perçus ;* nous savons que les fruits perçus sont ceux qu'il a séparés ou fait séparer du sol, ou qui ont couru pendant sa possession. Ceux qu'il a trouvés dans les caves, greniers et autres lieux de conservation, ou le prix des fermages des années antérieures à sa possession, et cependant touché par lui, ne lui appartiennent pas. Et à qui appartiennent-ils ?

____

(1) Art. 586 , C. civ.

à celui dont le droit est indépendant d'un fait de sa part, à celui qui acquiert même à son insçu, enfin au propriétaire, au véritable héritier qui les acquiert par son seul droit de propriété. Ils forment alors un capital, car la plupart de nos capitaux sont le produit de fruits accumulés. Le possesseur qui en a pris possession, qui les a touchés, doit les rendre au véritable héritier rentrant dans ses droits, parce qu'ils font partie du principal qu'il a reçu, tout aussi bien que les fruits perçus avant l'ouverture de la succession.

486. Cependant la cour de cassation a une jurisprudence contraire; elle décide que l'héritier apparent qui, de bonne foi, a pris possession de la succession, quelques années après son ouverture, fait *siens*, non-seulement les fruits dont l'échéance est contemporaine de sa possession, mais encore les fruits échus antérieurement et par lui recueillis.

Voici une des espèces où la cour a manifesté sa doctrine :

Le sieur James de Givry est décédé en 1825; sa succession, dévolue à des collatéraux, devait se diviser entre les deux branches paternelle et maternelle : le sieur Boulanger

a été reconnu, en 1829, seul héritier au sep-
tième degré dans la ligne paternelle.

Dans la ligne maternelle, plusieurs prétendants élevèrent des réclamations qui furent
repoussées. La dame Potel intervint le 14 juin
1830 et se déclara héritière au neuvième degré. Un jugement du 26 janvier 1831 lui at-
tribua la moitié de la succession afférente à la
ligne maternelle. En vertu de ce jugement, la
dame Potel toucha, soit d'un notaire commis,
soit de la caisse des consignations, une somme
de 122,000 fr. environ, provenant des fruits
échus ou perçus depuis l'ouverture de la succession, et dont le séquestre avait été ordonné
par un jugement du tribunal.

Mais les collatéraux, exclus par la dame
Potel, ont interjeté appel du jugement du 26
janvier 1831. Pendant que cette cause était
pendante devant la cour, les sieurs Maurissane et Roussarie et la dame Leyrat se pré-
sentèrent comme héritiers au neuvième degré
dans la ligne maternelle, et ils assignèrent la
dame Potel afin de partage de la moitié de la
succession qui lui avait été attribuée, et des
122,000 fr. de fruits capitalisés qu'elle avait
touchés. La dame Potel, pour repousser ce

dernier chef de demande, invoquait sa bonne foi.

Enfin, les sieurs Tavé et Rigoux intervinrent et justifièrent de leur qualité d'héritiers maternels au huitième degré. La dame Potel, les sieurs Maurissane et Raussarie et la dame Leyrat reconnurent les droits des nouveaux intervenants. Mais ceux-ci répétèrent les 122,000 fr. touchés par la dame Potel. Cette dernière soutint qu'elle avait gagné ces fruits par la possession de bonne foi qu'elle avait eue de la succession en vertu du jugement du 26 janvier 1831. Les demandeurs lui répondirent que, par suite du séquestre ordonné, les sommes déposées à la caisse de consignations avaient perdu leur qualité originaire, et qu'elles se trouvaient capitalisées. Sur ces débats, le tribunal de la Seine rendit, le 14 août 1833, un jugement qui, après avoir constaté les droits des sieurs Tavé et Rigoux, et les avoir envoyés en possession de la moitié de la succession, déclara cependant que la dame Potel ne devait pas rendre les 122,000 fr., parce qu'ils devaient être considérés comme fruits, et qu'en cette qualité sa possession de bonne foi les lui avait fait acquérir. Sur l'appel, le jugement fut purement et simplement confirmé par arrêt du 5 juillet 1834 [1].

Les sieurs Rigoux et Tavé se sont pourvus en cassation pour fausse application de l'art. 138 (C. civ.), et violation des art. 546 et 549 du même Code.

Le pourvoi a été rejeté sur les conclusions contraires de M. Laplagne-Baris, par arrêt du 7 juin 1831 , dont voici les motifs :

« Attendu que les conditions exigées de l'héritier apparent possesseur de bonne foi , pour le dispenser de restituer les fruits à l'héritier plus prochain, réclamant tardivement la succession, sont :

1° La preuve de cette bonne foi ;

2° La preuve que ces fruits ont été réellement perçus par lui comme tels , et ne tenant aucunement à la propriété ; attendu que les art. 138 et 549 ne distinguent point l'époque à laquelle les fruits ont été perçus par le possesseur de bonne foi, pourvu que ce soit avant l'instant où l'héritier plus prochain s'est présenté et a fait connaître son titre et son droit, cas auquel cesse la bonne foi. »

---

(1) V. J. P., t. 3ᵉ de 1834, p. 293, et t. 2ᵉ de 1837, p. 56.

La distinction réclamée par la cour n'est pas, il est vrai, textuelle, mais elle est implicite. Une distinction textuelle aurait été d'ailleurs inutile ; car en exigeant une perception contemporaine de la possession, l'art. 138 interdit suffisamment l'acquisition des fruits perçus antérieurement. L'erreur vient de ce que la cour n'avait pas des idées nettes et vraies sur la valeur du mot *perception*, qu'elle confond avec la prise de possession pure et simple.

Mais continuons :

487. « Que ce n'est qu'à dater de ce jour que celui-ci (l'héritier véritable) a droit aux fruits non encore perçus par le possesseur, c'est-à-dire à dater du jour de la litiscontestation. » Cela n'est pas encore vrai, car en vertu de cette maxime du droit français : *Le mort saisit le vif*, l'héritier est saisi de la propriété et même de la possession légale à compter du jour du décès de son auteur ; car, comme le dit Pothier [1] : « Ce qui est bien contraire aux principes du droit romain et aux idées naturelles, la possession qu'avait le défunt des choses de la succession, quoique la

---

[1] Traité des Successions, chap. 3, sect. 2.

possession soit une chose de fait, est, par cette règle le *mort saisit le vif*, réputée passer à l'héritier sans aucune appréhension de fait de sa part. Il est réputé possesseur des mêmes choses que le défunt possédait lors de sa mort, et de la même manière que l'était le défunt, quoique de fait cet héritier ne les ait jamais possédées. »

Quel que soit le caractère de cette possession, elle doit produire les mêmes effets qu'une possession réelle, tant qu'elle n'est pas en contradiction avec celle-ci, conséquemment elle est suffisante pour faire acquérir les fruits au véritable héritier.

Lorsqu'un tiers de bonne foi vient s'emparer de la succession, les effets de la saisine cessent, il est vrai, et l'acquisition des fruits est alors séparée du droit de propriété ; mais c'est là l'effet non plus d'une possession de droit, de la saisine, mais d'une possession de fait ; car ce tiers n'avait pas le droit de s'emparer de la succession et la saisine ne lui appartenait pas : de là nous devons conclure contrairement à la cour, que le temps antérieur à la possession réelle, à l'entrée du tiers possesseur, est rempli par la possession de droit de l'héritier véritable ; que les fruits perçus avant la possession du tiers sont acquis légitimement à l'héritier véritable, et que conséquemment ce n'est pas seulement à dater de sa demande judiciaire qu'il acquiert les fruits.

488. « Attendu que cette résolution dérive du principe même qui attribue au possesseur de bonne foi le droit de conserver les fruits ; qu'en effet, ce principe est fondé sur la présomption que le possesseur de bonne foi, en recevant de simples fruits, les a pu appliquer, soit à une augmentation de dépenses personnelles, soit à des aumônes, soit à de bonnes œuvres, ou à en faire tout autre emploi, et qu'il ne serait pas juste de le gêner dans sa fortune personnelle en le contraignant à une restitution de valeurs disparues et consommées ;

« Attendu que ce motif ne cesse pas de s'appliquer au possesseur par ce fait qu'au lieu de percevoir ces fruits terme par terme, il en aurait reçu une forte partie en masse, puisque avant et après cette perception, il a dû en sa qualité d'héritier, alors reconnue, les considérer comme *siens*, comme à lui définitivement acquis, et par lui, en tous les cas disponibles. »

Ce n'est pas parce que le possesseur doit croire que les fruits qu'il perçoit lui appartiennent, qu'il doit les garder, mais c'est parce qu'il possède réellement, parce qu'il sont un accessoire de cette possession, parce qu'ils sont présumés *consommés* à fur et à mesure qu'ils sont perçus. Les fruits perçus périodiquement jour par jour sont censés fournir à notre consommation journalière; la même présomption ne peut raisonnablement avoir lieu, lorsqu'on reçoit en masse des fruits perçus et accumulés depuis plusieurs années, ils ne peuvent plus constituer ce qu'on appelle un revenu, mais bien plutôt un capital que l'on est toujours présumé conserver, à la différence du revenu que l'on est présumé dépenser.

489. « Attendu qu'on ne peut opposer à l'héritier putatif qu'il n'a été possesseur que du jour où le jugement l'a envoyé en possession de la succession, ou tout au plus du jour où il a formé sa demande comme héritier, ou s'est présenté comme tel ;

« Attendu, en effet, que l'héritier apparent reconnu est saisi complètement jusqu'au jour de l'apparition de l'héritier plus prochain ; qu'il l'est à dater du jour de l'ouverture de la succession ; qu'il a tout droit de se croire, de ce jour, propriétaire des fruits ;

« Attendu que la lacune de possession matérielle est remplie à son profit, soit par la simple adition d'héritier sans opposition, soit par le jugement qui, prononçant dans le silence et l'absence de l'héritier plus prochain, alors inconnu, lui ont conféré la possession réelle antérieure ; droit auquel (en ce qui concerne la possession) le droit d'héritier plus prochain, reconnu plus tard, n'a pu porter aucune atteinte. »

Ainsi la cour dénie sans hésiter les effets de la saisine au profit du véritable héritier, même dans le temps où sa possession de droit n'est pas en opposition avec la possession de fait d'un tiers. Et, ce qui est bien plus extraordinaire, elle ne craint pas d'user de fiction pour créer en faveur du tiers possesseur une possession de droit dont elle refuse les effets au véritable héritier ; elle ne craint pas d'étendre une disposition qui n'appartient qu'au véritable héritier, et même d'annuler une possession fictive, mais reconnue par la loi, par une autre possession fictive que n'autorise aucun texte de loi. La possession de l'héritier apparent, dit la cour, rétroagit au jour de l'ouverture de la succession ; mais cette rétroctavité, dit M. Villacrose (dans une savante consultation produite devant la cour), dont l'art. 777 a doté l'acceptation, est la plus étrange des hérésies.

« L'art. 775, dit Merlin [1], suppose claire-
« ment que pour qu'une personne puisse ac-
« cepter valablement une succession, il faut
« que cette succession lui soit échue, et c'est
« ce que la loi **21**, § **2** D. *de adq. vel. amitt.*
« *hæred.*, décide plus clairement encore : *Sed*
« *ità demum pro herede gerendo adquiret hære-*
« *ditatem, si jam sit ei delata.* »

« Qu'est-ce, en effet, que l'acceptation ?
« rien autre chose que la mise en activité pure
« et simple des droits contenus en germe dans
« la saisine légale. C'est, comme parle Po-
« thier [2], la saisine elle-même qui reste en
« suspens jusqu'à ce que l'héritier se soit dé-
« cidé sur le parti de l'acceptation ou de la
« répudiation. S'il accepte, la saisine a son
« effet, il est réputé saisi dès l'instant de la

______

(1) Rép., V. *héritier*, sect. 2ᵉ, § 1ᵉʳ, n. 3.
(2) Succession, chap. 3, sect. 2.

« mort ; s'il répudie, il est réputé ne l'avoir
« jamais été.

« L'acceptation que fait l'héritier de la suc-
« cession, dit Chabot, et après lui M. Toul-
« lier [1], ne lui confère aucun droit nouveau.
« Elle n'ajoute aucun droit réel à celui qu'il
« avait antérieurement, par la seule disposi-
« tion de la loi. Elle n'est autre chose qu'une
« simple déclaration de sa volonté d'exercer
« le droit qui lui était acquis.

« Ainsi point d'acceptation valable en de-
« hors de la saisine, et point de saisine ailleurs
« que chez l'héritier légitime (art. 724). Voilà
« deux points inséparables et tout aussi cons-
« tants l'un que l'autre.

« Il suit de là que l'acceptation faite par un
« parent plus éloigné est radicalement nulle.
« Elle ne cesse pas même de l'être et ne reçoit
« point après coups une validité qu'elle n'a-
« vait pas d'abord, si le parent plus proche
« vient ensuite à répudier la succession. Si
« donc, au contraire, il accepte, la saisine lé-
« gale, dont il n'abdiqua jamais le bénéfice,
« reprend en lui tout son empire et toute sa

---

(1) T. 4ᵉ, n. 312 *bis*

II.   14

« force. Elle n'était que fictive, il est vrai,
« tant qu'elle n'était pas jointe à la saisine de
« fait, mais elle n'en était pas moins réelle ;
« elle était même beaucoup plus puissante
« que celle de fait, puisqu'elle a la force de
« lui céder et de se réunir à elle. »

« 490. Il y a donc, en matière de succession,
« deux saisines : l'une de droit, l'autre de fait.
« L'une, privilége exclusif de l'héritier, lui
« confère, à partir du décès, la possession
« accompagnée de tous ses avantages, igno-
« rât-il même l'ouverture de la succession et
« son droit à la recueillir. L'autre, ombre de
« la première, en produit à la vérité les effets,
« mais à partir seulement du jour où elle s'est
« substituée à celle-ci, car elle ne peut avoir
« une date plus reculée que le fait qui la cons-
« titue. »

491. Achevons de citer les autres motifs de
l'arrêt, et voyons les conséquences des principes que la cour a émis :

« Attendu, dans l'espèce, que le dépôt de
sommes à la caisse des consignations n'a pu
changer leur nature de fruits ; que les notai-
res qui ont déposé n'avaient reçu que comme
mandataires, et pour qui de droit ; et que

l'héritier putatif a appréhendé ses fruits à la caisse des consignations, comme il les aurait reçus des fermiers ou des débiteurs de rentes eux-mêmes, ce qu'il aurait pu faire aussi par mandataires ;

« Attendu, enfin, que les termes des articles invoqués non plus qu'aucune autre autorité ne font, relativement aux fruits perçus par un possesseur de bonne foi, que la seule distinction entre ceux perçus avant le premier acte de litiscontestation et ceux perçus postérieurement, que tout se réunit pour placer seulement à ce jour l'époque des fruits à restituer par le possesseur de *bonne foi;* que l'héritier qui, dans ce cas, se présente tardivement à la succession, recueille tout ce qui lui appartient quand il a la totalité de la propriété du fonds, et les revenus échus depuis le jour de son apparition, et même les fruits échus antérieurement et qui n'auraient pas été encore perçus par le possesseur ;

« Que, d'après ces motifs, on ne peut trouver dans l'arrêt attaqué aucune violation de lois..... ; rejette. »

492. Nous avons vu les raisons de droit que nous croyons avoir été oubliées par la cour

régulatrice; mais sa décision n'est pas seulement une erreur de droit, elle blesse encore l'équité. En effet, il en résulte qu'une possession d'un seul jour suffit pour faire acquérir les revenus d'un grand nombre d'années. Or, il ne peut être probable qu'il puisse dépenser dans un seul jour les revenus de vingt ans peut-être ; cependant c'est cette présomption qui a fait déroger au droit de propriété en faveur de la possession.

Prenons un des exemples cités par M. Villacrose (loc. cit.), pour rendre cette iniquité plus manifeste :

« Supposons, dit-il, une succession vingt
« ans litigieuse entre des prétendants relégués
« dans les derniers degrés de l'échelle succes-
« sible. D'intervention en intervention, un
« dernier venu l'emporte sur les autres, et
« fait main-basse à la caisse des consignations
« sur les fruits qui s'y sont accumulés; mais
« presque aussitôt surviennent, au nombre
« de dix, les véritables et seuls héritiers. Est-
« ce le cas de l'art. 138 ? où est le fondement
« qui lui a donné naissance ? où est le père de
« famille religieux et moral qui proportionne
« sagement ses dépenses et ses revenus ? où

« sont les actes de bienfaisance, fille d'une
« fortune inattendue ! ici rien de tout cela ; et
« l'héritier d'un jour pourrait répondre, les
« mains pleines, à ceux qui viendraient l'évin-
« cer le lendemain : « La somme que j'ai tou-
« chée excède, il est vrai, par sa valeur, tout
« le reste de la succession, n'importe ! elle est
« à moi par cela seul que les diverses parties
« dont elle se compose furent originairement
« des revenus. Mais le fonds demeure in-
« tact et réservé : c'est pour chacun de vous
« le douzième à peu près de ce que je garde
« pour moi seul. »

Nous croyons donc par toutes ces raisons
que la doctrine de la cour de cassation ne peut
faire jurisprudence.

493. Le possesseur de bonne foi peut cesser de l'être ; et naturellement il cesse de l'être
lorsqu'il n'a plus cette conviction de son titre
de propriétaire, lorsqu'il connaît les vices du
titre translatif (art. 550). Dès ce moment,
il est réellement possesseur de mauvaise foi.
Néanmoins il peut, après cette époque,
jouir des avantages du possesseur de bonne
foi ; ce ne sera plus alors l'effet d'une conscience irréprochable, mais seulement d'une

présomption légale; la mauvaise foi ne se présumant pas, le propriétaire revendicateur peut être dans l'impossibilité d'établir l'époque précise où elle a commencé; car, en droit, *non probatum et non esse idem est.* La présomption de bonne foi cédera à la preuve du contraire, et le demandeur sur l'action en revendication ne sera pas obligé d'aller chercher ses preuves seulement dans les actes judiciaires ou extra-judiciaires signifiés à sa requête; car de même que la connaissance des droits d'autrui peut nous venir d'un étranger, de même le demandeur est autorisé à s'emparer d'un acte qui lui est étranger, mais qui établirait la mauvaise foi du possesseur. Il pourrait même prouver par témoins l'existence de ce fait, à quelque valeur que pût s'élever la restitution qui serait la conséquence de cette preuve, car il n'a pas dépendu de lui d'avoir une preuve à cet égard (art. 1548).

La présomption de bonne foi ne saurait en effet, sous le Code, s'étendre au-delà, et ce serait méconnaître l'esprit de l'art. 550 que de la prolonger jusqu'à la demande judiciaire. La doctrine du Code civil est conforme sur ce point à celle du droit romain [1]. Le jurisconsulte Ulpien se fait cette question : *Quid ergo si scit quidem, nemo autem denuntiavit ? An incipiat usuras debere pecuniæ recdactæ ?* Voici sa réponse : *Et puto debere, cæpit enim malæ fidei possessor esse.*

L'art 94 de l'ordonnance de 1539 était conforme à cette décision du droit romain ; il était ainsi conçu :

« En toutes matières réelles, pétitoires et personnelles, intentées pour héritages et choses immeubles, s'il y a restitution de fruits, ils seront adjugés, non-seulement depuis contestation en cause, mais aussi depuis le temps que le condamné a été en demeure et mauvaise foi auparavant ladite contestation. »

Bourdin, sur cet article, dit : « L'article de notre ordonnance, fondé sur l'équité du droit canon, a ordonné l'adjudication des fruits devoir être faite depuis le temps qu'on a été possesseur de mauvaise foi : ce que nous interprétons par cet exemple : Quand quelqu'un, ayant acquis une chose de bonne foi, par après connaît, par la communication des ti-

_____

(1) L. 48 de acq. rer. dom. ff. ; L. 23 , § 11 de hær. pet. ff.

tres de son adversaire, que la chose ne lui appartient, et par conséquent, commence d'être possesseur de mauvaise foi ; si, dès le temps qu'il s'est reconnu tel, il ne fait restitution de la chose, ainsi soutient le procès, il est certain, par la règle et la maxime de l'ordonnance, qu'il doit être contraint à restituer tous les fruits, depuis le temps qu'il a été constitué en mauvaise foi » [1].

494. L'appréciation du fait constitutif de mauvaise foi est tout entière dans le domaine du juge, mais il ne doit pas l'adopter légèrement ; car il faut que de ce fait la mauvaise foi ressorte avec évidence. La doute, en effet, doit s'interpréter en faveur de la bonne foi ; il peut y avoir doute lorsque le possesseur n'a été averti du droit du propriétaire que par des menaces de poursuite, car il a pu croire que ses prétentions n'avaient pas d'autre fondement qu'une ambition sans droit et sans titre. Mais, suivant nous, il ne pourrait y avoir de doute si le propriétaire lui avait communiqué les titres établissant ses droits, ou s'il les lui avait fait connaître dans une sommation suffi-

---

[1] V. Pothier, Propriété, n. 342.

samment *libellée*, ou dans un acte préliminaire d'instance, telle qu'une demande en conciliation. Ces actes extra-judiciaires ou préliminaires devraient, disons-nous, être suffisamment *libellés*, s'ils ne remplissaient pas cette condition, et surtout s'il n'étaient pas suivis prochainement d'une demande introductive d'instance, le possesseur pourrait être autorisé à croire que ce défaut et ce retard n'avaient pas d'autre cause que des titres peu concluants et incapables de donner au demandeur cette confiance qui est la suite de titres non équivoques.

495. Le juge qui a adopté la demande introductive d'instance ne saurait, sans violation de la loi, rechercher si le possesseur a continué d'être de bonne foi après le jour où cette demande a été signifiée et le dispenser de restituer les fruits perçus dès cette époque. Car le juge qui reconnaît la demande bien fondée, la reconnaît en même temps régulière en la forme, il reconnaît que le posseseur a eu tort de plaider, qu'il aurait dû céder à la réclamation du demandeur, *quoniam* [1] *post litem*

____

(1) L. 7, § 5, hæred. petit. ff.

*contestatam omnes incipiunt malæ fidei posses-
sores esse.*

496. Le possesseur qui a obtenu gain de
cause au possessoire, mais qui succombe au
pétitoire, doit-il les fruits perçus depuis la
demande au possessoire ou seulement depuis
la demande au pétitoire?

La possession qui donne la saisine est une
possession suivant la loi, elle est alors pure
de violence et de clandestinité et à titre de
propriétaire; le jugement qui lui reconnaît ces
caractères a entre les parties l'autorité de la
loi, et ses effets ne sauraient être réformés par
suite d'une instance qui a un objet différent.
Aussi adoptons-nous l'opinion de Voët [1] qui
s'exprime ainsi à ce sujet : « *Si quis bonâ fide
rem possidens, victor existat in judicio possessorio, in petitorio autem victum recedat, non alios
fructus restituere tenetur, quàm qui tempore litis, in petitorio contestatæ, adhuc extabant; eo
quod sententia in possessorio pro ipso lata im-
pedimento est, quominus malæ fidei possessor
factus intelligatur; ac rursus in petitorio contrà
eum data efficit, ut juris interpretatione in malâ*

––––––––––––––––––––

[1] In Pandec., de acq. rer. dom., n. 31.

*fide positus existimetur, ex quo litis contestatio
in petitorio facta fuit. Eventus enim rei judicatæ
docere debet, utrum quis retroversum a tempore
litis contestatæ pro bonæ, an pro malæ fidei
possessore habendus sit. »*

497. Mais l'opinion que le même auteur
exprime, au même numéro, suivant laquelle
le demandeur qui a laissé périmer l'instance
ne pourrait faire restituer que les fruits perçus depuis la seconde demande introductive
d'instance et suivie de jugement, ne saurait
plus être admise sous le Code civil. Car, comme
nous l'avons déjà vu précédemment, la présomption de bonne foi ne saurait survivre à la
preuve de l'acte quelconque constitutif de mauvaise foi; et le seul avantage que la demande
judiciaire ait sur les autres demandes extra-
judiciaires, c'est de constituer irrévocablement
en mauvaise foi, à partir de cette époque, le
possesseur qui a succombé. Mais tout acte
également constitutif de mauvaise foi, serait-
ce même la demande périmée, ne saurait perdre ses effets avec la péremption, car la péremption n'annulle que la procédure et ne
saurait faire renaître la bonne foi qui a cessé :
Effectus malæ fidei qui jam per litis contes-

tationem inductus est, non tollitur, etsi perempta sit instantia [1].

498. Le possesseur, dont la possession est infectée de mauvaise foi dès l'origine, doit non-seulement les fruits qu'il a perçus (art. 549), mais encore ceux qu'il aurait dû percevoir. Pour apprécier l'étendue de l'obligation du possesseur dans cette dernière circonstance, on ne doit pas considérer sa diligence personnelle, mais bien celle d'un père de famille honnête et soigneux, car sa négligence ne doit pas nuire aux intérêts du propriétaire, elle ne doit pas l'empêcher d'acquérir ce qu'il aurait acquis, s'il eût été en possession. On ne doit pas même s'arrêter devant l'impossibilité personnelle qui se serait opposée à l'acquisition des fruits de la part du possesseur, si le propriétaire, jouissant de la possession de sa chose, eût pu les acquérir ; il serait injuste de faire supporter au propriétaire les conséquences de la conduite frauduleuse du possesseur [2]. Réciproquement, les obstacles à l'ac-

----

(1) Fachinée, controv., cap. 60 ; quant à ses effets sur la prescription, V. art. 2247 (Code civil).

(2) L. 62, § 1er, de rer. vind.

quisition de la part du propriétaire, s'il eût été en possession, ne sont pas une raison pour dispenser le possesseur de mauvaise foi de rendre les fruits qu'il aurait perçus[1]; n'ayant aucun droit en la chose, il doit rendre tout ce qu'il a perçu à son occasion. Ces deux dernières décisions ressortent évidemment des lois citées; aussi Cujas[2] en fait-il l'application à l'espèce qui nous occupe, et elles sont trop conformes à l'équité de notre droit pour n'y être pas admises.

499. A partir de l'époque où les vices de son titre lui sont connus, le possesseur, dont la possession était de bonne foi dans le principe, cesse d'être de bonne foi. Aussi, à partir de la même époque, il est assimilé en tout à celui qui, dès l'origine, était de mauvaise foi; nous le soumettrons donc aux mêmes restitutions.

500. La prescription de cinq ans établie par l'art. 2277 n'est pas applicable aux restitutions de fruits. En effet, le propriétaire qui réclame une restitution de fruits contre un possesseur de mauvaise foi n'apporte pas, à l'ap-

---

(1) L. cùm hereditas, de petit. hæred.
(2) Lib. 21, Pauli ad edictum, L. 31 de rei vind.

pui de sa réclamation, une convention entre lui et le possesseur l'autorisant à réclamer annuellement les fruits échus ; car il ne s'agit ni d'arrérages de rentes, ni d'intérêts de sommes prêtées, ni de paiement de sommes stipulées payables par années ou à des termes périodiques plus courts, mais de la restitution à faire au véritable propriétaire des fruits perçus par celui qui a été reconnu n'y avoir aucun droit [1].

Il n'y a donc lieu qu'à la prescription de trente ans qui, dans l'espèce, ne doit pas partir d'une seule et même époque fixe, mais du moment où chaque fait de perception a eu lieu. Il est inutile d'observer de nouveau que lorsque la propriété est prescrite, il ne peut plus être question de rechercher quelle prescription est applicable aux restitutions de fruits, de quelle époque cette prescription doit partir, puisqu'alors les fruits suivent le sort du principal.

301. Suivant l'art. 129 du Code de procédure civile : « Les jugements qui condamne-

---

[1] Cass., 13 décembre 1830, J. du P., t. 1er de 1831, p. 570.

ront à une restitution de fruits ordonneront qu'elle sera faite en nature pour la dernière année ; et pour les années précédentes, suivant la mercuriale du marché le plus voisin, eu égard aux saisons et aux prix communs de l'année, sinon à dire d'experts à défaut de mercuriale. Si la restitution en nature pour la dernière année est impossible, elle se fera comme pour les années précédentes. »

502. Nous avons vu précédemment que le propriétaire, qui rentre dans la possession de la chose qui lui appartient, acquiert par cela même les fruits pendants, quoique semés ou soignés par le possesseur ; mais que par équité la loi (548) l'oblige à rembourser les frais de labours et de semences.

Nous sommes toujours ici dans les mêmes circonstances ; nous devons rechercher les causes qui diminuent l'obligation du possesseur de bonne ou de mauvaise foi, les faits qui peuvent obliger le propriétaire envers le posseur, enfin les prestations qu'il peut lui devoir. La nature des impenses ne sera néanmoins plus la même que celle traitée aux n°s 454, 455 ; dans ces numéros, nous n'avons considéré que les impenses qui auraient pour objet la production ou la conservation des fruits[1]. Ici, nous considérons les impenses faites seulement *in rem ipsam*, celles qui ont eu pour objet spécial la conservation ou l'amélioration ou l'embellissement de la chose. Nous ne devons pas cependant nous occuper des impenses qui sont une charge ordinaire des fruits, le possesseur de bonne foi et le possesseur de mauvaise foi ne pourraient en effet, le premier, les répéter, et le second, en être frustré. La différence de leurs droits, dans cette circonstance, vient de la différence de leurs obligations ; le premier ne doit restituer que la chose, mais en gardant tous les fruits, il doit supporter les charges qui y sont attachées ; le second, en restituant la chose avec tous les fruits, doit être indemnisé des mêmes charges ou les compenser avec ces mêmes fruits. On met à la charge des fruits, les réparations d'entretien (art. 605), les contributions, les corvées, les réquisitions en denrées, les frais de gardes des bois et forêts et autres immeubles, et autres choses semblables. De même que le pos-

____

[1] V. aussi sur ce sujet lib. 20 Pauli sed edictum, L. 38 de petit. hæred.

sesseur de bonne foi ne serait pas fondé à se
faire indemniser des frais de nourriture du cheptel attaché à la propriété qu'il possède, parce
qu'il a joui de son croît, de son travail et de
ses profits, fruits qui, quoique d'une nature
différente, remplacent cependant ceux consommés, par la même raison le possesseur de
mauvaise foi ne saurait les faire entrer en compensation; car les fruits que le cheptel a consommés ont dû être remplacés par les bénéfices ou
autres avantages qu'il procure ordinairement.
Entrons dans l'objet spécial que nous nous sommes proposé au commencement de ce numéro.
Les impenses faites *in rem ipsam*, non clas-
sées parmi les charges des fruits, ne sont pas
toutes au même rang, elles obtiennent plus
ou moins de faveur devant la loi suivant leur
degré d'utilité, et même suivant la position du
possesseur qui les a faites.

503. On distingue trois classes d'impenses :
les impenses nécessaires, les impenses utiles
et les impenses de pur agrément.

504. Les impenses nécessaires sont celles
qui consistent en ouvrages de réparation dont
le défaut de confection entraînerait la ruine
de la chose ou une détérioration plus grande.

Impensæ necessariæ sunt, quæ si factæ non sint, res aut peritura, aut deterior futura sit [1].

505. Les impenses utiles sont celles qui, à la vérité, augmentent la valeur de la chose, et même *fructum augent,* mais dont le défaut de confection n'entraînerait pas la ruine ou une plus grande dégradation de la chose, *res non minus integra foret.* Aussi le § 1er d. l. faisant l'application de cette règle à la dot de la femme s'exprime-t-il ainsi : *Utiles impensas esse Fulcinius ait, quæ meliorem dotem faciant, non deteriorem esse non sinant : ex quibus reditus mulieri adquiratur.*

506. Les impenses d'agréments, *voluptariæ,* sont celles qui sont destinées à l'ornement de la chose ; nous ne dirons pas avec Cujas, sur la L. citée, *quibus factis res non fit melior,* mais bien plutôt, comme le dit avec plus de justesse le § 2 d. l., *non augent fructum. Voluptariæ sunt,* dit le jurisconsulte Paul, *quæ speciem duntaxat ornant, non etiam fructum augent.*

507. L'appréciation et la qualification de ces diverses impenses ne doivent avoir rien d'absolu, car on doit sentir qu'elles dépendent

----

(1) L. 79 de verb. signif.

aussi des circonstances locales, du temps et même de la position sociale du maître de la chose. En effet, il pourrait arriver que la construction d'un bâtiment d'exploitation, quoique ordinairement rangée dans la classe des impenses utiles, dût, en vertu des circonstances, être regardée comme une impense nécessaire, par exemple, si le bâtiment était indispensable à l'exploitation d'un domaine et à la conservation de ses fruits, surtout si l'ancien avait été détruit par une cause quelconque ou s'il menaçait ruine. De même, les choses de pur ornement pour une maison de campagne peuvent être regardées comme choses utiles à une maison de ville, elles peuvent en faciliter la location, en augmenter le revenu. La position sociale du propriétaire peut même, avons-nous dit, influer sur cette appréciation ; en effet, l'homme dont l'intelligence est développée, ou dont la fortune facilite l'aisance, aura plus de besoins que le cultivateur de la campagne ; ce qui sera une nécessité pour l'homme riche, le manœuvre n'y pensera même pas. Il est inutile d'observer que ce qui était de luxe il y a un siècle, ne sera plus aujourd'hui, à l'aide des progrès de la civilisation et de l'industrie, qu'une chose fort commune et même indispensable aux aisances de la vie.

508. Cela posé, il n'y a aucune différence à faire entre le possesseur de bonne ou de mauvaise foi, quant au droit de se faire indemniser des dépenses nécessaires ; car, dans cette circonstance, on ne doit pas considérer le caractère du possesseur, mais la cause de la réclamation, et sous ce rapport il n'y a, sans aucun doute, aucun reproche à faire au possesseur de mauvaise foi d'avoir prévenu la ruine de la chose [1].

509. Mais le possesseur de mauvaise foi doit-il être regardé aussi favorablement que le possesseur de bonne foi, quand il s'agit seulement d'impenses utiles ? L'équité de notre droit ne nous permet pas, il est vrai, dans cette circonstance, de suivre la doctrine du droit romain, néanmoins ce serait peu conforme à la raison que de vouloir effacer entièrement la différence de caractère de ces deux possesseurs. En effet, il paraît constant, malgré la controverse qui s'est élevée à cet égard entre quelques commentateurs, que le

____

(1) L. 5, C. de rei vind.

droit romain n'accordait pas au possesseur de
mauvaise foi le droit de se faire indemniser,
même par rétention de la chose, des impenses
utiles qu'il y avait faites; par cette raison,
que si le possesseur de bonne foi pouvait repousser le propriétaire qui voulait rentrer
dans la possession de sa chose sans l'indemniser de ces dépenses, en lui opposant l'exception de dol fondée sur l'équité naturelle qui
défend de s'enrichir aux dépens d'autrui, le possesseur de mauvaise foi ne pouvait avoir le
même avantage. Car le propriétaire peut aussi
lui opposer son dol personnel, il peut lui dire
qu'il s'est exposé volontairement à cette perte,
qu'il savait bien que la chose ne lui appartenait pas ; aussi était-il réputé avoir eu l'intention de donner [1].

Néanmoins, *ex æquitate et ne ex alienâ jac-
turâ petitor lucrum sentiat*, il lui était permis
d'enlever, *sine lesione rei*, les objets de ces impenses [2]. Dans notre législation, nous ne ren-
controns plus à chaque pas cette opposition

---

(1) Instit., § 30 de rer. div. ; L 1re, tit. de rei vind. in frag.
Cod. Gregor.

(2) D. L. 5 , C.; L. 38 de petit. hæred. ff.

du droit strict avec l'équité, la subtilité du droit ne nous fait plus créer des suppositions démenties par les faits. En effet, rien de plus contraire à la réalité que cette prétendue donation, puisque le possesseur avait agi dans son intérêt propre [1]. Ce qui n'était accordé que par équité, l'est aujourd'hui en faveur d'un droit; c'est ce qui résulte clairement de deux textes formels de notre Code (art. 555, 1381).

Cependant le caractère de la possession influe encore sur la nature du dédommagement: dans la législation romaine, le possesseur de bonne foi déduisait les impenses utiles, et le propriétaire n'aurait pu le forcer à enlever les objets d'amélioration; de même, suivant l'art. 555, le propriétaire ne peut demander la suppression des mêmes ouvrages, et il est tenu de rembourser la plus value ou le prix de la main-d'œuvre et des matériaux. Le possesseur de mauvaise foi ne pouvait obtenir autant de faveur; en effet, il ne portait ses impenses utiles en déduction que dans le cas où le propriétaire s'opposait à leur enlèvement [2].

---

(1) V. n. 455 *suprà*.
(2) L. 38 de rei vind. ff.

De même, suivant l'art. 555, le propriétaire n'est obligé d'indemniser le possesseur
de mauvaise foi de ses impenses utiles que
dans le cas où il veut bien les conserver. Le
possesseur de mauvaise foi semble, dans notre
droit, être plus favorisé que le possesseur de
bonne foi au sujet de cette indemnité : en effet,
le propriétaire n'est obligé de payer à celui-ci
que la plus value donnée à la chose ou le prix
des matériaux et de la main-d'œuvre, s'il est
inférieur ; tandis qu'il doit toujours rembourser au possesseur de mauvaise foi le prix de la
main-d'œuvre et des matériaux, sans égard à
la plus ou *moins* grande augmentation de valeur que la chose a pu recevoir (art. 555).
Cependant la position du possesseur de mauvaise foi est dans la réalité bien moins favorable que celle du possesseur de bonne foi ;
car le propriétaire pourra toujours obtenir les
conditions qu'il voudra en le menaçant de lui
faire enlever des objets qui, par la suite de cet
acte, peuvent perdre la totalité ou la plus
grande partie de leur valeur.

510. Notre droit s'est écarté du droit romain en un point important, ce droit n'accordait pas d'action à celui qui avait remis au

propriétaire la possession de la chose sans se faire indemniser. En effet, ce n'était que par l'exception de dol que celui qui avait le droit de se faire indemniser pouvait obtenir cette indemnité ; mais cette exception ne pouvait être opposée que par celui qui était en possession, elle ne pouvait être efficace que pour celui qui pouvait retenir la chose [1].

Cujas a écrit le contraire [2], mais son avis n'a pas été suivi. Cette indemnité, dans notre législation, ne découle pas seulement d'un sentiment d'équité, elle est le résultat d'un droit positif et reconnu par les lois (art. 555 et 1381), elle engendre une obligation d'où naît, non-seulement un droit de rétention, mais encore une action. Aussi cette doctrine du droit romain n'a-t-elle pas été suivie dans notre ancienne jurisprudence, comme l'attestent Dumoulin sur la coutume de Paris [3], d'Argentré sur la coutume de Bretagne, art. 536 ; Mornac, etc. Voët, après avoir exposé la doctrine du droit romain sur ce sujet [4], atteste en

____

(1) Vinnius, juris quæst., lib. 1ᵉʳ, ch. 24.
(2) Lib. 10 , obs. 4.
(3) Tit. 1ᵉʳ, § 1ᵉʳ, Glos. 5 , n. 104.
(4) N° 23 de petit. hæred.

ces termes la dérogation qui y a été faite :
« *Sed quod romanis ità placuit in certis casi-*
bus hodiè ex naturali æquitate generaliter re-
ceptum est, ut scilicet non sola retentione, sed
et actione consulatur, non tantum bonæ, sed
et malæ fidei possessoribus, pro recuperandis
impensis illis, quarum deductionem iisdem con-
cessam fuisse, suprà dictum est, necessariis sci-
licet, nec non utilibus, quatenus indè res melior
facta, ne alioquin domini rerum cum aliena jac-
turâ locupletarentur [1] ».

511. Nous ne devons pas suivre davantage
la décision de la L. 48 *de rei vind.*, suivant
laquelle le propriétaire n'était tenu de rembourser au possesseur de bonne foi la valeur
des impenses que sous la déduction de ce que
ce possesseur s'en trouvait déjà remboursé par
les fruits qu'il avait perçus, par cette raison
que si le propriétaire ne pouvait faire restituer les fruits par *voie d'action*, il pouvait au
moins les opposer *en compensation* avec les
impenses ; de cette manière le possesseur ne
pouvait réclamer que l'excédant des impenses

---

(1) V. n. 455 *suprà.*

ou ne profitait que de l'excédant des fruits [1]. Si cette règle n'est pas applicable dans notre droit, ce n'est pas parce que le possesseur de bonne foi fait les fruits *siens*, il en était de même dans le droit romain [2] ; mais c'est parce qu'il n'y a aucun texte qui autorise à forcer le possesseur à porter *ce qu'il ne doit pas* (les fruits perçus), en compensation avec *ce qui lui est dû* (les impenses)[3]. Les fruits se consommant ou étant censés se consommer journellement, la loi présume qu'il n'en est resté au possesseur aucun bénéfice permanent ; elle a considéré que ce serait injuste, et que même souvent ce serait causer la ruine de sa fortune que de le condamner à *payer* les fruits perçus ; or la compensation n'est qu'un mode de paiement, et le possesseur a pu consacrer toute sa fortune dans ces améliorations. Les fruits et l'indemnité lui sont accordés par des dispo-

---

(1) V. Voët, n. 38 de rei vind.

(2) Il y avait exception dans l'action , *condictio indebiti* , L. 15 ff.

(3) Les améliorations se compensent-elles avec les dégradations ? Oui , car une chose n'est améliorée que sous la déduction de ce qu'elle a été détériorée. V. Toullier, t. 11ᵉ, n. 110.

sitions distinctes : les fruits représentent ses soins de culture ou d'administration ; l'indemnité, les dépenses d'ouvrages qu'il a faits comme propriétaire [1].

512. Les objets d'ornements, comme les autres objets, dès qu'ils sont incorporés à la chose qu'ils décorent, appartiennent au propriétaire de cette chose, *vi ac potestate rei suæ ;* en sorte que le possesseur de bonne ou de mauvaise foi n'a véritablement qu'une action en indemnité ; il ne peut réclamer une chose qui ne lui appartient plus. Cependant les impenses d'agréments, *quatenus tales sunt*, faites par le possesseur de bonne foi, ne doivent pas jouir des mêmes faveurs que les impenses utiles ; en effet, elles n'augmentent pas les revenus de la chose, *non augent fructum.* Ce n'est donc pas l'art. 555, ou l'art. 1381, qui peut nous donner un motif de décision, car ce serait injuste de forcer le propriétaire à acheter une chose dont il ne doit retirer aucun produit. Nous ne devons accorder au possesseur de bonne foi que la faculté d'enlever les objets, dont il peut retirer un avantage, en rétablis-

---

[1] Diction. génér. de jurisp., *propriété*, n. 75.

sant les lieux dans leur état primitif, et si le propriétaire ne juge pas à propos de les retenir; car, dans ce cas, le possesseur aurait droit à une indemnité. Aussi le droit romain n'accordait-il au possesseur de bonne foi la déduction des impenses d'ornement, que dans le cas où elles pouvaient être considérées comme impenses *utiles* [1]. S'il y avait exception en faveur du possesseur de bonne foi d'une hérédité, c'est par une raison particulière qui n'existe plus maintenant, c'est parce que devant rendre compte des fruits, on regardait comme juste d'admettre en déduction les impenses *voluptuaires* [2]. Le possesseur *rei singularis*, même de bonne foi, pouvait seulement enlever les objets; ce doit être aujourd'ui la règle commune. Le possesseur de mauvaise foi ne peut avoir d'autre droit. Si le possesseur pouvait prouver que le propriétaire était dans l'intention de faire les mêmes dépenses d'ornements ou qu'elles ont donné de la valeur à la chose, alors elles changeraient de nature, le proprié-

---

(1) V. Perez, C. tit. de rei vind., n. 29; Vinnius, loc. cit.; Voët, n. 36, de rei vind.; L. 38 et 39, de rei vind. ff.

(2) V. Voët, n. 21, de pet. hæred.; L. 38 et 39 de pet. hær.

taire en retirerait un véritable profit, elles seraient mises au rang des dépenses utiles, et le
possesseur en serait indemnisé suivant sa qualité et le mode ci-dessus [1].

513. Dans le sujet qui nous occupe, il importe peu que la possession ait pour objet un
immeuble ou un meuble; aussi, sous ce rapport,
l'avons-nous jusqu'ici considérée d'une manière
générale, car il ne s'agissait pas de la considérer
comme manière d'acquérir la propriété de la
chose possédée. Considérée sous ce dernier
rapport, elle peut avoir pour objet un immeuble; il n'appartient pas au sujet que nous nous
sommes proposé de la considérer comme mode
d'acquisition des immeubles; elle peut avoir,
dans des cas rares, il est vrai, pour objet un
meuble ; dans la plupart des cas, elle équivaut
même à la propriété (art. 2279). Ces derniers
effets doivent être expliqués ailleurs. La possession, comme manière d'acquérir les fruits de la
chose possédée, c'est-à-dire des choses mobilières par leur nature, de quelque nature que fût
le corps d'où ils provenaient, a dû faire le seul
sujet de cette section; mais, lorsque la possession

---

[1] Vinnius, loc. cit.

produit cet effet, elle est toujours séparée de la propriété.

Notre maxime du droit français, en fait de *meubles possession vaut titre* (art. 2279), réduit à un petit nombre les circonstances où la possession d'un meuble est séparée de la propriété. Car on sent que toutes les fois que cette maxime sera applicable, il n'y aura plus à débattre les intérêts réciproques du propriétaire et du possesseur ; la propriété et la possession étant réunies dans une seule et même personne, les fruits seront acquis en vertu du droit de propriété. Lorsqu'il s'agit de choses mobilières unies ensemble, la même maxime restreint les circonstances où la propriété se décide suivant des considérations de principal et d'accessoire ; car celui qui possède n'aura pas besoin d'avoir recours aux règles sur l'adjonction, la spécification ou le mélange ; pour faire décider la propriété en sa faveur, il n'aura besoin que d'invoquer sa possession. Il importe peu que l'objet qui s'est uni au sien puisse être considéré comme principal ou comme accessoire, ces différences de relation ne peuvent faire varier les effets de cette maxime ; l'accessoire et le principal étant l'objet d'une même possession, et au même degré, doivent subir les mêmes conséquences, ils appartiennent à un seul et même propriétaire [1].

Nous ne devons pas rechercher ici quel est le fondement de cette maxime constitutive d'un droit nouveau, qu'elle est son étendue et quelles sont ses circonstances, cette explication doit avoir sa place dans le commentaire de l'art. **2279.**

514. Nous nous contenterons de faire connaître brièvement les circonstances où cette maxime n'est pas applicable, les circonstances où la possession d'un meuble est encore séparée de sa propriété. Alors le possesseur acquerra encore les fruits en vertu de sa possession de bonne foi, alors il y aura encore lieu de décider la question de propriété suivant des considérations de principal ou d'accessoire.

Et d'abord il est constant que celui qui tient la chose du propriétaire même, à titre de louage, de prêt, de mandat, ou de gage, ne peut invoquer l'effet de la maxime *en fait de meubles possession vaut titre*, car ce n'est pas une pos-

---

(1) V. Duranton, t. 4e, n. 433.

session à titre de propriétaire, ce n'est qu'une possession précaire ; le propriétaire peut, à chaque instant, en représentant le titre, faire assigner à une pareille possession son véritable caractère. L'art. 2279 n'a pas pour objet de régler le caractère et les effets de la possession de celui qui l'a reçue du propriétaire même, le caractère et les effets de cette possession sont réglés par le titre. Lorsque ce titre est translatif de propriété, s'il est entaché de certains vices, son effet manque, et il peut seulement constituer une possession de bonne foi, suivant ce que nous avons dit précédemment. L'art. 2279 n'a pour objet que de déterminer les effets de la possession du tiers détenteur ; alors, en règle générale, elle équivaut à la propriété ; mais il y a quelques exceptions que nous allons énoncer :

515. 1° L'art. 2279 signale lui-même deux exceptions : « Néanmoins, dit-il, celui qui a perdu ou auquel il a été volé une chose peut la revendiquer pendant trois ans, à compter du jour de la perte ou du vol, contre celui dans les mains duquel il la trouve, sauf à celui-ci son recours contre celui duquel il la tient. » Le vol est considéré comme un vice réel qui

s'attache à la chose, et qui n'est purifié que lorsqu'après une possession de trois ans, cette chose se trouve entre les mains d'un tiers détenteur. Dans cette circonstance, comme dans celle de la perte de la chose, on a considéré qu'il était juste de conserver au propriétaire un droit de suite et de déroger à la règle générale. Cette dérogation a même été autorisée contre le tiers détenteur, contre celui qui a titre et bonne foi, *à fortiori* elle devait l'être contre le voleur, ou contre celui qui a trouvé la chose, car il n'a pas de titre et sa position ne peut être plus favorable que celle du propriétaire. Mais, quoique la chose ait été volée, le tiers détenteur, s'il est de bonne foi, fera les fruits *siens*, ou si la chose a été unie accessoirement à la sienne, il pourra en acquérir de cette manière la propriété. S'il est de mauvaise foi, il sera considéré comme complice et il n'acquerra pas les fruits, mais il pourra acquérir la propriété par accession ; car, comme le dit M. Duranton [1], la mauvaise foi n'est point un obstacle à l'application des règles sur l'accession, puisque la loi ne distingue pas ; sans préjudice toutefois

______

(1) T. 4ᵉ, p. 458.

des dommages-intérêts et de l'action publique (art. 577). Celui qui a trouvé un objet et qui a employé les moyens de publicité ordinaires en acquiert, après les trois ans, légitimement les fruits; il peut aussi, même avant ce terme, en acquérir la propriété par accession.

516. 2° La possession ne vaut titre de propriété qu'en faveur de celui qui se croit réellement propriétaire, qu'en faveur de celui qui est de bonne foi; de là il suit que le possesseur qui sait que la chose n'appartenait pas à la personne qui la lui a transmise, parce qu'elle était promise par suite d'une obligation contractée avec un autre individu, mais non livrée, ne saurait invoquer le bénéfice de l'art. 2279, il n'est pas de bonne foi (art. 1141). Il ne peut pas se croire propriétaire, il ne peut donc pas acquérir les fruits ; mais il peut invoquer les règles de l'accession pour acquérir la propriété, sans préjudice des dommages-intérêts envers le propriétaire (art. 577). Les mêmes décisions seraient applicables à celui qui saurait que la personne qui lui transmet la chose, la détient à titre précaire, à titre de louage, de dépôt, de gage, etc.

517. 3° Celui qui invoque la maxime *en*

fait de meubles la possession vaut titre, doit être *réellement* en possession ; de là il suit que lorsque sa possession n'est pas certaine, il ne pourra acquérir les fruits. L'acquisition de la propriété ne pourra être le fait d'une pareille possession ; mais elle pourra être acquise *vi ac potestate rei*, par l'union qui serait faite par un tiers.

518. 4° La possession qui équivaut à la propriété devant être réelle, de bonne foi et à titre de propriétaire, il en résulte qu'elle ne peut être telle que lorsqu'elle est appuyée d'un titre translatif ; de là il suit que si le réclamant démontre que le possesseur n'a aucun titre et qu'au contraire la chose lui appartient, le possesseur ne pourra invoquer sa possession de fait pour retenir la propriété. La bonne foi ne serait pas même légitime, suivant nous, pour acquérir les fruits ; mais il pourra acquérir la propriété *vi ac potestate rei suæ*.

519. 5° Il pourrait y avoir lieu à appliquer les règles sur l'accession, soit relativement à l'acquisition des fruits ou à l'acquisition de la propriété, si le possesseur, pouvant se prévaloir des dispositions de l'art. 2279, en refusait

le bénéfice [1]. Sans doute le possesseur de mauvaise foi qui a acquis la propriété par accession acquiert dès le même instant les fruits qu'elle produit ; mais il les restitue en définitive dans la condamnation aux dommages-intérêts (art. 577).

Ces règles, en ce qui concerne le mode d'acquisition de la propriété par accession, recevront plus de développement et acquerront plus de clarté au § 2 de la section suivante.

SECTION II.

DU DROIT D'ACCESSION SUR CE QUI S'UNIT ET S'INCORPORE A LA CHOSE.

SOMMAIRE.

520. Quel est le fait qui donne naissance à cette espèce d'acquisition ? En quoi ce mode consiste.

521. De ses divers objets.

§ 1er. *Comment le propriétaire d'un immeuble acquiert par droit d'accession les choses meubles de leur nature qui s'incorporent à cet immeuble.*

522. Les règles sur l'accession sont indépendantes des règles sur la distinction des biens.

---

(1) V. Duranton, n. 433.

Art. 3. *De la Spécification.*

Art. 4. *Dispositions communes aux articles précédents.*

520. Le droit d'accession, avons-nous dit, est plus étendu que le droit de jouissance ; en effet, il n'a pas seulement pour objet les produits de la chose, mais encore ce qui s'unit et s'incorpore accessoirement à cette chose, soit naturellement, soit artifiellement (art. 546 et 551).

L'union de deux objets n'en faisant qu'un seul et même corps non susceptible d'être possedé en totalité, et quelquefois même en commun, par les propriétaires de chaque partie, il devient alors nécessaire d'attribuer la propriété entière du produit au propriétaire dont les droits sont le plus étendus. Mais quel est celui dont les droits sont le plus étendus? il arrivera presque toujours qu'une des deux parties a été destinée pour l'autre ou sera plus importante par sa valeur ou son volume.

Aussi le droit d'accession, considéré comme manière d'acquérir la propriété, consiste-t-il d'abord à distinguer la chose principale de la chose accessoire, c'est-à-dire celle qui a une existence propre et indépendante de celle qui a une existence relative et dépendante, et à attribuer le corps entier au propriétaire de la première partie.

521. Un objet peut être uni à une chose immobilière ou à une chose mobilière ; la partie principale, dans le premier cas, se manifeste trop clairement pour être obligé à une recherche à cet égard ; il n'en est pas de même lorque l'union a pour objet deux choses mobilières, il devient souvent assez difficile de distinguer la chose principale de la chose accessoire.

L'union d'un objet à un immeuble ne nous intéresse que lorsque cet objet est un meuble, alors il peut arriver qu'il y ait mutation de propriété, acquisition au profit du propriétaire de l'immeuble et changement de nature de l'objet. Nous allons voir d'abord quels sont les objets mobiliers que le propriétaire de l'immeuble acquiert ainsi et dans quelles circonstances ; nous traiterons dans le second paragraphe du droit d'accession relativement aux choses mobilières.

§ 1er. *Comment le propriétaire d'un immeuble acquiert par droit d'accession les choses meubles de leur nature qui s'incorporent à cet immeuble.*

522. L'objet mobilier, qui s'incorpore à un immeuble, ne fait plus avec cet immeuble qu'un seul et même corps; il participe alors nécessairement de sa nature. Ce dernier effet n'appartient pas seulement à l'incorporation, il peut être encore le résultat d'une simple destination. Les règles sur l'accession sont indépendantes des règles sur la *distinction des biens*, l'accession est une manière d'acquérir la propriété d'autrui. La distinction des biens n'a pour objet que de déterminer si tel objet doit être rangé dans la classe des meubles ou des immeubles, suivant sa nature ou sa destination ; cette distinction est indépendante de son acquisition, car elle se fait entre les divers objets appartenant à un même propriétaire.

Mais lorsque la qualification d'immeuble donnée à un objet meuble de sa nature procède directement de son acquisition, alors cette acquisition a un caractère particulier, elle est l'effet de l'accession qui ne peut être le résultat d'une simple destination, mais bien de l'incorporation qui, en liant l'existence des deux objets, n'en fait plus qu'un seul et même corps. Voyons quels sont les objets qui s'acquièrent ainsi :

523. Les arbres et les plantes séparés du sol sont meubles de leur nature ; ils doivent leur existence à la terre et ne peuvent la conserver qu'en se réunissant à elle. Mais la terre qui les a produits et celle où ils ont été transplantés sont différentes et peuvent appartenir à des maîtres différents ; il peut donc y avoir, en cette occasion, mutation de propriété. En effet, l'arbre que je plante dans mon fonds peut appartenir à autrui, comme réciproquement je puis planter l'arbre qui m'appartient dans le fonds d'autrui : il s'agit de savoir si dans ces circonstances il y a mutation de propriété et comment elle s'opère.

La propriété du sol emporte la propriété du dessus et du dessous (art. 552) ; le propriétaire peut faire au-dessus toutes les plantations qu'il juge à propos, et elles seront présumées avoir été faites par lui, à ses frais, et lui appartenir (art. 553). Ainsi donc, dans l'es-

pèce de la première question, le propriétaire
du sol est présumé propriétaire de l'arbre. La
preuve contraire n'aura pas même pour effet
de faire résoudre la propriété, elle pourra seulement le forcer à payer la valeur de l'arbre,
et même le faire condamner à des dommages-
intérêts, s'il y a lieu, ou le rendre passible de
l'action de vol, mais il en restera toujours
propriétaire; aussi l'art. 554 interdit-il à celui
qui était propriétaire de l'arbre le droit de l'enlever. Dans le second exemple, le propriétaire
du sol peut invoquer le bénéfice de la même
présomption, et la preuve contraire n'aura
pas plus pour effet de faire résoudre la propriété, elle le forcera seulement à payer la
valeur de l'arbre, quelque soit la position de
celui qui l'a planté, qu'il fût ou non possesseur du fonds, qu'il en fut possesseur de bonne
ou de mauvaise foi. Dans cette dernière circonstance, la bonne foi procurera au possesseur le seul avantage de n'être pas forcé par
le propriétaire du sol à enlever l'arbre et de
donner droit de réclamer une indemnité;
tandis que la mauvaise foi du possesseur
donne au propriétaire du sol cet avantage
de se refuser à payer la valeur de l'arbre et

d'obliger le possesseur à l'enlever (art. 555).

Quelle est donc la raison de cette attribution de propriété au profit du propriétaire du sol? C'est parce que l'arbre ou la plante accède au fond, parce qu'il en est un accessoire, parce qu'il est inhérent à son sol, qu'il en tire son existence, qu'il en est une partie, enfin qu'il ne fait avec lui qu'un seul et même corps. Et si les parties de ce seul et même corps appartiennent à divers propriétaires, leurs rapports réciproques font assez connaître quelles sont celles qui n'ont qu'une existence relative, et quelle est celle dont la propriété doit entraîner la propriété des autres : alors l'arbre, dont la nature était antérieurement mobilière et qui n'a pu changer de propriétaire ou de sol que parce que telle était sa nature, participe de celle de l'immeuble auquel il est inhérent; alors il appartient au propriétaire de cet immeuble, sans l'intervention de la volonté d'autrui ou de ce propriétaire, mais seulement *vi ac potestate rei*.

524. Mais à quel moment s'opère cette mutation de propriété? est-ce au moment même de la plantation? ou bien seulement au moment où l'arbre ou la plante a manifesté son

adhérence au sol en prenant racines? M. Duranton s'exprime ainsi sur cette question [1] :
« Dans le droit romain, tant que l'arbre de l'un,
planté sans sa participation sur le sol de l'autre,
n'y avait pas encore pris racine, le maître pouvait le revendiquer. Chez nous, *il ne le pourrait;* l'art. 554 ne fait aucune distinction à cet
égard. A cause des frais de plantation et de
ceux qu'elle a occasionnés, la loi a pensé qu'il
convenait que le propriétaire du sol eût le
droit de conserver les plantes en en payant
le prix, et en restant d'ailleurs soumis aux
dommages-intérêts, s'il y a lieu. L'intérêt de
l'agriculture le voulait ainsi. » Nous ne saurions partager cette opinion. L'art. 554, il est
vrai, ne fait pas de distinction, mais il ne faut
pas toujours chercher l'interprétation d'un article dans sa seule rédaction, il faut aussi chercher à expliquer ses termes par ce qui le précède et le suit, par sa position relative. Cette
règle d'interprétation nous servira à reconnaître le véritable esprit de l'art. 554. En effet,
il n'est pas vrai que l'acquision de l'arbre ou
de la plante soit, dans cette circonstance, la

---

[1] T. 4ᵉ, n. 374.

récompense des travaux et des frais de la plantation ; rien n'autorise à interpréter ainsi l'art. 554, ces frais et ces travaux sont de si peu de valeur comparativement à la matière qu'il n'est pas permis d'assimiler ce cas à celui d'une spécification. Bien loin de là, l'art. 554 est placé à la section première du chapitre 2 du titre de la *propriété*, et dans cette section la propriété s'acquiert *par accession aux choses immobilières*, la propriété de l'immeuble est le seul moyen d'acquérir ; c'est par sa seule force et puissance que l'objet qui lui adhère est acquis au même maître. C'est là un point constant, et l'intérêt de la question ne consiste qu'à savoir dans quel moment l'objet adhère assez intimement à l'immeuble pour en faire partie. Nous ne pouvons croire que la plantation seule suffise, car la plantation n'est pas, comme la construction, le but, mais le moyen ; elle est destinée à faciliter l'union, l'incorporation de l'arbre ou de la plante avec la terre pour qu'il en reçoive existence et accroissement. La simple jonction qui est l'effet de la plantation ne peut produire immédiatement ce résultat, il n'y a union parfaite que lorsque l'arbre a *lié* son existence avec le fonds en y faisant pénétrer ses racines ; car c'est alors qu'il y a communauté ou plutôt unité d'existence ; c'est alors que les sucs nourriciers en pénétrant l'arbre en font pour ainsi dire un objet nouveau par le développement et l'accroissement qu'ils lui donnent ; jusque-là, l'arbre et le fonds ont eu une existence séparée et indépendante. Le fonds ne s'approprie l'arbre qu'en lui donnant la vie, alors on peut dire avec vérité que cette appropriation est l'œuvre de sa force et puissance.

L'instant de cette union se manifeste par le développement des racines , développement qui se fait sentir dans tout le corps de l'arbre par la vigueur qu'il lui donne ou qu'il lui conserve après le temps où il serait mort s'il n'avait puisé la vie dans le sol auquel il adhère. Il n'y a donc mutation de propriété que dans ce moment, et nous adoptons pleinement sur ce point la doctrine du droit romain qui conservait la propriété de l'arbre à celui sur le sol duquel il avait été arraché, jusqu'à ce que cet arbre ou plante ait poussé des racines dans le fonds où il avait été transplanté. Le § 31, *inst. de rer. div.*, est ainsi conçu : *Si titius alienam plantam in solo suo posuerit, ipsius erit. Et ex diverso, si titius suam plantam in Mævii solo posuerit, Mævii planta erit, si modo utroque casu radices egerit : Antè enim quàm radices egerit, ejus permanet cujus fuerat* [1].

M. Duranton ne peut repousser cette décision sous prétexte qu'elle blesse les intérêts de l'agriculture, car il est inutile de faire remarquer que l'arbre, avant d'avoir pris racine, peut être transplanté ailleurs sans accroître les dangers de son existence. Les intérêts de l'agriculture ne sont pas d'ailleurs plus sacrés que ceux de la propriété, lorsque dans des circonstances rares ils se trouvent en opposition. Le même auteur a si peu de confiance dans sa doctrine qu'il consent à y faire exception lorsqu'il s'agirait de plantes exotiques que leur nouveauté et leur rareté rendraient précieuses ; mais pourquoi cette exception ? sur quoi l'a fonde-t-il ? Ce n'est pas la valeur relative des objets qui, dans cette circonstance, règle leur attribution, et la même raison qui fait transférer la propriété d'une plante commune doit aussi faire transférer celle d'une plante rare ; la loi ne peut avoir deux poids et deux mesu-

____

(1) V. Toullier, t. 3ᵉ, n. 127, conf.

res. Une plante rare peut devenir commune ; une plante fort recherchée des amateurs peut être de peu d'importance pour ceux qui n'ont pas ce genre d'affection. Dans l'un et l'autre cas, nous ne devons pas nous écarter de l'esprit de l'art. 554, et nous croyons qu'il est tel que nous venons de l'expliquer.

525. La propriété de l'arbre, comme la propriété de la construction, dérive du même principe, du principe de l'art. 552, suivant lequel la propriété du sol emporte la propriété du dessus et du dessous.

Cette règle, dans l'espèce qui nous occupe, est maintenant plus sévère et plus étendue qu'elle ne l'était dans le droit romain. En effet, sous le Code civil, l'arbre appartient toujours et tout entier à celui sur le sol duquel son tronc repose ; dans le droit romain, la position du tronc ne faisait pas toujours reconnaître le propriétaire de l'arbre, c'était la direction et la position que les racines avaient prises dans leur développement qui réglaient et faisaient même changer la propriété de l'arbre. On regardait comme contraire à la raison que l'arbre appartînt à un autre qu'à celui dans le fonds duquel les racines allaient puiser les sucs nourriciers qui le faisaient vivre[1]. De là, il pouvait résulter que l'arbre *in confinio* ou seulement *propè confinium* pouvait appartenir, non pas seulement pour partie, mais pour la totalité au propriétaire du fonds voisin de celui où il a été planté, s'il avait poussé toutes ses racines ou la presque totalité de ses racines dans son fonds ; ce qui peut arriver si la terre de son fonds est molle et humectée, tandis que celle où le tronc de l'arbre repose est dure et pierreuse[2]. Si l'arbre répartissait au contraire ses racines dans l'un et l'autre fonds, il devenait alors commun *pro regione cujusque prædii*[3].

Le principe d'après lequel les arbres dépendaient du terrain qui nourrissait leurs racines n'était cependant pas universellement admis. Pomponius avait une opinion directement contraire, car il s'exprimait ainsi [4] : *Si radicibus vicint arbor aletur tamen ejus est, in cujus fundo origo ejus fuerit.*

---

(1) Inst. de rer. div., § 31.
(2) L. 7 de acq. dom., § ult. ; inst. loc. cit.
(3) L. 8 de acq. dom.
(4) L. 6, arb. furt. cæs. ff.

Il est inutile de dire quelles diverses tentatives on a faites pour concilier ce texte avec les précédents, car l'opinion de Pomponius est aujourd'hui un des principes de notre Code ; et l'arbre ne peut devenir commun entre deux voisins que lorsque son tronc repose sur la limite, ou sur le terrain de la haie mitoyenne (art. 673.) Mais aussi le voisin qui n'a aucun droit à la propriété de l'arbre est autorisé à couper lui-même les racines qui pénètrent dans son fonds (art. 672) ; c'est une conséquence de cette exclusion de propriété et du droit de fouiller son sol comme il l'entend. Aussi Pomponius (d. l. 6.) permettait-il au voisin non de couper les racines lui-même, *agere autem licebat, non esse jus, sicut lignum aut protectum, immissum habere.* Il lui était permis, dit Brunemann sur cette loi, d'agir *actione negatoriâ, non licere tibi radices in fundum meum emissos possidere. Si non auferantur, posse me utili interdicto de arboribus cædendis agere ne impediat, quo minus resecem.*

526. Du principe que le propriétaire du sol est propriétaire du dessus, il résulte encore qu'il n'est pas obligé de souffrir les branches à quelque hauteur qu'elles soient,

qui pendent de l'arbre planté dans le fonds
voisin et ombragent le sien ; aussi peut-il con-
traindre le voisin à couper ces branches (art.
672). La L. 1re *de arb. cæd.* contraignait seulement à les couper jusqu'à la hauteur de
quinze pieds, à partir du sol [1].

527. Les fruits sont, dans notre droit comme
dans le droit romain, un accessoire de l'arbre;
ils n'appartiennent pas à d'autres qu'au propriétaire de l'arbre ; et ses branches pen-
draient-elles sur le fonds voisin, le propriétaire de ce fonds n'aurait pas le droit de les
cueillir, il n'a pas d'autre droit que celui d'exiger que ces branches soient coupées. Mais
peut-il s'emparer des fruits qui se détachent
de l'arbre et tombent sur son fonds? Il ne peut
invoquer en sa faveur aucune des règles du
droit d'accession, et l'on ne doit pas présumer
légèrement que le propriétaire de l'arbre ait
abandonné la propriété de ces fruits. Aussi la
loi unique de *Glande Legendâ* accordait-elle à
ce propriétaire la faculté de passer dans le

---

(1) Duranton , t. 5e, n. 392 ; Voët et Brunemann sur cette
loi ; Toullier, t. 3e, n. 2 et 122 ; V. cependant Hugo (hist.,
droit rom.), t. 1er, p. 129 , n. 2 ; Esprit des lois romaines,
t. 1er, p. 144.

fonds du voisin pour aller les ramasser ; et
ce n'était qu'au bout de trois jours que ces
fruits non ramassés pouvaient être considérés
comme choses abandonnées, et en cette qualité être acquis par le propriétaire du sol. Cependant nos usages ont dérogé aux règles de
cette loi, elle imposait une véritable servitude
sur le fonds du voisin ; aucun texte de nos lois
ne concède au propriétaire de l'arbre une pareille servitude. Bien loin de là, ce n'est que
par tolérance pure que le propriétaire du fonds
a voulu ne pas forcer le propriétaire de l'arbre à couper les branches qui l'ombrageaient,
et de cette tolérance il ne peut résulter un
autre droit, celui de s'introduire dans le fonds
du voisin. Il est bien plus juste que l'acquisition des fruits qui tombent sur le sol soit une
récompense de cette tolérance, une indemnité
du dommage que lui cause l'ombre et les racines de l'arbre ; aussi est-ce par ces motifs et
dans ce sens que, suivant nos usages, ces fruits
sont regardés comme abandonnés et sont acquis
immédiatement par le propriétaire du sol [1].

---

[1] Duranton, t. 5ᵉ, n. 400, conf.; Toullier, cont., t. 3ᵉ,
n. 517.

Et si le propriétaire de l'arbre s'est permis de passer dans mon fonds pour ramasser ces fruits, on ne pourrait, il est vrai, l'accuser de vol, mais il serait passible d'une action de simple police, si mon fonds était préparé ou ensemencé[1], ou de dommages-intérêts pour violation de mon droit de propriété, si dans les autres circonstances il y est entré malgré ma défense [2].

528. Les semences enfouies dans la terre ne font qu'un seul et même corps avec elle ; le propriétaire du fonds deviendra nécessairement propriétaire de ces semences, qu'elles aient été faites par le possesseur de son fonds à qui elles appartiennent, ou par lui, lors même qu'elles ne lui appartenaient pas[3] ; sauf, dans le premier cas, indemnité en faveur du possesseur ; dans le second, le paiement de la valeur et, suivant les circonstances, l'application de peines correctionnelles.

529. Les matériaux assemblés pour construire un édifice sont meubles (art. 532) et

---

(1) Art. 473 , § 13 , et 475 , § 9, C. pén.
(2) Même auteur.
(3) Inst. , § 32 , de rer. div.

ils restent meubles jusqu'à çe qu'ils aient été employés par l'ouvrier dans la construction. Mais alors, et dès l'instant de leur union, les matériaux ne font plus qu'un seul et même corps avec la construction, ils appartiennent au même propriétaire, soit que la matière soit à d'autres que le constructeur, soit qu'elle appartienne au constructeur lui-même, mais que l'édifice ne lui appartienne pas en vertu de ce principe : *Id quod solo inædificatum est, solo cedit.* Il importe peu, quant à la propriété de l'édifice, qu'il ait été construit par le propriétaire du sol avec les matières d'autrui (art. 554), ou que le maître de la matière l'ait construit sur le sol d'autrui (art. 555); dans l'un et l'autre cas, il appartient au propriétaire du sol, sauf indemnités.

Il ne s'agit pas ici d'exposer comment un immeuble (l'édifice) devient l'accessoire d'un autre immeuble (le sol), mais bien comment des objets meubles (les matériaux) deviennent l'accessoire d'un immeuble (l'édifice).

Dans cette circonstance, nous devons considérer l'immeuble comme une espèce d'universalité ayant son existence propre.

530. Le constructeur, simple possesseur

du sol et non propriétaire des matériaux qu'il emploie, aurait seulement droit à une indemnité comme constructeur. Ce cas serait en effet différent de celui de l'art. 555, où le possesseur est maître de la matière. Dans cette circonstance, les indemnités du possesseur pourront être réduites au prix de la main-d'œuvre; car le propriétaire ayant la faculté de rembourser le prix des matériaux et de la main-d'œuvre si l'amélioration est d'un prix supérieur, il ne devra personnellement au possesseur que le prix de la main-d'œuvre, le prix de la matière étant dû à d'autres.

531. Quoique les matériaux soient une partie intégrante et constitutive de l'édifice, et que, sous ce rapport, les matériaux et l'édifice soient indivisibles, cependant pour régler les intérêts réciproques du propriétaire des matériaux et du propriétaire de l'édifice, il est nécessaire de les diviser moralement, de considérer, comme nous venons de le dire, l'édifice comme une universalité ayant son existence propre, et les matériaux comme des objets distincts. La loi romaine faisait la même distinction, mais nous n'en tirerons pas les mêmes conséquences; elle ne nous est néces-

saire, disons-nous, que pour régler les intérêts réciproques du propriétaire de l'édifice et du propriétaire des matériaux, mais non pour la décision de la question de propriété. Aussi ne dirons-nous pas, avec la **L.** *23 de usuc. ff.*, que celui qui possède la maison ne possède et n'usucape pas les matériaux, et avec le **§ 29,** *inst. de rer. div.*, que le maître de la matière en reste toujours maître, malgré son incorporation dans l'édifice ; de manière que si l'édifice venait à s'écrouler, il pourrait la revendiquer, s'il n'avait pas déjà obtenu une indemnité. Tant que l'union durait, il lui était interdit de la revendiquer, *ne ædificia rescindi necesse sit* (d. **§**), et encore par cette autre raison donnée par la **L.** *2*, *C. de edif. priv.*, *ne per hoc ruinis urbs deformetur.* Ces derniers motifs sont bien aussi ceux des art. 554 et 555, mais ces articles sont attributifs d'une propriété immédiate et irrévocable, les matériaux sont acquis au propriétaire de l'édifice aussitôt leur jonction ; et cette acquisition n'est pas soumise, par ces articles, à une résolution, au cas où, par un événement quelconque, l'édifice serait détruit et où les matériaux acquerraient une existence distincte et redeviendraient immeubles.

Ces articles sont placés à la section où la propriété est transmise par accession à des choses immobilières, et donnent seulement au propriétaire des matériaux le droit de se faire payer la valeur ou de se faire indemniser; sans préjudice des dommages-intérêts, et même d'une condamnation à des peines correctionnelles contre le constructeur qui a employé sciemment les matériaux d'autrui.

532. Les matériaux employés à la réparation d'un édifice suivent le même sort que ceux employés à sa construction ; ainsi, l'arbre qui ne m'appartient pas et que cependant j'ai façonné pour remplacer une poutre brisée ou pourrie deviendra *mien* dès qu'il sera mis à la place de l'ancienne poutre.

533. Les tuyaux employés à la conduite des eaux dans une maison ou autre héritage, les objets qui ne pourraient être détachés sans être fracturés, ou sans que l'immeuble auquel ils sont attachés en soit détérioré (art. 525), sont acquis au propriétaire de l'immeuble, lors même que lors de leur union ils auraient appartenu à autrui; car il y a là incor-

poration, ils font partie de l'héritage (art. 523).
Mais lorsqu'il n'y a pas incorporation et que
l'on ne saurait ranger les objets dans la classe
des matériaux, tels que la pierre, le bois, la
chaux, le ciment, le plâtre et le sable, la simple destination ne pourrait les faire acquérir;
car elle ne serait plus l'œuvre du propriétaire.
Bien loin de là, il y aurait conflit d'intérêts
entre le propriétaire de la matière et le propriétaire de l'immeuble auquel les objets sont
attachés; et la raison commande que toutes
les fois que les objets pourront être détachés
en conservant leur utilité et leur existence, et
sans que l'immeuble soit moins entier ou détérioré, l'on permette au propriétaire des objets de les enlever.

534. Nous permettrons même au propriétaire de ces mêmes objets, dans le cas où il
prouverait que le propriétaire de l'immeuble
les a employés, sachant qu'ils ne lui appartenaient pas, de les enlever; lors même qu'ils
seraient scellés à plâtre ou à chaux, ou à ciment, ou que leur enlèvement détériorerait la
partie de l'immeuble auquel ils sont attachés,
sans être obligé de la restaurer; car celui qui
les a employés ne doit imputer ces dommages

qu'à sa mauvaise foi. Et s'il a espéré que ces
objets lui resteraient, la loi ne peut consacrer
cette espérance ; décider autrement dans cette
circonstance ce serait encourager la malveil-
lance au détriment du droit de propriété. Sans
doute, l'art. 554 ne fait pas de distinction,
mais il n'est question dans cet article que des
matériaux, et l'on ne saurait en étendre l'application à des objets qui n'entrent pas dans la
construction [1], qui ne sont qu'annexés à la
construction, et dont l'enlèvement ne cons-
tituerait pas une démolition. Il est vrai que
l'on décide le contraire lorsque l'union a pour
objet deux choses mobilières, mais c'est en
vertu d'une disposition expresse (art. 577),
qui manque dans l'espèce actuelle. Les motifs
des art. 554 et 555 sont les mêmes que ceux
de la loi romaine, avons-nous dit, et sans aucun doute ils ne sont pas un obstacle à notre
opinion, on ne pourrait en effet la repousser
*ne œdificia rescindi necesse sit, vel ne per hoc
ruinis urbs deformetur.*

535. Le possesseur, quel qu'il soit, ne pourrait, il est vrai, enlever malgré le propriétaire,

___

(1) V. Toullier, t. 3ᵉ, n. 126, conf.

qui veut les retenir, même les objets d'ornement attachés à la chose ; mais l'on doit remarquer que l'on ne saurait tirer de cet exemple aucun argument contre ce que nous venons de dire, car c'est le propriétaire des objets qui les a attachés lui-même à la chose qui
ne lui appartient pas, c'est lui-même qui leur
a donné cette destination. Tandis que, dans
l'exemple ci-dessus, les objets ont été enlevés
à leur propriétaire et employés à son insçu,
on ne peut lui opposer aucun fait personnel,
on ne peut lui reprocher aucune faute de sa
part, la raison commande donc plus de faveur
envers lui.

536. L'acquisition d'un immeuble comprend aussi ses accessoires, de là il semblerait résulter que l'acquisition pure et simple
d'un immeuble est elle-même un moyen d'acquérir d'autres objets que cet immeuble. Mais
ce serait mal raisonner ; ces accessoires ne sont
pas acquis par l'effet du contrat comme choses distinctes, ils sont devenus accessoires
avant le contrat, avant le contrat ils faisaient
partie de la chose acquise. Ils passent dans les
mains de l'acquéreur comme une partie même
de cette chose, avec laquelle ils ne font qu'un

seul et même tout, et ce seul et même tout est acquis en vertu du contrat ; cela est si vrai qu'il n'y a pas besoin de stipulation spéciale à leur égard. Le droit d'accession a pour but de déterminer comment ces objets sont devenus accessoires, comment ils ont été acquis *vi ac potestate rei*. Parmi les accessoires de l'immeuble acquis sont compris et les objets qui le sont devenus par droit d'accession, et ceux qui le sont devenus par la simple destination de celui qui était propriétaire à la fois et de l'immeuble et de l'objet consacré à l'usage de l'immeuble.

537. L'art. 564 (C. civ.) énonce un mode tout spécial d'acquérir par doit d'accession certaines choses meubles de leur nature ; il est ainsi conçu : « Les pigeons, lapins, poissons, qui passent dans un autre colombier, garenne ou étang, appartiennent au propriétaire de ces objets, pourvu qu'ils n'y aient point été attirés par fraude et artifice. » En effet, dans l'espèce il n'y a et ne peut y avoir en réalité incorporation, il ne peut y avoir confusion de manière à ne former qu'un seul et même corps ; c'est là cependant le caractère que nous avons reconnu jusqu'ici dans l'acquisition d'un meuble par accession à un immeuble. Mais la diffé-

rence de caractère de cette espèce de meubles d'avec les meubles ordinaires est la source d'autres différences dans la manière, soit d'en acquérir la propriété, soit de la conserver ou de la perdre. Les pigeons, les lapins et les poissons sont d'une nature sauvage et conséquemment différente de celle de nos animaux domestiques, tels que canards, poules, oies. Et nous savons que les animaux sauvages ne nous appartiennent et que nous n'en conservons la propriété qu'autant qu'ils sont en notre pouvoir; car dès qu'ils nous échappent ou qu'ils ont perdu l'esprit de retour, ils deviennnent *res nullius*, et peuvent être acquis par toute personne sans qu'alors il y ait transmission de propriété, mais bien par cette raison qu'ils sont *extrà dominium*.

Lorsque les animaux sauvages sont soumis à notre possession, cette possession peut être immédiate, elle peut s'appliquer directement à chaque animal en particulier ou n'être que la conséquence d'une autre possession; dans le premier cas, la liberté de l'animal sera ordinairement restreinte, il sera possédé *per se* et comme chose mobilière; dans le second, il jouira d'une liberté plus étendue, et sa possession ou propriété sera la suite d'une autre possession ou propriété de la nature de laquelle il participera (art. 524). C'est par cette raison que les pigeons, mis dans une volière, les lapins, renfermés dans un clapier, et les poissons, placés dans un vivier, sont meubles; tandis que les pigeons des colombiers, les lapins des garennes et les poissons des étangs, étant *ferè in laxitate naturali*, ne sont possédés que par la possession de l'immeuble, et sont réputés immeubles comme lui.

Cela posé, il nous est facile de comprendre le mode d'acquisition de l'art. 564 : en effet, il n'y a pas acquisition de propriété par mon propre fait, mais toujours *vi ac potestate rei meæ*, c'est l'immeuble que je possède qui me fait acquérir la propriété et la possession des pigeons, des lapins et des poissons. Et le précédent propriétaire en a perdu la propriété, non pas tant parce qu'ils sont passés chez moi que parce qu'ils sont sortis de son pouvoir ou qu'ils ont perdu l'esprit de retour, alors je les acquiers plutôt comme choses *nullius* que comme choses soumises à un droit de propriété. Leur passage dans mon colombier, ma garenne ou mon étang est l'occasion de leur acquisition en ma faveur, mais c'est par cette raison qu'il est en même temps contre le précédent propriétaire une preuve qu'ils ont perdu l'esprit de retour ou échappé à sa possession. Enfin, je les acquiers parce que je les possède; mais cette possession n'est pas, comme nous venons de le dire, un fait de ma part; c'est parce qu'ils se sont, de leur propre mouvement, transportés sur mon immeuble, qu'ils y ont pour toujours établi leur demeure et qu'ils y puisent leur existence, qu'ils sont possédés par moi, par l'intermédiaire de mon immeuble. Aussi la possession à laquelle ils sont soumis les laisse-t-elle *in laxitate naturali*, ils ne sont pas possédés *per se*. C'est par cette raison et dans ce sens qu'ils deviennent et qu'ils sont réputés accessoires de cet immeuble, qu'ils en font partie ou qu'ils ne font qu'un seul et même tout avec lui, et que je possède, non pas un colombier et des pigeons, mais un seul objet, un colombier peuplé de pigeons.

538. Mais lorsque j'ai attiré ces animaux par fraude et artifice, la prise de possession n'est que l'œuvre de mon fait, et l'on ne saurait dire que c'est *vi ac potestate rei meæ*, que c'est par la propriété du fonds que je les ai acquis. Ce

n'est pas de leur propre mouvement qu'ils ont échappé à la possession de leur propriétaire, ou qu'ils ont perdu l'esprit de retour; aussi le propriétaire n'a pas perdu ses droits et les animaux n'ont pas été acquis, comme choses *nullius*, celui qui s'en est emparé possède la chose d'autrui. Certainement il restera par le fait propriétaire de ces animaux, mais c'est parce que l'action en revendication n'est pas praticable, alors l'action du propriétaire dépossédé se réduit à une action *in factum*, résultant du dol pratiqué à son préjudice (art. 564)[1].

539. Ce que nous venons de dire des pigeons, lapins et poissons s'applique de même aux lièvres, cerfs et chevreuils, et autres animaux *renfermés dans des parcs et enclos;* ils sont alors, comme nous l'avons dit au titre *de la Chasse*, l'objet d'une propriété qui s'acquiert, se conserve et se perd de même que celle des pigeons, lapins et poissons, car ils sont de même nature [2].

---

(1) V. Encyclop. du droit, *verbo.* —Accession.

(2) Duranton, t. 4ᵉ, n. 428, 429; Pothier, *propriété*, n. 166 et suiv.

§ 2. *Du Droit d'accession relativement aux choses mobilières.*

540. Ce genre d'accession reçoit peu d'application dans la pratique, soit parce que les circonstances qui constituent cette manière d'acquérir se réunissent rarement, soit parce que, lorsqu'elles sont réunies, leur effet est, dans la plupart des cas, neutralisé par un autre principe. En effet, toutes les fois que la maxime *en fait de meubles possession vaut titre* sera applicable, la question de propriété ne sera pas décidée par des considérations de principal et d'accessoire. Nous renvoyons à ce que nous avons dit précédemment sur ce sujet aux nos 513 et suivants, où, cherchant dans quelles circonstances la possession d'un objet mobilier était séparée de la propriété et pouvait cependant faire acquérir les fruits, nous avons cru utile, pour ne pas nous répéter, d'établir en même temps dans quelles circonstances la possession n'équivalant pas à la propriété, il y avait lieu de décider, suivant les règles de l'accession, la question de propriété de deux objets mobiliers unis et appartenant à différents propriétaires.

Quoique cette manière d'acquérir ait perdu de son importance sous notre législation, cependant elle mérite encore l'étude du jurisconsulte par cela même qu'elle peut être encore utile dans certains cas.

541. L'union de deux objets mobiliers, faite dans un but d'utilité, ne peut être détruite sans anéantir cette utilité, ou autrement dit, le produit nouveau qui en résulte; ce serait alors une destruction de valeur dont ne profiterait aucun des propriétaires des deux objets unis. Le législateur dans sa sagesse devait éviter un pareil résultat, car il doit agir dans un but de conservation et non de destruction, sans s'inquiéter des motifs qui ont dirigé la conduite du créateur du produit; ces motifs auraient pu faire varier les règles sur l'attribution du produit, mais son existence doit être respectée : telles sont les raisons qui ont dicté les règles sur l'accession de deux ou plusieurs choses mobilières, et font, *sans le consentement du propriétaire*, passer l'objet qui lui appartient dans le domaine du propriétaire de l'objet auquel il est uni.

En effet, l'art et l'industrie manifestent leur puissance, même dans l'union de deux objets corporels , et si cette puissance n'est pas assez grande pour entraîner la propriété des objets avec elle , du moins tous ses effets ne sont pas détruits , l'union est maintenue , le produit est conservé. A l'aide des progrès de la civilisation , l'art et l'industrie ont acquis leurs droits , et se sont élevés au rang de la propriété ; ce n'est plus par exception que ces droits leur sont accordés , mais en vertu de règles positives et de droit commun. Cette considération nous révèle les raisons de différence qui distinguent nos règles sur l'accession des choses mobilières des règles prescrites par le droit romain. En effet, dans cette dernière législation, l'art et l'industrie le cédaient presque toujours à la propriété des objets qui avaient reçu d'eux une valeur et une nouvelle forme ; cette infériorité se remarquait dans la différence de protection qui leur était accordée. L'art et l'industrie étaient en général , non-seulement incapables d'entraîner avec eux la propriété du produit, mais ils ne pouvaient pas même conserver son existence ; car, comme le dit M. Duranton [1], si , suivant

---

(1) T. 4ᵉ, n. 432.

le § 26 *de rer. div.*, je deviens, par droit
d'accession, propriétaire de la pourpre d'autrui unie à mon habit, parce que, alors,
extinctæ res vindicari non possunt ; d'autre
part, suivant la L. 28, § 5 ff. *de rei vind.*,
§ 2 ff. *ad exhibend.*, le maître de la pourpre,
qui n'a point consenti à ce qu'elle fût unie à
mon vêtement, peut agir contre moi par l'action appelée *adex hibendum*, pour *l'en faire
détacher*. Et le principe de l'accession n'exer-
çant plus alors son empire, il a l'action en revendication, comme si l'accession n'avait jamais eu lieu ; tellement que cette prétendue
manière d'acquérir la propriété de la chose
accessoire se réduisait, comme on le voit, à
un vain simulacre, à une pure forme de procédure.

Il en était de même dans tous les cas où la
chose nnie pouvait être séparée [1], il n'y avait
exception que dans trois cas : celui où les matériaux d'autrui étaient entrés dans ma construction, celui où sa plante avait pris racine
dans mon fonds, et celui où par le moyen de
la soudure, du genre de celle nommée *ferru-*

____

[1] Vinnius, § 26, n. 3, *in fine.*

minatione [1], la chose avait été unie à la mienne ; par exemple : un bras à ma statue, parce que, comme le dit la L. 23 ff. *de rei vind. tota statua uno spiritu continetur.* L'art et l'industrie, avons-nous dit, suivaient presque toujours la propriété des objets façonnés, cependant, c'était là le sujet d'une controverse entre deux sectes de jurisconsultes, les Sabiniens et les Proculéiens. Les premiers voulaient que le produit appartînt au maître de la matière ; les seconds, qu'il fût à celui qui avait donné la forme [2]. Mais cette dernière opinion prenait moins sa source dans l'intérêt des arts et de l'industrie que dans des principes philosophiques dont elle était une conséquence rigoureuse.

C'était, en effet, un des principes de la philosophie stoïcienne que *forma dat esse rei*, que le changement de forme, en créant un nouvel être, détruisait celui qui le précédait ; et la conséquence de ce principe était poussée si loin, que la matière était absorbée entièrement dans la forme, qu'elle était considérée

---

(1) Voët, n. 27.
(2) Iust., § 25, de rer. div.

comme anéantie, *mutatâ formâ propè inte-rimit substantiam rei, dùm incipit quod non erat, desinit esse quod fuerat* [1]. Alors, ajoute Vinnius, *materiæ quæ extincta sit nullam ratio-nem haberi posse* [2].

Le moyen terme, pris par Justinien entre ces deux opinions, vient lui-même justifier notre observation, car la matière l'emportait toutes les fois que la chose, en perdant sa forme, aurait pu revenir à son état primitif ; de sorte qu'une statue de bronze, ou autre métal plus ou moins précieux, quelque fût sa valeur et sa perfection, appartenait toujours au maître de la matière. Et voici la raison qu'en donne Vinnius (loc. cit.) : *Neque cùm manente materia forma rei externa tantùm mu-tatur, idque quod factum est, in sua initia sive ad rudem materiam reduci potest ; rationem naturalem non pati, ut cùm Proculo dica-mus, rem eam nunc primùm existere, ac propterea fieri occupantis : sed necesse est, ut sequatur vires et conditionem materiæ, quæ potenter manet* [3]. Mais lorsque la chose ne

---

(1) L. 9, § 3, ff. ad exhib.
(2) Vinnius, § 25, n. 3.
(3) L. *in omnibus* 24 *de acq dom.*

pouvait reprendre sa première forme, on donnait la préférence à la forme, par les raisons exposées par le même jurisconsulte, qui continue en ces termes : *At ubi materia consumitur atque extinguitur, quod nostri semper fieri intelligunt, cùm species facta ad pristinam materiam reverti non potest, nullam materiæ, quæ esse desiit, aut prioris domini, cujus in hâc specie nihil est, cum Sabino rationem haberi posse : sed novæ duntaxat speciei, ejusque, cujus facto ea in rerum natura esse cæpit.*

L'art et l'industrie étaient de si peu de considération dans l'attribution de la propriété, que leurs produits pouvaient devenir l'accessoire d'une vile matière. En effet, peu importait leur valeur et leur perfection; s'ils ne pouvaient subsister par eux-mêmes et sans le secours de la chose par laquelle ils se manifestaient, telles que l'écriture et la peinture, ils ne pouvaient être réputés parties principales.

L'écriture et la peinture adhèrent au papier ou au tableau *ità, ut iis quasi basibus innitantur, sine iis esse non possunt,* c'était là une règle commune à toutes les accessions de ce genre [1].

______

[1] Instit. de rer. div., § 33.

Cependant Justinien fit une exception à cette règle en faveur de la peinture, mais ce n'était que *propter excelentiam artis*, et il n'était pas permis de l'étendre à d'autres cas.

Les principes de notre droit sur l'accession des choses mobilières sont plus conformes à la justice et à la raison. Ce n'est pas, en effet, par des idées de physique ou de métaphysique *seules* que les questions qui peuvent être agitées sur ce sujet doivent être décidées, car la rigidité de leurs solutions pourrait compromettre des intérêts que le législateur doit ménager. Une sage économie demandait la conservation du produit, le maintien de l'union ; aussi l'action *ad exhibendum* est-elle une exception dans notre droit, et ne doit-elle être exercée que dans un cas où la supériorité de la valeur de la chose unie sur celle à laquelle elle est unie l'emporte sur l'inconvénient de la séparation (art. 568). La justice commandait que lorque le sacrifice de la propriété est nécessaire de part ou d'autre, il fut fait par le propriétaire de l'objet de moindre valeur. L'appréciation de la valeur relative des objets était donc nécessaire, et elle l'est en effet toutes les fois que l'usage ou la destination de chaque objet dans leurs rapports réciproques n'est pas assez manifeste. La qualité d'accessoire ne pourrait-elle même être refusée à un objet, il serait encore utile d'apprécier sa valeur relative pour voir si le propriétaire peut user du bénéfice de l'art. 568. Si la destination bien connue d'un objet le fait réputer accessoire, quelle que soit sa valeur, néanmoins, lorsqu'elle est équivoque et que l'objet ne saurait être rangé dans une position de dépendance, la supériorité de sa valeur pourra le faire réputer principal; sans que nous ayons besoin de distinguer entre la diversité de nature des objets unis, sans nous inquiéter si c'est la forme qui doit le céder à la matière ou la matière à la forme, sans avoir recours à ces subtilités philosophiques qui ne pouvaient concéder à l'industrie ses droits qu'en réputant la matière anéantie. Il suffit à nous que l'art ait donné de la valeur à la matière, et pour déterminer l'attribution du produit, nous n'avons qu'à comparer les deux valeurs et l'accorder à celle qui a pour elle la supériorité voulue par la loi. Le même principe nous fait rejeter aussi, dans l'intérêt de l'art, de l'industrie et de la science, cette autre doctrine du droit romain qui réputait toujours chose principale celle qui pouvait subsister par elle-même, et chose accessoire celle qui ne pouvait se produire qu'à l'aide d'une autre. Ces qualifications sont dans notre droit aussi bien un effet de l'appréciation réciproque de leurs valeurs que de leur destination particulière ; la peinture et l'écriture sont en effet presque toujours supérieures en valeur à la toile ou au papier nécessaire à leur manifestation.

L'attribution de la propriété, dans ces diverses espèces, dépend donc en général de l'appréciation de la valeur respective des objets ; il n'y a, comme nous venons de le dire, exception (exception qui peut être neutralisée par l'art. 568) que lorsque, dans des cas rares, l'objet supérieur en valeur a été manifestement destiné à l'usage et à l'ornement de celui auquel il est uni. Alors il est vrai de dire que, dans cette circonstance, l'attribution de la propriété ne dépend pas de la valeur respective des objets, mais de la destination de l'un envers l'autre ; nous verrons plus bas cette exception ainsi que d'autres qui pourraient se présenter.

Néanmoins, à part ces différences, la plupart de nos règles sur l'accession sont puisées dans le droit romain [1].

542. Les rédacteurs du Code commencent par proclamer que le droit d'accession, quand il a pour objet deux choses mobilières, appartenant à deux maîtres différents, *est entièrement subordonné aux principes de l'équité naturelle*. Si l'on devait suivre ce principe d'une manière absolue, l'on devrait conclure qu'il n'y a dans notre droit sur cette matière aucune disposition *légale* ou *obligatoire;* que celles qui ont été insérées dans notre Code ne doivent être considérées que comme de simples préceptes que l'on peut consulter, mais que l'on n'est pas obligé de suivre. Alors il serait vrai de dire que se livrer à l'interprétation de pareilles dispositions, ce serait mettre la main à une œuvre qui ne doit rapporter aucun fruit; car que sert-il de tracer des règles qui ne sont pas obligatoires et auxquelles on pourra toujours substituer d'autres règles puisées à une autre source? Et cette source n'étant pas autre chose que la conscience ou la manière d'apprécier de chaque individu appelé à porter une

---

(1) V. n. 571 *in fine*.

décision, ce qui serait une règle pour l'un pourrait n'avoir aucune force obligatoire pour l'autre, car chacun est appréciateur souverain de ce qui est du domaine de sa conscience ; de là, autant de sentiments divers que d'individus; de là une diversité de jurisprudence substituée à son unité ; de là enfin, l'arbitraire de l'individu substitué à l'arbitraire de la loi. Aussi, il y a long-temps que l'on répète que la pire des lois est celle qui laisse le plus à l'arbitraire du juge.

Mais ce n'est pas en ce sens que l'on doit entendre le principe de l'art. 546 ; nous avons, en effet, en matière d'accession de choses mobilières, des règles positives et obligatoires, des dispositions légales, en un mot, qui ne laissent rien à l'arbitraire du juge pour les cas qu'elles prévoient, et qui doivent être appliquées toutes les fois que les circonstances prévues par elles sont réunies. Le juge ne peut alors s'en écarter sans violer la loi et sans exposer son jugement à la censure de la cour suprême.

Les dispositions des art. 566 et suivants sont de véritables dispositions légales et non de simples préceptes ; les considérer autrement ce serait enlever à la loi son autorité et sa dignité. L'art. 565 a voulu dire seulement que si l'espèce soumise à la décision du juge n'est pas prévue par une disposition légale, ou si elle diffère dans quelques rapports de celles prévues, alors il sera permis au juge d'aller puiser ses raisons de décider dans les inspirations de sa conscience; et même encore dans cette circonstance, le législateur a borné sa liberté. Ne pouvant prévoir en effet toutes les diverses espèces particulières, il n'a pu que poser des règles générales et ordonner que si l'espèce n'a pas été prévue spécialement par lui, elle fut décidée, du moins, suivant les principes des règles promulgées; corrigeant donc ce que le principe qu'il avait commencé par poser avait de trop absolu, il continue ainsi dans le même article : « Les règles suivantes (celles des art. 566 et suiv.) serviront d'exemple au juge pour se déterminer, dans les cas *non prévus*, suivant les circonstances particulières. » Cette recommandation du législateur n'a bien ici, il est vrai, que l'effet d'un simple précepte ou conseil; aussi le jugement qui ne l'aurait pas respectée pourrait bien être réformé en appel comme un mal jugé, mais il ne saurait être cassé pour violation de la loi. Néanmoins de cette recommandation faite au juge de décider les cas *non prévus* en prenant pour exemple les règles établies, nous sommes autorisés à conclure qu'il est obligé *à fortiori* de décider les cas *prévus* conformément aux règles prescrites par le législateur. L'ambiguité de l'art. 565 ne provient que d'une interversion dans l'ordre des idées, les rédacteurs du Code ne devaient pas présenter comme principe fondamental de la matière, et pour tous les cas prévus ou non prévus, un principe qui ne devait régir que ces derniers [1].

543. L'union de deux objets mobiliers est une union artificielle (art. 546), parce qu'elle résulte de notre propre fait, cependant ce fait n'est pas considéré ici comme une manière d'acquérir ; car, ou il a eu pour objet l'union de deux choses corporelles, alors on considère quelle est celle qui doit entraîner avec elle la propriété de l'autre, ou il a eu pour objet la création d'une valeur à une chose, alors la valeur ou la nouvelle forme donnée à la chose est considérée comme un objet distinct

____

[1] Duranton, t. 4ᵉ, n. 430 et 431.

de la matière et appartenant à celui qui l'a créé, et, suivant la proportion de valeur de ces deux objets, l'un entraîne la propriété de l'autre. Dans l'un et l'autre cas, c'est toujours par droit d'accession que la propriété est acquise.

544. L'union de deux objets corporels peut être plus ou moins intime, chaque objet, en adhérant aux uns et aux autres, peut conserver son existence individuelle, distincte et entière, alors il n'y a qu'une *adjonction* ou bien *simple mélange* ou plutôt *commixtion*. L'union de divers objets peut avoir amené la dissolution de leurs existences individuelles les unes dans les autres, cette espèce est aussi comprise sous le nom général de *mélange*, mais elle est proprement nommée *confusion*. Si l'union n'a pas eu pour objet deux ou plusieurs choses corporelles et qu'elle ne consiste que dans l'union de la matière à la forme, elle se nomme alors *spécification*. Nous traiterons donc successivement de l'adjonction, du mélange et de la spécification, et dans un dernier article des dispositions qui leur sont communes.

Art. 1ᵉʳ. *De l'Adjonction.*

545. L'adjonction est l'union de deux objets corporels, de manière à ne former qu'un seul corps, quoique chaque objet uni conserve son existence propre et distincte : ce caractère ne peut appartenir qu'aux corps à l'état solide.

546. L'art. 566 règle en cette circonstance l'attribution de la propriété quand les deux objets unis appartiennent à deux maîtres différents; il est ainsi conçu : « Lorsque deux choses appartenant à différents maîtres, qui ont été unies de manière à former un tout, sont néanmoins séparables, en sorte que l'une peut subsister sans l'autre, le tout appartient au maître de la chose qui forme la partie principale, à la charge de payer à l'autre la valeur de la chose qui a été unie. » Il est évident, dit M. Duranton [1], que le terme *néanmoins* employé dans cet article, et qui semble exprimer la condition que les choses soient séparables pour que la règle soit applicable, ne

___

[1] T. 4ᵉ, n. 435.

rend pas la pensée de la loi ; car, si, même dans ce cas, le principe de l'accession exerce son empire, à combien plus forte raison doit-il l'exercer lorsque les choses ne sont pas séparables sans inconvénient, ou ne le sont pas du tout. Il faut donc lui substituer ceux-ci : « *Quoique séparables.* »

Cette correction nous paraît conforme à l'esprit de la loi ; mais qu'on l'adopte ou non, il n'en sortira pas moins des termes mêmes de l'article une preuve irrécusable du rejet de la doctrine du droit romain qui permettait, dans presque toutes les circonstances, que les objets fussent désunis ou détachés, quelque fût le possesseur et même le dommage qui pouvait en résulter [1].

547. Maintenant, lors même que les objets pourraient être séparés sans inconvénient et que chacun pourrait subsister l'un sans l'autre, le droit de propriété sur chaque objet serait impuissant pour amener ce résultat et ne saurait prévaloir devant l'existence des nouveaux droits, qui ont leur origine dans l'union réciproque des deux objets.

---

[1] § 26, Vinnius, n. 4 et 5.

548. Cette manière d'acquérir ne dépend pas de la bonne ou de la mauvaise foi de celui qui a fait l'union, son fait et la moralité de ce fait sont indifférents dans cette circonstance, c'est ce que prouve l'art. 577. L'acquisition est l'effet de la force et de la puissance de sa chose, mais seulement lorsqu'elle doit être considérée comme *partie principale ;* car si telle n'était pas sa qualité, elle suivrait la propriété de celle qui la réunit, sauf l'indemnité qui doit lui être accordée, soit qu'il fût de bonne ou de mauvaise foi en unissant sa chose à celle d'autrui, soit qu'il fût ou non encore détenteur. Si le produit de l'union était encore en ses mains, il pourrait le retenir jusqu'au paiement de l'indemnité ; s'il était sorti de sa possession, il pourrait seulement actionner pour s'en faire payer la valeur. Cette indemnité serait due, *à fortiori*, si la chose avait été unie, à l'insçu de son propriétaire, à la chose d'autrui ; l'art. 566 ne fait aucune distinction entre ces diverses espèces.

549. Il est conforme à la raison que la chose principale entraîne avec elle la propriété de la chose accessoire ; mais parmi les diverses parties qui composent un seul et

même corps, quelle est celle que l'on doit considérer comme principale? L'art. 567 répond à cette question : « Est réputée partie principale celle à laquelle l'autre n'a été unie que pour l'usage, l'ornement ou le complément de la première. »

Il arrivera ordinairement que la partie principale sera celle qui sera la plus considérable en valeur; cependant il est vrai de dire que le législateur n'a pas fait dépendre ici cette qualité du prix de la chose, et que même l'accessoire peut être d'un plus haut prix que le principal et ne tenir cette qualité que de sa destination. Un objet sera regardé comme accessoire d'un autre : 1° s'il ne lui a été uni que comme complément ; par exemple : si c'est un bras ou un pied uni au corps d'une statue, une anse à un vase, une boîte à un mouvement de montre, etc. ; 2° s'il lui a été uni comme ornement, par exemple : une pierre précieuse enchassée dans un anneau, des galons cousus aux habits, etc. ; 3° s'il n'est destiné qu'à son usage, par exemple: le papier à l'écriture, la toile à la peinture. Les Romains s'attachant scrupuleusement au principe de la L. 25, § 3 *rei vind.*, ainsi conçu : *Necesse est ei rei cedi quod sine illâ esse non potest*, ont exprimé une opinion directement contraire et décidaient[1] que si l'écriture, *licèt litteræ aureæ sint*, et serait-elle même destinée à reproduire des œuvres de poésie, une histoire ou un discours, avait été inscrite sur le papier d'autrui, la propriété de l'ouvrage n'appartiendrait pas à l'écrivain, mais au propriétaire du papier, sauf indemnité. Par cette raison que l'écriture ne pouvait subsister sans le papier, tandis que le papier pouvait subsister sans l'écriture; en cela l'écriture était assimilée aux choses qui ne peuvent exister sans s'appuyer sur une base solide. Aussi le § 33 *aux inst. de rer. div.* arrive-t-il immédiatement après les paragraphes qui traitent des choses *quæ solo cedunt*, et le mot *quoque*, second mot de son texte, établit la liaison de ce paragraphe avec les précédents. Les mêmes raisons faisaient décider que le tableau (§ 34) appartenait au maître de la toile et non pas au peintre. Cependant Gaius, et après lui Justinien, ont bien voulu, *propter excellentiam artis*, faire exception à la règle générale en faveur de la pein-

---

[1] § 33, instit. de rer. div.

ture. Les Romains, dans ces circonstances, pour être fidèles à un principe vrai dans un sens, lui sacrifiaient la justice et la raison qui doivent toujours être les guides des législateurs. Ne serait-il pas injuste et absurde qu'un de nos célèbres écrivains fût dépouillé de l'œuvre de son génie et du fruit de ses veilles et méditations, parce qu'il aurait consigné ses réflexions sur un cahier de papier qu'il croyait ou non lui appartenir? Dans notre droit, le papier et la toile sont de si peu de considération que lors même qu'ils ne reproduiraient que l'œuvre d'un écrivain ou d'un peintre médiocre, ou même une simple copie, ils ne sauraient entraîner la propriété de l'œuvre. Leur destination est d'ailleurs manifestement celle d'être employés *à l'usage* de l'écrivain ou du peintre, et, sous ce rapport encore, ils doivent sans aucun doute recevoir la qualité d'accessoires, conformément à l'art. 567 ; sauf, nous le répétons, indemnité au profit du maître du papier ou de la toile[1].

550. Cependant si la peinture et l'écriture ont été faites sur une chose qui ne puisse être

---

(1) Duranton, t. 4e, n. 436, 437.

enlevée, par exemple : sur un mur ou un plafond, alors elles sont attachées pour toujours à cette partie de l'immeuble et en suivent la propriété, d'abord, par cette raison qu'il y a adhérence naturelle, et qu'ensuite elles ne peuvent être détachées sans être détruites. Elles ne peuvent alors être considérées que comme décoration ou amélioration [1].

551. Si parmi les diverses parties d'un tout, on ne peut à l'aide des règles de l'art. 567 reconnaître quelle est la principale, on doit avoir alors recours aux règles de l'art. 569, ainsi conçu : « Si de deux choses unies pour former un seul tout, l'une ne peut point être regardée comme l'accessoire de l'autre, celle-là est réputée principale qui est la plus considérable en valeur, ou en volume, si les valeurs sont à peu près égales. » Et nous ajouterons avec M. Duranton [2], si tout était égal entre elles, il y aurait simplement communauté. On doit avoir recours à l'estimation des valeurs avant de considérer les volumes, l'art. 569 a dérogé

---

(1) Duranton, n. 438 ; Voët, n. 26 de acq. dom.
(2) N° 440.

en cela à la L. **27**, § **2**, *de acq. rer. dom. ff.* [1].

552. Mais si la valeur n'est qu'un moyen secondaire de décider la question de propriété, cependant elle peut être une occasion de neutraliser la règle principale prescrite par l'art. 567. En effet, il y a une exception faite à cet article, une circonstance où l'accessoire ne suivra pas la propriété du principal malgré la volonté du propriétaire de ce dernier, c'est celle prévue par l'art. 568, ainsi conçu :

« Néanmoins, quand la chose unie est beaucoup plus précieuse que la chose principale, et quand elle a été employée à l'insçu du propriétaire, celui-ci peut demander que la chose unie soit séparée pour lui être rendue, même quand il pourrait en résulter quelque dégradation de la chose à laquelle elle a été jointe. »

C'est là proprement une action semblable à l'action *ad exhibendum* des Romains, mais chez nous elle n'est qu'une exception, et cette exception est encore soumise à deux conditions : 1° que la chose accessoire soit *beaucoup plus précieuse* que la chose principale, tel serait un diamant enchassé dans le pommeau

---

(1) Pothier, *propriété*, n. 164, 3ᵉ règle.

d'une épée ou dans le chaton d'un anneau ;
2° que cet accessoire ait été uni à l'insçu du
propriétaire ; car s'il avait été uni d'après son
consentement, la question de propriété ne serait pas décidée par les règles du droit que
nous exposons actuellement, il y aurait simplement communauté dans les proportions
réglées par la convention des parties, ou, à défaut de convention, par la décision du juge [1].

Art. 2. *Du Mélange.*

553. Le mot *mélange* comprend généralement la réunion de choses de semblable ou
diverse nature, soit qu'il n'y ait entre elles
qu'un simple contact par les parties extérieures, soit même qu'elles fassent partie seulement d'un même corps, considéré comme universalité, soit que l'union des diverses choses
fût si intime, qu'elles soient confondues les
unes dans les autres.

On peut donner pour exemple du premier
cas, le mélange des grains et autres choses
sèches ou à l'état solide ; pour exemple du se-

____

(1) Duranton, n. 439 ; Encyclopédic du droit, n. 37.

cond, le mélange de deux troupeaux; pour exemple du troisième, le mélange des choses liquides naturellement ou rendues liquides.

554. Dans les deux premiers cas, chaque objet conserve son existence propre, entière et séparée, et le mélange prend alors le nom particulier de *commixtion*.

Dans le dernier cas, l'union de chaque particule qui compose un objet avec les particules qui composent l'autre objet, et réciproquement, l'union de chaque particule de ce dernier objet avec les particules du premier, amenant la fusion réciproque de chaque corps l'un dans l'autre, se nomme proprement *confusion*. *Confundi propriè res dicuntur, quœ ità permicentur, ut una ingrediatur alteram, et vicissim alterius partem in se recipiat* [1].

555. Les Romains distinguaient soigneusement la confusion de la commixtion; et en effet, de la confusion pouvait résulter un état de communauté (§ 27), mais la commixtion produite *fortuito casu*, ou par le fait seul d'un des propriétaires, ne rendait pas le mélange commun (§ 28). Aussi Vinnius s'exprime-t-il

---

[1] Vinnius, § 27, de rer. div.

ainsi dans ce dernier paragraphe : « *Commix-*
tionis nunquàm ea vis est, ut per eam potestate
rei nostræ aliena nobis adquirantur, sive diffi-
cilis sit corporum separatio, sive non sit : cùm
neutro modo fiat, ut aliquid sit in meo aut alieno,
quod alterum ad se naturæ necessitate trahat. »
Nous ne saurions suivre cettre doctrine en présence de l'art. 573; et la seule utilité qu'il peut
y avoir encore dans notre droit à distinguer
la commixtion de la confusion, c'est qu'ordinairement les choses qui font l'objet de la commixtion sont, en vertu de leur nature et de la
conservation intègre de cette nature, plus faciles à distinguer et à être séparés, ce qui pré-
viendra l'état de communauté.

556. « Le cas de mélange, dit M. De-
mante [1], diffère de l'adjonction en ce qu'au lieu
d'individus unis, ce sont des matières qui sont
confondues ; il paraît différer toujours de la
spécification, en ce point que la formation de
la chose provenue du mélange ne suppose
aucune industrie. »

557. Voyons maintenant dans quelles cir-

____

(1) V. n. 576.

constances le mélange est une occasion d'acquérir la propriété d'autrui :

« Lorsqu'une chose a été formée par le mélange de plusieurs matières appartenant à différents propriétaires, mais dont aucune ne peut être regardée comme la matière principale, si les matières peuvent être séparées, celui à l'insçu duquel les matières ont été mélangées peut en demander la division. Si les matières ne peuvent pas être séparées sans inconvénient, ils en acquièrent en commun la propriété dans la proportion de la qualité et de la valeur des matières, appartenant à chacun d'eux (art. 573).

558. De ces termes de l'article, *mais dont aucune ne peut être regardée comme la matière principale*, il résulte clairement qu'il n'y a mélange suivant le Code que lorsque dans ce tout, *quod ex confusione fit*, on ne distingue pas une chose principale ; ce serait en effet le cas de l'adjonction. D'où l'on doit conclure, que dans le cas de mélange la propriété n'est pas attribuée suivant des considérations de principal et d'accessoire ; qu'en général la chose devient seulement commune et n'est pas attribuée exclusivement au propriétaire de

l'une des parties, comme dans le cas d'adjonction ; et que lors même qu'une des parties serait assez supérieure en valeur sur l'autre pour faire attribuer la propriété du tout à son propriétaire (art. 579), cependant elle ne pourrait être considérée comme chose principale, parce que la partie minime ne saurait être considérée comme destinée à son usage, son ornement ou son complément[1].

559. L'art. 573 soumet, en cette circonstance, l'exercice du droit d'accession à trois conditions : la chose provenue du mélange ne sera commune que : 1° lorsque le mélange aura été fait à l'insçu d'un des propriétaires. En effet, s'il avait été commandé par les deux propriétaires, l'état de communauté ne serait pas le résultat du mélange, mais bien de la volonté de chaque propriétaire, qui, en voulant faire participer le propriétaire de l'autre objet à la propriété de l'objet qui lui appartient, a voulu réciproquement participer à la propriété de l'objet qui ne lui appartient pas. On ne saurait dire en effet, dans cette circonstance, que cette manière d'acquérir est le fait seul du mé-

____

(1) Duranton, n. 444.

lange, on n'y reconnaît plus la seule action de la matière. La proportion de leurs droits sera alors déterminée par leurs conventions, qui pourront fort bien s'écarter de la valeur proportionnelle de chaque partie; à défaut de conventions sur ce sujet, cette proportion sera déterminée par le juge. 2° Lorsque les objets ne peuvent être séparés sans inconvénient; car toutes les fois qu'ils pourront l'être, chaque propriétaire a la faculté de réclamer sa chose en nature, tels seraient des troupeaux qui se seraient mélangés dans les champs. En effet, il n'y a plus alors cette union intime qui détruit les existences individuelles, et, en empêchant de les reconnaître, nécessite de les laisser en communauté.

560. L'inconvénient de la séparation est une des causes qui constitue les choses en communauté, quelque soit leur nature solide ou liquide ; car l'état de solidité des corps n'est plus une circonstance qui puisse s'opposer à leur acquisition. Ainsi la mesure de blé qui m'appartient et qui a été mêlée avec le blé de mon voisin est soumise aux mêmes conséquences *légales* que mon vin qui a été mélangé avec celui du même voisin. Car, quoique cha-

que grain conserve sa substance et son indi-
vidualité, par cela même qu'il y a impossibilité ou même simplement de l'inconvénient à
le reconnaître, il sort de la propriété particulière à laquelle il était soumis et devient commun, à l'instant même où il est mêlé avec ceux
d'autrui. Nous croyons que ce serait méconn-
naître l'esprit de l'art. 573 que de faire, en
cette circonstance, une distinction entre les
solides et les liquides, et de soutenir qu'à
l'imitation du droit romain (§ 28), les solides
restent après le mélange soumis à la propriété
particulière et à l'action en revendication, *in
rem*, nous n'accordons que l'action en partage.

561. La troisième condition est implicite;
les objets mélangés par l'un des propriétaires
à l'insçu de l'autre doivent être de même nature, par exemple : du vin à du vin, du blé à
du blé, le mélange est alors de même nature
que chaque chose particulière. Et en effet, si
chaque corps différait de nature, leur mélange
donnerait nécessairement naissance à une
chose d'une autre espèce, et ce serait, comme
nous le verrons plus bas, le cas de la spécification prévue par l'art. 572. Cependant cette
règle ne doit pas être prise dans un sens en-

II.   20

tièrement exclusif; en effet, la spécification suppose le fait de l'homme, un acte industriel de sa part, « tandis que le mélange diffère de la spécification, dit M. Demante, en ce point que la formation de la chose provenue du mélange ne suppose aucune industrie. » La formation de l'espèce nouvelle par le mélange de deux choses de nature diverse dû au pur hasard ne constitue qu'un simple mélange, un état de communauté si les choses ne peuvent être séparées ; ce ne peut être une spécification, car il n'y a aucun acte industriel, et ce qui est dû au hasard, personne ne peut le revendiquer comme spécificateur [1]. Aussi le § 27, *instit. de rer. div.*, dit-il formellement que dans cette circonstance il importe peu que la chose provenue du mélange soit de même ou diverse nature. Il ne peut en être autrement dans notre droit.

562. Le consentement du propriétaire à former un mélange, qui donnerait naissance à une espèce nouvelle, empêcherait aussi que la question de propriété fût décidée *jure specificationis*, elle le serait par leur convention

----

[1] Vinnius, § 27, n. 4 *in fine*.

(§ 27), et il importerait peu que les choses fussent ou non séparables.

563. Lorsque les trois conditions sont réunies, chaque propriétaire acquiert une partie de la chose d'autrui en échange de ce qu'il perd de la sienne propre, et cela *vi ac potestate rei cujusque, cogente naturâ rem unam mutuo trahere alteram* [1]. Alors la chose provenue du mélange, *id totum corpus, quod ex confusione fit,* devient commune, les différents propriétaires en acquièrent indivisément la propriété dans la proportion de la qualité et de la valeur des matières appartenant à chacun d'eux (573, § 2).

564. Cette acquisition a lieu à l'instant même où le mélange est fait ; en effet, c'est une manière d'acquérir par accession, c'est-à-dire par la seule force et puissance de notre chose, et l'on ne saurait sans arbitraire en ajourner la réalisation après la circonstance qui produit l'accession, c'est-à-dire l'union ou le mélange. Il n'y a pas de difficulté lorsque les choses unies sont d'une nature liquide, mais si elles sont solides, un auteur, M. Duranton [2], pa-

____

(1) Vinnius, n. 2.
(2) T. 4ᵉ, n. 441.

raît en attribuer l'acquisition à une circonstance autre que le mélange même, il s'exprime
ainsi à ce sujet : « Dans le mélange des solides, chaque chose conserve sa substance et
son corps séparé, même lorsque ce serait des
grains qui auraient été mêlés, en sorte qu'il
est vrai de dire, en principe, que cette espèce
de mélange n'est point par elle-même une manière d'acquérir la propriété ; ce sera le partage des choses qui la conférera réciproquement à chacune des parties, par un échange
de portion de celles qui appartenaient à l'un,
en retour de portion de celle de l'autre. Mais
comme ce mélange amène le partage, il est au
moins la cause, si non immédiate, du moins
médiate, de l'acquisition réciproque. » Suivant
le système de cet auteur, le mélange ne devrait pas être considéré comme une *manière
d'acquérir*, mais procurerait seulement *l'occasion* d'acquérir ; c'est dire, en d'autres termes,
que dans le mélange des solides le droit d'accession est inactif, qu'il n'est plus une manière d'acquérir. Mais alors quelle est donc
la signification des art. 573 et 574, pourquoi sont-ils placés dans la section où l'on acquiert les choses mobilières par droit d'acces-

sion? D'ailleurs est-il bien exact, dans notre droit, de dire que le partage confère réciproquement la propriété? n'est-il pas simplement déclaratif? et ne fait-il pas que rendre distincts des droits antérieurement confondus? Nous sommes donc bien loin de croire que cette opinion soit, comme il le dit, conforme aux principes, elle l'est en un point à la doctrine du droit romain (§ 28). Mais ce droit, plus conséquent que l'auteur, n'établissait pas alors de communauté, et en conservant la propriété individuelle, il conservait l'action qui l'accompagnait, l'action *in rem*, l'action en revendication, à la différence de ce qui arrivait dans le mélange des liquides, où chaque propriétaire n'avait plus que l'action *communi dividundo*, par la raison que ce qui, avant la confusion, appartenait à chacun *separatim*, après la confusion le même objet appartenait à chacun *conjunctim*. Notre droit ne faisant aucune distinction entre le mélange des solides et des liquides, si ce n'est sous le rapport de la facilité de les séparer, circonstance que l'on suppose impossible ici, et n'accordant qu'une *action en partage* (art. 573, 575), nous sommes autorisés à dire que c'est parce les uns et les autres, par leur mélange, ont produit une chose *commune*, ou autrement dit que les uns et les autres qui, avant le mélange, appartenaient à chacun *singulatim*, après le mélange appartiennent à chacun *conjunctim* [1].

565. Si la chose provenue du mélange ne peut se partager commodément et sans perte, elle doit se liciter au profit commun, et chacun des propriétaires a le droit de demander que les étrangers soient appelés à la licitation (art. 1687).

566. Il est cependant une circonstance où la chose provenue du mélange ne doit pas être partagée ni licitée, c'est l'espèce prévue par l'art. 574, ainsi conçu : « Si la matière, appartenant à l'un des propriétaires, était de beaucoup supérieure à l'autre par la quantité et le prix, en ce cas le propriétaire de la matière supérieure en valeur pourrait réclamer la chose provenue du mélange, en remboursant à l'autre la valeur de sa matière. » Dans cette circonstance, les droits du maître de la chose inférieure ont été considérés si peu importants,

---

(1) V. Pothier, *propriété*, n. 192 *in fine* ; les rédacteurs du Code ont réalisé ses désirs sur les trois points qu'il prévoit dans ce numéro.

qu'on a voulu éviter un état de communauté engendrant toujours des obligations réciproques et occasionnant souvent des frais, on a alors accordé la propriété du tout au maître de la chose, qui était de beaucoup supérieure par la quantité et le prix. La chose minime est sans doute acquise au propriétaire de la chose supérieure par la seule force de cette chose et à l'instant même du mélange, ce qui confirme ce que nous avons dit précédemment sur l'acquisition par le moyen et à l'instant du mélange.

Art. 3. *De la Spécification.*

567. La spécification, dans le sens grammatical, n'est pas autre chose que la confection d'un nouveau corps, *novæ speciei consectio*[1]. Mais comment la spécification peut-elle être une manière d'acquérir la propriété? La confection d'un nouveau corps, la création d'un nouvel être par la main de l'homme est le résultat d'un acte industriel; l'art, en façonnant la matière, lui donne une nouvelle forme,

---

[1] Voët, n. 21 de acq. rer. dom.

en fait un objet nouveau, par cela même différent, et cette forme, appropriée aux besoins
auxquels elle a été destinée, est elle-même une
valeur.

Que l'ouvrier façonne sa matière ou celle
d'autrui, de son travail fait dans un but d'utilité, il sortira toujours, il est vrai, une nouvelle valeur qui lui sera acquise, mais cette
acquisition sera le résultat de son propre fait,
elle sera le produit de son travail; nous ne
devons pas rechercher ici pourquoi le produit
du travail appartient à celui qui l'a créé, mais
comment le produit du travail, qui est alors
considéré comme chose existante, peut être
par lui-même, par sa seule force et puissance,
un moyen d'acquérir la propriété d'autrui.

En effet, il s'agit ici, comme dans les espèces précédentes, de la manière d'acquérir la
propriété d'autrui par accession; une condition nécessaire de cette acquisition est donc
l'union du produit du travail ou de la forme
à la matière d'autrui. Aussi la spécification,
considérée comme mode d'acquisition, est-
elle définie, une manière d'acquérir par la
formation d'une nouvelle espèce avec la ma-

tière d'autrui, *novæ speciei ex alienâ materiâ formatio* [1].

568. La spécification est une manière d'acquérir par accession ; il en était de même dans le droit romain, cependant quelques commentateurs voulaient que ce fût un mode d'acquisition par occupation : *Non enim*, dit Vinnius (§ 25), *nova illa species vi et potestate rei nostræ nobis adquiritur, cùm ex alienâ materiâ fiat; non ignorantibus nobis aut invitis : sed nostro ipsorum facto, qui rem alienam in aliam speciem transformavimus ; adeóque inconcinum est dicere, materiam accedere formæ, quoniam hæc illam, non illa hanc præsupponit.* Une pareille doctrine ne peut plus se soutenir en présence de l'art. 571. Le Code considère la nouvelle forme donnée à la matière comme une chose ayant une existence et une valeur réelles et distinctes de la matière, qu'elle n'anéantit pas, mais dont elle balance la valeur. Le lien qui l'attache indivisiblement à la matière n'est pas un obstacle à cette division morale nécessaire à l'appréciation des valeurs réciproques, et son existence incorporelle doit

---

(1) Vinnius, § 25 ; Duranton, n. 448.

aux yeux de la raison et de la loi obtenir les mêmes faveurs, avoir la même force et puissance que l'existence corporelle de la chose à laquelle elle est liée. Sans doute, cette manière d'acquérir a pour origine un fait de notre part, mais ce fait n'est qu'une cause médiate, c'est le produit de ce fait, la forme, qui est la cause immédiate ; cela est si vrai, que ce n'est que lorsque la propriété de la forme est séparée de la propriété de la matière qu'il y a lieu de décider qu'elle est celle qui doit emporter la propriété du tout.

569. La forme, disons-nous, est la cause immédiate de cette acquisition ; aussi est-il indifférent que l'ouvrier ait été de bonne ou de mauvaise foi en créant la forme, il suffit seulement qu'il ait eu l'intention d'acquérir, et qu'il ait travaillé en son nom. Cette proposition n'a pas besoin de preuve, en présence de l'art. 577 ; la bonne ou la mauvaise foi n'influe que sur l'action à laquelle on peut être soumis, sur la question des dommages-intérêts.

570. La spécification, considérée comme mode d'acquisition, est une manière d'acquérir la matière d'autrui par la forme qui lui a été donnée. La forme est alors considérée comme

chose principale, parce que dans ce genre d'accession à la différence de celui du mélange, la question de propriété se décide suivant des considérations de principal et d'accessoire, le corps entier est dévolu, en général, exclusivement à un seul, ce qui prévient l'état de communauté. Lorsque la forme créée par autrui est acquise au propriétaire de la matière, est-ce par droit de spécification? Il y a bien eu dans le fait spécification, c'est-à-dire changement de forme, amélioration de la chose, création de valeur ; mais lorsque dans l'attribution de la propriété la forme le cède à la matière, le propriétaire de cette matière n'acquiert pas la forme *jure specificationis*. Il n'est pas en effet spécificateur, cette création de valeur n'est pas le résultat de son travail et de son industrie, aussi est-ce par la force et puissance de sa matière que la forme lui est acquise, c'est parce qu'il est propriétaire de cette matière, c'est, en un mot, la seule conséquence de son droit de propriété préexistant. Aussi ne considère-t-on la spécification comme mode d'acquisition que lorsque la forme attire à elle la matière.

571. L'accession est l'origine et la cause

de ce mode d'acquisition; mais quel est le principe qui le régit? nous verrons ensuite les règles qui le mettent en action. Nous l'avons déjà dit au n° 541, les Sabiniens voulaient toujours que la forme fût attribuée au propriétaire de la matière, parce qu'ils pensaient qu'il était contraire à la raison naturelle, que ce que l'on avait fait de notre matière ne nous appartînt pas, et que sans cette matière on n'aurait pu créer la nouvelle forme, le nouveau corps, qui devait alors être considéré comme une simple modification de cette même matière.

Les Proculéiens, au contraire, soutenaient qu'après la spécification, la matière, considérée sous son ancienne forme, n'existait plus, qu'elle était éteinte, que la spécification avait créé un objet entièrement nouveau, qui ne pouvait appartenir à d'autre qu'à celui qui l'avait créé et qui en avait été le premier occupant.

D'autres jurisconsultes avaient émis une troisième opinion, c'est ce que nous atteste Gaius dans la L. 7, § 7, *de acq. rer. dom.*, et c'est celle que Justinien a adoptée dans ses Institutes, § 25, *de rer. div.* Elle n'était qu'un moyen terme, *media sententia*, entre les deux opinions précédentes ; elle consistait à adopter l'opinion des Sabiniens, si le nouvel objet pouvait reprendre sa première forme, parce qu'alors il n'y avait eu qu'une simple modification et la matière *manebat potenter*. Mais si l'objet ne pouvait revenir à sa première forme, on devait suivre l'opinion des Proculéiens, parce qu'alors la matière, considérée sous son ancienne forme, avait cessé d'être *desiit esse*, *consumitur*, *extinguitur*.

Cette opinion moyenne, avait cela de bizarre qu'une statue d'argent, ou autre métal, quelque fût sa perfection ou son prix, devait être attribuée au maître de la matière, tandis qu'une statue de marbre, de pierre ou de bois, serait-elle d'une médiocre valeur, appartenait au spécificateur.

Il est indifférent dans notre droit que le corps nouveau puisse ou non reprendre sa première forme (art. 570), l'attribution de la propriété du corps ne dépend plus de la solution de cette question. Cependant, suivant les circonstances, c'est la matière ou la forme qui l'emporte ; mais lorsque la forme entraîne la matière, ce n'est pas parce qu'elle a créé un objet entièrement nouveau, ce n'est pas parce que la matière est réputée éteinte; bien loin de là, c'est leur co-existence et l'indivisibilité de cette existence qui font rechercher quelle est celle qui doit entraîner la propriété du tout, ou autrement dit, quelle est la chose principale : le législateur du Code civil, pour reconnaître ce caractère, s'est attaché à la valeur réciproque des deux choses unies, c'est là en effet le principe dont il part pour attribuer la propriété au spécificateur (art. 571). La valeur cependant paraîtrait n'être qu'un moyen exceptionnel pour attribuer la propriété, la matière semble, en principe et de plein droit, être la chose principale (art. 570). Elle l'est en effet dans la généralité des cas ; mais si l'on regarde de près, on verra qu'elle ne tient plus ce caractère, comme le disaient les Sabiniens, parce qu'elle a conservé son existence et sa force, parce qu'elle n'a reçu qu'une simple modification, qui ne peut exister sans elle ; ce serait la considérer sous ses rapports physiques ; elle est, en général, réputée partie principale, parce que dans la généralité des cas, elle est la plus considérable en valeur. La fréquence des cas où cette circonstance se rencontre l'a fait élever au rang de présomption, et cette présomption est tout le fondement de l'art. 570. L'on conçoit en effet que lorsque le spécificateur et le propriétaire de la matière se prétendent exclusivement propriétaires du tout, l'on avancerait guère la solution de la question en prenant pour base de décision, ce principe que la forme n'est qu'une modification de la matière et qu'elle ne peut exister sans elle ; cette circonstance se rencontre dans toutes les questions de ce genre, et cependant elles ne se résolvent pas toutes de même. Pour la résoudre, il faudra trouver un caractère qui sera commun à l'une et à l'autre chose, une mesure commune, on sera obligé de chercher quelle est la valeur de l'une et quelle est la valeur de l'autre.

L'on conçoit de même que, dans la comparaison de ces deux valeurs, le législateur ait avantagé celle qui appartient à la matière ; il le devait, car on ne doit pas dépouiller facilement de sa propriété celui à qui on n'a à imputer aucun fait, aucune faute, aussi une infériorité minime ne peut le dépouiller de la propriété du tout (art. 571). Tandis que le spécificateur est souvent coupable de négligence, et même de mauvaise foi ; ou si on ne peut lui reprocher aucune faute de ce genre, la transmission de la valeur qui lui appartient procède néanmoins d'un fait de sa part, car c'est lui qui l'a attachée à une chose qui ne lui appartient pas ; aussi, pour qu'elle attire à elle la matière, faut-il qu'elle possède sur elle une supériorité importante (art. 571).

On peut objecter contre cette doctrine qu'il n'y a rien de plus naturel que ce qui a été fait avec notre matière nous appartienne, *nostrum est id quod ex re nostrâ factum est*, disaient les Sabiniens ; que c'est là une raison de tous les temps, et sans aucun doute un principe de droit ; que cependant, *propter equitatem*, le législateur moderne avait admis une exception en faveur des arts, et lorsque le prix du travail l'emportait de beaucoup sur le prix de la matière.

Mais que l'on considère, même sous le rapport du droit, la matière comme tenant de sa propre nature le caractère de chose principale, que l'on élève cette considération au rang d'un principe, auquel il est fait une exception par l'art. 571, il importe peu ; car les règles sur l'accession de la forme à la matière ou de la matière à la forme, n'en recevront pas moins leur application de la manière prescrite par le Code ; seulement la première opinion nous paraît plus en harmonie avec le système général de nos lois, et mieux se concilier avec l'égalité de rang et de droit que les diverses espèces de propriétés ont obtenu des progrès de la civilisation [1].

572. Quoi qu'il en soit, voici les articles du Code relatifs à cette matière :

« Si un artisan ou une personne quelconque a employé une matière qui ne lui appartenait pas, à former une chose d'une nouvelle espèce, soit que la matière puisse ou non reprendre sa première forme, celui qui en était le propriétaire a le droit de réclamer la chose qui en a été formée, en remboursant le prix de la main-d'œuvre (art. 570). »

Il ne s'agit pas, en effet, dans l'attribution de la propriété de la chose qui a reçu une nouvelle forme, si l'un plutôt que l'autre doit profiter de la chose ou de l'industrie d'autrui [2], mais quel est celui qui n'a droit qu'à une in-

____

(1) V. le numéro cité ci-dessus.
(2) Ducaurroy, instit. § 25, de rer. div.

demnité ; car l'équité ne souffre pas que l'on s'enrichisse au détriment d'autrui.

573. Et dans tous les cas où le propriétaire, dont la matière a été employée, à son insçu, à former une chose d'une autre espèce, peut réclamer la propriété de cette chose, il a encore le choix de demander la restitution de sa matière en même nature, qualité, poids, mesure et bonté, ou sa valeur (art. 576).

574. « Si cependant la main-d'œuvre était tellement importante qu'elle surpassât de beaucoup la valeur de la matière employée, l'industrie serait alors réputée la partie principale, et l'ouvrier aurait le droit de retenir la chose travaillée, en remboursant le prix de la matière au propriétaire, » qui peut encore avoir, suivant les cas, droit à des dommages-intérêts, comme il est dit à l'art. 577.

Le mot *retenir*, employé dans l'art. 571, n'exprime pas une condition nécessaire pour que l'ouvrier ait droit à la propriété de l'objet dans le cas prévu par l'article ; il aurait encore le droit d'agir pour se le faire rendre par le tiers, ou même par le propriétaire de la matière, qui le détiendrait précairement, car alors on ne pourrait opposer la maxime *en fait de meubles possession vaut titre.* Lui seul est, dans l'espèce, propriétaire, et a le droit de faire valoir ce titre par l'action en revendication[1].

575. « Lorsqu'une personne a employé en partie la matière qui lui appartenait, et en partie celle qui ne lui appartenait pas, à former une chose d'une espèce nouvelle, sans que ni l'une ni l'autre des deux matières soit entièrement détruite, mais de manière qu'elles ne puissent pas se séparer sans inconvénient, la chose est commune aux deux propriétaires, en raison, quant à l'un, de la matière qui lui appartient, quant à l'autre, en raison à la fois et de la matière qui lui appartenait et du prix de sa main-d'œuvre (art. 572). »

Si l'une des deux matières avait été entièrement détruite, le produit n'appartiendrait qu'à celui dont la chose subsiste, sauf indemnité en faveur du propriétaire de la matière détruite, qu'il fût ou non spécificateur ; pourvu cependant que lorsque c'est la chose du spécificateur qui a été détruite, il soit résulté de cette destruction une augmentation de valeur pour le produit.

---

[1] Duranton, n. 454, t. 4ᵉ.

576. Dans l'espèce de l'art. 572, il y a par le fait *mélange*, mais dans l'acception légale, c'est une spécification : 1° parce que les choses mélangées sont de nature diverse, puisqu'il en résulte une nouvelle espèce ; 2° parce qu'il y a dans ce mélange un acte industriel. Cependant, par la raison qu'il y a dans la réalité un mélange, cette espèce de spécification se rapproche sous plusieurs points de ce qui est appelé *mélange* par le Code ; elle emprunte plusieurs de ses dispositions légales. C'est pourquoi l'on ne cherche plus quelle est la chose principale, quelle chose est l'accessoire ; c'est par cette raison qu'il résulte de la réunion un état de communauté. Mais aussi cet état peut être prévenu toutes les fois que les choses seront séparables par des moyens chimiques ou autres, pourvu toutefois qu'il n'y ait pas inconvénient à le faire, dépréciation de valeur de l'une ou de l'autre des choses constitutives, ou bien consentement mutuel.

577. L'art. 572 décide formellement qu'il y a communauté dans l'hypothèse qu'il prévoit, mais il n'est applicable que dans les cas ordinaires, c'est-à-dire lorsque le prix de la main-d'œuvre est inférieur ou peu supérieur

au prix de la matière ; car s'il lui était supérieur de beaucoup, sans aucun doute il n'y aurait pas communauté, puisque le travail serait
alors réputé la partie principale et entraînerait la propriété de la matière. C'est ce qui ar-
riverait lors même que le spécificateur n'aurait
rien fourni, *à fortiori* s'il avait fourni une partie
des matières. Et l'on sent que, dans ce cas, il
ne serait pas nécessaire que le prix du travail
surpassât de beaucoup le prix de la matière,
car dans l'appréciation des droits réciproques
de chacun, on doit faire entrer la valeur de
la matière fournie par le spécificateur, ce qui
lui facilitera la supériorité de valeur voulue
par la loi pour qu'il acquière la propriété du
tout [1].

Art. 4. *Dispositions communes aux articles précédents.*

578. « Ceux qui auront employé des matières appartenant à d'autres, et à leur insçu, pourront aussi être condamnés à des dommages-
intérêts, s'il y a lieu, sans préjudice des pour-

------

[1] Duranton, n. 455.

suites par voie extraordinaire, si le cas y échet (art. 577). »

579. Celui qui emploie sciemment la chose d'autrui à son avantage particulier est coupable aux yeux de la morale et de la loi ; mais son action sera susceptible de peines plus ou moins graves suivant les circonstances : s'il a seulement employé la chose sachant qu'elle appartenait à autrui et sans s'enquérir de son consentement, il n'est coupable que d'un acte de mauvaise foi, qui le fera condamner à des dommages-intérêts dus au propriétaire, par cela même qu'il l'a privé de la souveraine disposition de sa chose, et peut être empêché de la consacrer à une destination à laquelle elle n'est plus propre.

580. Mais si celui qui a employé la chose l'a enlevée ou volée à son propriétaire, il sera passible de poursuites par voie extraordinaire, c'est-à-dire de peines corporelles, outre les indemnités prescrites et la restitution de la valeur de l'objet. L'art. 51 (C. pén.) est ainsi conçu : « Quand il y aura lieu à restitution, le coupable pourra être condamné, en outre, envers la partie lésée, si elle le requiert, à des indemnités, dont la détermination est laissée à la jus-

tice de la cour ou du tribunal, lorsque la loi ne les aura pas réglées, sans que la cour ou le tribunal puisse, du consentement même de ladite partie, en prononcer l'application à une œuvre quelconque. »

581. Nous croyons même que lorsqu'il n'y a aucune mauvaise foi à imputer à celui qui a employé la chose d'autrui, mais seulement un acte d'imprudence ou d'imprévoyance, il peut être condamné à des dommages-intérêts, si de cet emploi il est résulté un préjudice pour le maître qui est resté, suivant les règles sur l'accession, propriétaire du produit inférieur en valeur à l'objet primitif.

Cette décision est fondée sur le principe de l'art. 1382. Suivant nous, dans cette circonstance, *il y aura lieu*, aux termes de l'art. 577, à l'obtention de dommages-intérêts.

582. Une conclusion naturelle que l'on peut tirer de l'ensemble des articles sur cette matière, notamment de l'art. 577, et que nous avons déjà tirée plusieurs fois, c'est que la mauvaise foi n'est pas un obstacle à l'application des règles sur l'accession ; car cet article ne condamne pas celui qui est coupable de mauvaise foi à la restitution de la chose

même, mais seulement à la restitution de la valeur, et aussi à des dommages-intérêts suivant les circonstances. Et, en effet, le propriétaire n'obtient la restitution de sa chose que lorsque, suivant les règles sur l'accession, il reste propriétaire du corps entier.

FIN DU CHAP. 5 ET DERNIER.

LOIS

ET

ORDONNANCES

RELATIVES

AUX MATIÈRES

CONTENUES DANS LES DEUX PREMIERS VOLUMES.

N° 1.

Décret qui ordonne l'impression de la déclaration du 23 mars 1728, concernant le port d'armes.

Du 12 mars 1806.

ART. 1er. La déclaration du 23 mars 1728, concernant le port d'armes, sera imprimée à la suite du présent décret, et exécutée conformément à notre décret du 2 nivôse dernier.

2. Notre grand-juge, ministre de la justice, est chargé de l'exécution du présent décret.

Déclaration du roi concernant le port des armes, donnée à Versailles le 23 mars 1728, registrée en parlement le 20 avril suivant.

Louis, par la grâce de Dieu, roi de France et de Navarre, à tous ceux qui ces présentes lettres verront, salut.

Les différents accidents qui sont arrivés de l'usage et du port des couteaux en forme de poignards, des baïonnettes et pistolets de poche, ont donné lieu à différents réglements, et notamment à la déclaration du 18 décembre 1660, et à l'édit du mois de décembre 1666. Néanmoins, quelqu'expresses que soient les défenses à cet égard, l'usage et le port de ces sortes d'armes paraît se renouveler, et comme il importe à la sûreté publique que les anciens réglements qui concernent cet abus soient exactement observés, nous avons cru devoir les remettre en vigueur.

A ces causes, nous avons dit et déclaré, disons et déclarons par ces présentes, signées de notre main, voulons et nous plaît que la déclaration du 18 décembre 1660, au sujet de la fabrique et port d'armes, soit exécutée selon sa forme et teneur. Ordonnons, en conséquence, qu'à l'avenir toute fabrique, commerce, vente, débit, achat, port et usage des poignards, couteaux en forme de poignard, soit de poche, soit de fusil, des baïonnettes, pistolets de poche, épées en bâtons, bâtons à ferrements, autres que ceux qui sont ferrés par le bout, et autres armes offensives, cachées et secrètes, soient et demeurent généralement abolis et défendus. Enjoignons à tous couteliers, fourbisseurs, armuriers et marchands, de

les rompre et briser incessamment après l'enregistrement
des présentes, si mieux ils n'aiment faire rompre, et ar-
rondir la pointe des couteaux, en sorte qu'il n'en puisse
arriver d'inconvénients ; à peine contre les armuriers,
couteliers, fourbisseurs et marchands trouvés en contravention, de confiscation pour la première fois, d'a-
mende de cent livres et interdiction de leur maîtrise pendant un an, et de privation d'icelle en cas de récidive,
même de peine corporelle si le cas y échet ; et contre
les garçons qui travailleraient en chambre, d'être fustigés et flétris, pour la première fois ; pour la seconde,
d'être condamnés aux galères ; et à l'égard de ceux qui
porteront sur eux lesdits couteaux, baïonnettes, pistolets, et autres armes offensives, cachées et secrètes,
ils seront condamnés en six mois de prison, et en cinq
cents livres d'amende. N'entendons, néanmoins, comprendre en ces présentes défenses, les baïonnettes à ressort qui se mettent au bout des armes à feu pour faire
la guerre, à condition que les ouvriers qui les fabrique-
ront seront tenus d'en faire déclaration au juge de police
du lieu, et sans qu'ils puissent les vendre, ou débiter,
qu'aux officiers de nos troupes, qui leur en délivreront
certificat, dont lesdits ouvriers tiendront registre para-
phé par nos dits juges de police. Si donnons en mandement à nos amés et féaux conseillers, les gens tenant
notre cour de parlement à Paris, à tous autres nos
officiers et justiciers qu'il appartiendra, que ces présentes ils aient à faire lire, publier et registrer, et le
contenu en icelles garder et exécuter selon sa forme et
teneur, car tel est notre plaisir. En témoin de quoi nous
avons fait mettre notre scel à ces dites présentes.

Donné à Versailles, le vingt-troisième jour de mars,
l'an de grâce 1728, et de notre règne le troisième. Signé

Louis. Et plus bas, par le roi, Phélipeaux. Et scellé du grand sceau de cire jaune.

Ordonnance du roi portant prohibition des pistolets de poche

Du 25 février 1837.

Rapport au roi sur l'ordonnance suivante :

« Sire, plusieurs ordonnances avaient déjà prohibé, à différentes époques, le port des armes, et surtout des armes à feu, lorsqu'en 1660 et 1666 les armes cachées et secrètes, et notamment les pistolets de poche, furent l'objet d'une prohibition spéciale.

« Cette prohibition fut renouvelée dans la déclaration du 23 mars 1728.

« Le décret du 12 mars 1806 prescrivit l'exécution de cette déclaration, et en ordonna l'impression à la suite du même décret.

« Cependant, un décret du 14 décembre 1810 a ordonné que toutes les armes fabriquées en France et destinées pour le commerce fussent assujetties à des épreuves proportionnées à leurs calibres, et marquées d'un poinçon d'acceptation ; dans l'énumération de ces armes, les pistolets de poche se trouvent nominativement compris, et leur charge d'épreuve fixée.

« Malgré les dispositions de ce décret, la prohibition contenue dans la déclaration de 1728 a été généralement reconnue par tous les tribunaux du royaume comme subsistant toujours ; mais la cour de cassation a rendu, les 7 et 13 octobre dernier, des arrêts qui ont changé cette jurisprudence ; elle a jugé « que l'art. 9 « du décret du 14 décembre 1810 a virtuellement dé-

« rogé à la déclaration de 1728 en ce qui touche les
« pistolets de poche, et qu'aucun réglement d'admi-
« nistration publique n'ayant depuis replacé ces pis-
« tolets dans la classe des armes prohibées, il s'ensuit
« que la vente et le port de ces pistolets ne constituent
« plus un délit. »

« Cependant, les considérations de sûreté et d'ordre
public, qui ont fait établir de tout temps la prohibition
des pistolets de poche, ont conservé toute leur force
pour faire cesser la lacune signalée par les derniers arrêts de la cour de cassation, et pour que les anciennes
prohibitions soient rétablies, il suffit, d'après l'article
314 du Code pénal et l'article 1er de la loi du 24 mai 1834,
qu'elles soient prononcées par un réglement d'administration publique.

« J'ai, à cet effet, l'honneur de soumettre à l'appro-
bation de votre majesté le projet d'ordonnance suivant,
délibéré en conseil-d'état.

« Je suis, etc. »

Louis-Philippe, etc., vu l'article 314 du Code pénal,
portant :

« Tout individu qui aura fabriqué ou débité des
« stylets, tromblons, ou quelque espèce que ce soit
« d'armes prohibées par la loi, ou par des réglements
« d'administration publique, sera puni d'un emprison-
« nement de six jours à six mois.

« Celui qui sera porteur desdites armes sera puni
« d'une amende de seize francs à deux cents francs.

« Dans l'un et l'autre cas, les armes seront confisquées.

« Le tout sans préjudice de plus fortes peines, s'il y
« échet, en ce cas de complicité de crime. »

Vu l'article premier de la loi du 24 mai 1834, ainsi conçu :

« Tout individu qui aura fabriqué, débité ou distri-
« bué des armes prohibées par la loi ou par les ré-
« glements d'administration publique, sera puni d'un
« emprisonnement d'un mois à un an, et d'une amende
« de seize francs à cinq cents francs.

« Celui qui sera porteur desdites armes sera puni d'un
« emprisonnement de six jours à six mois, et d'une
« amende de seize francs à deux cents francs.

Vu la déclaration du roi en date du 23 mars 1728, enregistrée le 20 avril suivant, portant prohibition générale de la fabrication, de la vente, du port et de l'usage des armes cachées et secrètes, et notamment des pistolets de poche; vu le décret du 12 mars 1806 prescrivant la publication et l'exécution de cette déclaration, sur le rapport de notre garde des sceaux, ministre secrétaire-d'état au département de la justice et des cultes, notre conseil-d'état entendu, etc.

ART. 1er. Les pistolets de poche sont prohibés.

2. Notre ministre de la justice est chargé, etc.

N° 2.

Loi sur les crimes, délits et contraventions de la presse, et des autres moyens de publication.

Du 9 septembre 1835.

TITRE II. — *Du gérant des journaux et écrits périodiques.*

ART. 13. Le cautionnement que les propriétaires de

tout journal ou écrit périodique sont tenus de fournir sera versé, en numéraire, au trésor, qui en paiera l'intérêt au taux fixé pour les cautionnements.

Le taux de ce cautionnement est fixé comme il suit :

Si le journal ou écrit périodique paraît plus de deux fois par semaine, soit à jour fixe, soit par livraisons et irrégulièrement, le cautionnement sera de cent mille francs.

Le cautionnement sera de soixante quinze mille francs, si le journal ou écrit périodique ne paraît que deux fois par semaine.

Il sera de cinquante mille francs, si le journal ou écrit périodique ne paraît qu'une fois la semaine.

Il sera de vingt-cinq mille francs, si le journal ou écrit périodique paraît seulement plus d'une fois par mois.

Le cautionnement des journaux quotidiens publiés dans les départements autres que ceux de la Seine, Seine-et-Oise, Seine-et-Marne, sera de vingt cinq mille francs dans les villes de cinquante mille âmes et au-dessus.

Il sera de quinze mille francs dans les villes au-dessous, et respectivement de la moitié de ces deux sommes pour les journaux et écrits périodiques qui paraissent à des termes moins rapprochés.

Il est accordé aux propriétaires de journaux ou écrits périodiques, actuellement existants, un délai de quatre mois pour se conformer à ces dispositions.

14. Continueront à être dispensés de tout cautionnement les journaux et écrits périodiques mentionnés en l'article 3 de la loi du 18 juillet 1828.

15. Chaque gérant responsable d'un journal ou écrit périodique devra posséder, en son propre et privé nom, le tiers du cautionnement.

Dans le cas où, soit des cessions totales ou partielles

de la portion du cautionnement appartenant à un gérant, soit des jugements passés en force de chose jugée,
prononçant la validité de saisies-arrêts formées sur ce
cautionnement, seraient signifiés au trésor, le gérant sera
tenu de rapporter, dans les quinze jours de la notifica-
tion qui lui en sera faite, soit la rétrocession, soit la
main-levée de la saisie-arrêt, faute de quoi le journal
devra cesser de paraître, sous les peines portées en l'article 6 de la loi du 9 juin 1819.

16. Conformément à l'article 8 de la loi du 18 juillet
1828, le gérant du journal ou écrit périodique sera
tenu de signer, en minute, chaque numéro de son journal.

Toute infraction à cette disposition sera poursuivie
devant les tribunaux correctionnels, et punie d'une
amende de cinq cents à trois mille francs.

17. L'insertion des réponses et rectifications prévues
par l'article 11 de la loi du 25 mars 1822 devra avoir
lieu dans le numéro qui suivra le jour de la réception ;
elle aura lieu intégralement et sera gratuite ; le tout sous
les peines portées par ladite loi. Toutefois, si la réponse
a plus du double de la longueur de l'article auquel elle
sera faite, le surplus de l'insertion sera payé suivant le
tarif des annonces.

18. Tout gérant sera tenu d'insérer, en tête du journal, les documents officiels, relations authentiques, renseignements et rectifications qui lui seront adressés par
tout dépositaire de l'autorité publique ; la publication
devra avoir lieu le lendemain de la réception des pièces,
sous la seule condition du paiement des frais d'insertion.

Toute autre insertion réclamée par le gouvernement,
par l'intermédiaire des préfets, sera faite de la même
manière, sous la même condition, dans le numéro qui
suivra le jour de la réception des pièces.

Les contrevenants seront punis par les tribunaux correctionnels, conformément à l'article 11 de la loi du 25 mars 1822.

19. En cas de condamnation contre un gérant pour crime, délit ou contravention de la presse, la publication du journal ou écrit périodique ne pourra avoir lieu, pendant toute la durée des peines d'emprisonnement et d'interdiction des droits civils, que par un autre gérant remplissant toutes les conditions exigées par la loi. Si le journal n'a qu'un gérant, les propriétaires auront un mois pour en présenter un nouveau, et, dans l'intervalle, ils seront tenus de désigner un éditeur responsable. Le cautionnement entier demeure affecté à cette responsabilité.

TITRE III. — *Des dessins, gravures, lithographies et emblèmes.*

20. Aucuns dessins, aucunes gravures, lithographies, médailles et estampes, aucun emblème, de quelque nature et espèce qu'ils soient, ne pourront être publiés, exposés ou mis en vente sans autorisation préalable du ministre de l'intérieur, à Paris, et des préfets, dans les départements.

En cas de contravention, les dessins, gravures, lithographies, médailles, estampes ou emblèmes pourront être confisqués, et le publicateur condamné, par les tribunaux correctionnels, à un emprisonnement d'un mois à un an, et à une amende de cent francs à mille francs, sans préjudice des poursuites auxquelles pourraient donner lieu la publication, l'exposition et la mise en vente desdits objets.

TITRE IV. — *Des théâtres et des pièces de théâtre.*

21. Il ne pourra être établi, soit à Paris, soit dans les départements, aucun théâtre ni spectacle, de quelque nature qu'ils soient, sans l'autorisation préalable du ministre de l'intérieur, à Paris, et des préfets, dans les départements.

La même autorisation sera exigée pour les pièces qui y seront représentées.

Toute contravention au présent article sera punie, par les tribunaux correctionnels, d'un emprisonnement d'un mois à un an, et d'une amende de mille francs, sans préjudice, contre les contrevenants, des poursuites auxquelles pourront donner lieu les pièces représentées.

22. L'autorité pourra toujours, pour des motifs d'ordre public, suspendre la représentation d'une pièce, et même ordonner la clôture provisoire du théâtre.

Ces dispositions, et celles contenues en l'article ci-dessus, sont applicables aux théâtres existants.

23. Il sera pourvu, par un réglement d'administration publique, qui sera converti en loi dans la session de 1837, au mode d'exécution des dispositions présentes, qui n'en demeurent pas moins exécutoires à compter de la promulgation de la présente loi.

TITRE V. — *De la poursuite et du jugement.*

24. Le ministère public aura la faculté de faire citer directement à trois jours les prévenus devant la cour d'assises, même lorsqu'il y aura eu saisie préalable des écrits, dessins, gravures, lithographies, médailles ou emblêmes. Néanmoins, la citation ne pourra être don-

née, dans ce dernier cas, qu'après la signification, au prévenu, du procès-verbal de saisie.

25. Si, au jour fixé par la citation, le prévenu ne se présente pas, il sera statué par défaut.

L'opposition à cet arrêt devra être formée dans les cinq jours, à partir de la signification, à peine de nullité.

L'opposition emportera, de plein droit, citation à la première audience.

Toute demande en renvoi devra être présentée à la cour avant l'appel et le tirage au sort des jurés.

Lorsque cette dernière opération aura commencé en présence du prévenu, l'arrêt à intervenir sur le fond sera définitif, et non susceptible d'opposition, quand même il se retirerait de l'audience après le tirage du jury, ou durant le cour des débats.

26. Le pourvoi en cassation contre les arrêts qui auront statué, tant sur les questions de compétence que sur les incidents, ne sera formé qu'après l'arrêt définitif, et en même temps que le pourvoi contre cet arrêt.

Aucun pourvoi formé auparavant ne pourra dispenser la cour d'assises de statuer sur le fond.

27. Si, au moment où le ministère public exerce son action, la session de la cour d'assises est terminée, et s'il ne doit pas s'en ouvrir d'autre à une époque rapprochée, il sera formé une cour d'asisses extraordinaire par ordonnance motivée du premier président. Cette ordonnance prescrira le tirage au sort des jurés, conformément à l'article 388 du Code d'instruction criminelle, et elle désignera le conseiller qui doit présider.

Dans les chefs-lieux des départements où ne siégent pas les cours royales, le président du tribunal de première instance sera, de droit, président de la cour d'assises, si le ministre de la justice ou le premier président n'en ont pas désigné un autre.

Dispositions générales.

28. Les dispositions des lois antérieurs qui ne sont pas contraires à la présente continueront d'être exécutées selon leur forme et teneur.

N° 3.

Ordonnance du roi relative au mode d'exécution de l'article 8 de la loi du 26 juillet 1829, qui prescrit la formation d'un inventaire du mobilier fourni, soit par l'état, soit par le département, à des fonctionnaires publics.

Du 5 février 1830.

CHARLES, etc., voulant déterminer le mode d'exécution de l'article 8 de la loi du 26 juillet 1829, portant :

« Les inventaires du mobilier fourni, soit par l'état, « soit par les départements, à des fonctionnaires pu- « blics, seront faits avant le premier janvier 1830.

« Les inventaires seront récolés à la fin de chacune « des années suivantes, et à chaque mutation de fonc- « tionnaire responsable. »

Vu la loi du 12 septembre 1791 ;

L'arrêté du gouvernement du 23 nivôse an VI (12 janvier 1798);

L'ordonnance royale du 14 septembre 1822 ;

Lesdits lois, arrêté et ordonnance, réglant, en ce qui concerne le mobilier de l'état, les attributions de l'administration de l'enregistrement et des domaines ;

Vu l'ordonnance du 17 décembre 1818 relative au mobilier des préfectures ;

Vu l'ordonnance du 7 avril 1819 concernant le mobilier des archevêchés et évêchés ;

Considérant que cette dernière ordonnance contient, relativement à l'inventaire de ce mobilier et au récolement annuel des dispositions qui remplissent déjà en partie l'intention de l'article 8 de la loi du 26 juillet 1829 ;

Sur le rapport de notre ministre secrétaire-d'état des finances, nous avons ordonné et ordonnons ce qui suit :

ART. 1er. Chacun des fonctionnaires et agents qui ressortissent aux divers ministères et résident à Paris ou dans les différentes villes du royaume, est tenu de dresser en double expédition un inventaire descriptif de tous les mobiliers affectés à son usage personnel, et qui lui ont été fournis par l'état. Cet inventaire sera dressé en triple expédition pour ceux de ces objets appartenant aux départements.

Le récolement de cet inventaire devra être fait par les agents de l'administration des domaines.

2. Les inventaires seront conformes au modèles ci-annexé ; néanmoins, chaque fonctionnaire responsable de mobilier pourra diviser, au besoin, son inventaire en autant de sections que le comporteront la nature des objets à inventorier, les locaux et emplacements qu'ils occuperont, et le nombre des personnes aux soins desquelles la conservation de ces objets serait ou pourrait être particulièrement confiée.

3. Tout fonctionnaire responsable de mobilier devra donner connaissance au directeur des domaines du département de l'achèvement de l'inventaire, pour que

ce directeur puisse immédiatement faire procéder au récolement par un préposé de son administration désigné à cet effet.

Après le récolement et sur la déclaration de prise en charge que contiendra l'arrêt de clôture, ce préposé y fera mention du récolement auquel il aura assisté, signera cette mention sur les deux expéditions de l'inventaire, et déposera l'une d'elles à la direction des domaines : l'autre restera entre les mains du fonctionnaire chargé du mobilier.

La troisième expédition de l'inventaire des objets mobiliers à la charge des départements sera déposée entre les mains du secrétaire-géneral de la préfecture, considéré dans cette occasion comme chargé des archives.

4. Les inventaires devant, conformément à la loi du 26 juillet 1829, être récolés à la fin de chacune des années suivantes et à chaque mutation de fonctionnaire responsable, les conseils généraux de département désigneront à chaque cession un commissaire pour assister et concourir au récolement des inventaires du mobilier appartenant au département.

Ce commissaire devra être pris parmi les membres de la commission annuelle formée dans le sein du conseil général, en vertu de l'article 4 de l'ordonnance royale du 17 décembre 1818.

5. Dans l'intervalle d'un récolement au récolement suivant, tout fonctionnaire responsable de mobilier sera tenu de faire consigner sur la double expédition de l'inventaire laissée à sa disposition, d'une part, les accroissements qui surviendraient dans la quantité des objets mobiliers appartenant, soit à l'état, soit au département, et, d'un autre côté, les ventes et réformes d'objets qui auront eu lieu en indiquant, sommairement

dans une colonne ménagée à cet effet, les causes des ventes et réformes ou les circonstances propres à les justifier.

6. Aux époques de récolement ordonnées par la loi, les expéditions da l'inventaire seront conférées : celles dont la direction des domaines et le secrétaire-général de la préfecture étaient restés dépositaires au précédent récolement seront d'abord rendues conformes à l'expédition laissée au fonctionnaire responsable de mobilier et après tout nouveau récolement pour lequel auront été remplies des formalités indiquées à l'article 3 ci-dessus : l'une des expéditions de l'inventaire sera rétablie dans les archives de la direction des domaines.

7. Pour assurer l'exécution complète et périodique de la loi, il sera immédiatement établi dans chaque ministère un relevé indicatif, par département, des fonctionnaires publics, auxquels un mobilier a été fourni, soit par l'état, soit par les départements.

Ce relevé sera communiqué à notre ministre des finances, et par ce dernier, à l'administration des domaines.

Tout changement à faire annuellement audit relevé sera successivement annoncé avant chaque fin d'année, par les différents ministères, à celui des finances, et par ce dernier, à l'administration des domaines.

8. L'ordonnance royale du 7 avril 1819, relative au mobilier des évêchés et archevêchés, continuera de recevoir son exécution : seulement à l'avenir les agents du domaine devront concourir aux récolements annuels faits conformément à cette ordonnance, et les inventaires ainsi récolés seront déposés à la direction du domaine dans le département où se trouve le chef-lieu du diocèse.

9. Notre ministre secrétaire-d'état des finances (comte de Chabrol) est chargé de la présente ordonnance, qui sera insérée au Bulletin des Lois.

Ordonnance du roi concernant la comptabilité et la justification des dépenses publiques.

Du 14 septembre 1822.

ART. 3. Lorsque quelques-uns des objets mobiliers ou immobiliers mis à la disposition des ministres seront susceptibles d'être vendus, la vente ne pourra en être faite qu'avec le concours de la régie de l'enregistrement et dans les formes prescrites. Le produit de ces ventes, comme aussi la restitution des sommes qui auraient été payées indûment et par erreur sur leurs crédits, et que les parties prenantes n'auraient restituées qu'après la clôture du compte d'exercice, et généralement tous autres fonds qui proviendraient d'une source étrangère aux crédits législatifs, seront versés à notre trésor royal, et portés en recette au chapitre des produits divers et de l'exercice courant.

Ordonnance du roi concernant le mobilier des archevêchés et des évêchés.

Du 7 avril 1819 (1).

LOUIS, etc., sur le rapport de notre ministre secrétaire-d'état de l'intérieur;

Vu le décret du 25 mai 1805 (5 prairial an XIII), concernant le mobilier des archevêchés et évêchés;

---

(1) V. l'ordonnance suivante.

Notre conseil-d'état entendu,

Nous avons ordonné et ordonnons ce qui suit :

ART. 1er. L'ameublement des archevêchés et évêchés se compose :

1° Des meubles meublants servant à la représentation, tels que glaces, consoles, secrétaires, tentures, lustres, tapis, siéges et autres objets qui garnissent les salons de réception, la salle à manger et le cabinet du prélat ;

2° De l'ameublement d'un appartement d'habitation d'honneur ;

3° Du mobilier de la chapelle de l'archevêché ou évêché ;

4° Des crosses épiscopales et des croix processionnelles des archevêques.

2. L'état actuel et la valeur du mobilier de chaque archevêché et évêché demeurent arrêtés tels qu'ils ont été portés, au premier janvier de la présente année, dans les inventaires et devis estimatifs dressés en vertu des ordres de notre ministre secrétaire-d'état de l'intérieur et approuvés par lui.

3. Lorsque la valeur du mobilier, arrêté comme il est dit à l'article précédent, ne s'élèvera pas à une somme équivalente à une année de traitement du titulaire, notre ministre secrétaire-d'état de l'intérieur pourra autoriser, au fur et à mesure des besoins, de nouveaux achats de meubles, jusqu'à concurrence de cette somme. Il n'y aura point lieu néanmoins à prescrire des réductions là où l'ameublement aurait actuellement une plus grande valeur.

4. Les sommes nécessaires pour les nouveaux achats de meubles, ainsi que pour l'entretien annuel des ameublements, seront prises sur les fonds affectés aux dépen-

II.   23

ses fixes ou communes à plusieurs départements. Elles seront mises à la disposition des archevêques, évêques ou vicaires capitulaires, en cas de vacance du siége, à la charge de rendre compte de leur emploi. Il sera procédé aux allocations à faire et aux comptes arrêtés, comme pour les autres dépenses de même nature : le préfet du département où sera établi le siége soumettra au conseil général, dans sa session ordinaire, les états, devis estimatifs et autres pièces, et il sera définitivement statué par notre ministre secrétaire-d'état de l'intérieur.

5. A l'avenir, et ainsi qu'il est réglé par notre ordonnance du 17 décembre 1818, à l'égard du mobilier des préfectures, il sera procédé, chaque année, par le préfet ou un conseiller de préfecture désigné, d'avance par le conseil, au récolement dudit mobilier, concurremment avec le titulaire, ou en cas de vacance du siége, avec le vicaire capitulaire administrateur du diocèse.

Le procès-verbal de cette opération contiendra l'évaluation des sommes jugées nécessaires, soit pour achat, soit pour frais d'entretien, et servira aux propositions à faire en vertu de l'article précédent.

6. En cas de mutation par décès ou autrement, il sera procédé dans les mêmes formes à l'inventaire et au récolement estimatif du mobilier : la succession du défunt, ou l'évêque sortant et l'évêque nommés par lui, assisté de deux membres du conseil général désignés, pourront s'y faire représenter par des fondés de pouvoir.

Les états de récolement seront signés par le préfet, par les deux membres du conseil général et par les parties intéressées, et seront adressés en triple expédition, dont l'une sera déposée au secrétariat de l'évêché ou de l'archevêché, une autre à la préfecture, et la troisième transmise à notre ministre secrétaire-d'état de l'intérieur.

7. Les archevêques et évêques ne seront point responsables de la valeur des meubles, et seront tenus seulement de les représenter.

8. Notre ministre secrétaire–d'état de l'intérieur est chargé de l'exécution de la présente ordonnance, qui sera insérée au Bulletin des Lois.

Ordonnance du roi relative au récolement annuel du mobilier des archevêchés et évêchés.

Du 4 janvier 1832.

Louis-Philippe, etc., sur le rapport de notre ministre secrétaire-d'état de l'instruction publique et des cultes; vu le paragraphe premier de l'article 5 de l'ordonnance royale du 7 avril 1819, concernant l'ameublement des archevêchés et évêchés; vu l'article 8 de la loi du 26 juillet 1829, et l'article 8 de l'ordonnance royale du 3 février 1830; considérant que la dépense des mobiliers des archevêchés et évêchés étant aujourd'hui portée à la charge de l'état, ils sont par conséquent sa propriété, d'où il suit que c'est à l'état seul qu'il appartient de veiller à leur conservation; le comité de l'intérieur de notre conseil-d'état entendu, etc.

Art. 1er. Le premier paragraphe de l'article 5 de l'ordonnance royale du 7 avril 1819, qui prescrit les formes à suivre pour le récolement annuel des mobiliers des archevêchés ou évêchés, est rapporté.

2. Il sera procédé, à la fin de chaque année, audit

récolement par le préfet ou un conseiller de préfecture délégué par lui concurremment avec le titulaire, ou, en cas de vacance du siége, avec les vicaires généraux capitulaires administrateurs du diocèse, et avec l'un des agents du domaine.

Dans les départements où le chef-lieu du diocèse est différent de celui de la préfecture, le préfet pourra se faire représenter au récolement par le sous-préfet de l'arrondissement dont fait partie la ville épiscopale.

3. Les récolements annuels comprendront les parties d'ameublement acquises sur les fonds votés par les conseils généraux depuis 1819, en augmentation du mobilier accordé par l'ordonnance de cette année et demeurées la propriété spéciale du département.

Les conseils généraux pourront, dans ce cas, continuer de désigner un ou deux de leurs membres pour assister au récolement annuel de ces objets.

4. Nos ministres de l'instruction publique et des cultes et des finances sont chargés, etc.

N° 4.

Ordonnance du roi relative au mobilier des préfectures.

Du 17 décembre 1818.

Louis, etc., sur le rapport de notre ministre de l'intérieur,

Notre conseil-d'état entendu,

Nous avons ordonné et ordonnons ce qui suit :

Art. 1er. L'indemnité allouée par l'article 4 du décret du 25 mars 1811 aux préfets, pour l'entretien et le renouvellement du mobilier des préfectures, est supprimée à partir du premier janvier prochain.

Les préfets cesseront en conséquence d'être responsables de la valeur des meubles, et seront seulement tenus de les représenter.

2. Il sera procédé, à la même époque et dans la forme prescrite par l'article 6 du même décret, à un état estimatif du mobilier, si la valeur n'est pas égale à celle pour laquelle il a été remis, la même valeur sera versée par le préfet à la caisse du receveur, et portée en recette dans le budget pour être employée, s'il y a lieu, et ainsi qu'il sera dit ci-après, à la réparation du mobilier.

3. A l'avenir, il sera pourvu à l'entretien et au renouvellement des meubles au moyen des sommes votées par le conseil général, et allouées dans le budget du département, à la charge, par le préfet, de justifier de l'emploi.

4. Une commission du conseil général fera, chaque année, contradictoirement avec le préfet, le récolement du mobilier départemental.

5. Les dispositions du décret du 25 mars 1811 continueront d'être exécutées en ce qui n'est point contraire à la présente ordonnance.

6. Notre ministre de l'intérieur est chargé de l'exécution de la présente ordonnance.

N° 5.

Extrait de l'ordonnance du mois d'août 1669.

TITRE XXX. — *Des Chasses.*

ART. 1er. Les ordonnances des rois nos prédécesseurs sur le fait des chasses, **et** spécialement celles des mois de juin 1601 et juillet 1607, seront observées en toutes leurs dispositions auxquelles nous n'avons pas dérogé et qui ne contiendront rien de contraire à ces présentes.

4. Faisons aussi défenses à toutes personnes de chasser à feu et d'entrer ou demeurer de nuit dans nos forêts, bois et buissons en dépendants, ni même dans les bois des particuliers, avec armes à feu, à peine de cent livres d'amende et de punition corporelle s'il y échet.

8. Défendons à toutes personnes de prendre en nos forêts, garennes, buissons et plaisirs, aucuns aires d'oiseaux de quelqu'espèce que ce soit, et en tous autres lieux, les œufs de cailles, perdrix et faisans, à peine de cent livres pour la première fois, du double pour la seconde, et du fouet, etc., etc.

12. Tous tendeurs de lacs, tirasses, tonnelles, traîneaux, bricoles de cordes et de fil d'archal, pièces et pans de rets, colliers, alliers de fil ou de soie, seront condamnés, pour la première fois, en trente livres d'amende et au fouet, et pour la seconde, fustigés, flétris et bannis pour cinq ans hors l'étendue de la maîtrise, soit qu'ils aient commis délit dans nos

forêts, garennes et terres de notre domaine, ou en celles des ecclésiastiques, communautés et particuliers de notre royaume sans exception.

TITRE XXXII. — *Des peines, amendes, restitutions, etc.*

Art. 7. Demeureront les marchands, maîtres de forges, fermiers, usagers, riverains et autres occupant les maisons, fermes et autres héritages dans l'enclos et à deux lieues de nos forêts, responsables civilement de leurs commis, charretiers, pâtres et domestiques.

8. Et d'autant que les amendes au pied le tour ont été réglées selon la valeur et état des bois de l'année 1518, depuis laquelle ils sont montés à beaucoup plus haut prix, ordonnons que, conformément à l'ordonnance faite par Henri III, en l'année 1588, et aux arrêts et réglements des mois de septembre 1601, juin 1602 et octobre 1623, les restitutions, dommages et intérêts seront adjugés *de tous délits* au moins à pareille somme que portera l'amende.

25. Les amendes ne pourront être prescrites que par dix ans, nonobstant tous usages et coutumes contraires.

Extrait de la loi relative à la suppression du régime féodal, des droits de chasse, privilèges, etc.

Art. 1er. L'assemblée nationale détruit entièrement le régime féodal, et décrète que, dans les droits et devoirs tant féodaux que censuels, ceux qui tiennent à la main-morte réelle ou personnelle et à la servitude personnelle, et ceux qui les représentent, sont abolis sans indemnité; tous les autres déclarés rachetables, et le prix et le mode du rachat seront fixés par l'assemblée nationale. Ceux desdits droits qui ne sont pas supprimés par ce décret continueront néanmoins à être perçus jusqu'au remboursement.

2. Le droit exclusif des fuies et colombiers est aboli : les pigeons seront renfermés aux époques fixées par les communautés, et durant ce temps ils seront regardés comme gibier, et chacun aura le droit de les tuer sur son terrain.

3. Le droit exclusif de la chasse et des garennes ouvertes est pareillement aboli; et tout propriétaire a le droit de détruire et de faire détruire, seulement sur ses possessions, toute espèce de gibier, sauf à se conformer aux lois de police qui pourront être faites relativement à la sûreté publique.

Toutes capitaineries, même royales, et toute réserve de chasse, sous quelque dénomination que ce soit, sont pareillement abolies, et il sera pourvu par des moyens compatibles avec le respect dû aux propriétés et à la liberté, à la conservation des plaisirs personnels du roi.

Ordonnance du roi relative au droit de chasse dans les forêts de l'état.

Du 24 juillet 1832.

Louis-Philippe, etc., vu l'article 5 de la loi des finances du 21 avril 1832. ainsi conçu : « A partir du « premier septembre 1832, le droit de chasse dans « les forêts de l'état sera affermé et mis en adjudi-« cation. »

Vu l'ordonnance royale du 15 août 1814, et le réglement du 20 du même mois, relatif aux chasses dans les forêts de l'état; vu le réglement du même jour, 20 août 1814, relatif à l'organisation de la louveterie; vu l'ordonnance du 14 septembre 1830, qui confie provisoirement à l'administration des forêts la surveillance et la police de la chasse dans lesdites forêts; sur le rapport de notre ministre secrétaire-d'état des finances, etc.

Art. 1er. Le droit de chasse dans les forêts de l'état sera loué au profit de l'état par adjudication publique aux enchères.

2. A défaut d'offres suffisantes, l'administration pourra délivrer des permissions à prix d'argent, sur soumissions cachetées, avec publicité et coucurrence, d'après le mode qui sera ultérieurement fixé par notre ministre des finances.

3. La durée des baux et des permissions est limitée à une saison qui commencera le 15 septembre 1832, pour finir au 15 mars 1833.

4. Un cahier des charges, approuvé par notre ministre des finances, règlera toutes les conditions auxquelles les fermiers et les porteurs de permissions devront être assujétis.

Il devra contenir toutes les dispositions nécessaires à l'effet d'assurer la destruction des animaux nuisibles, tant dans l'intérêt de la conservation des forêts, que pour préserver de tous dommages les propriétés particulières.

5. Les fermiers de chasse, ainsi que leurs associés et les porteurs de permissions, seront tenus de concourir aux chasses et battues qui seront ordonnées par les préfets pour la destruction de ces animaux.

6. Notre ordonnance du 14 septembre 1830, sur la surveillance et la police des chasses dans les forêts de l'état, continuera à recevoir son exécution.

Néanmoins le droit de chasse à courre, attribué dans ces forêts aux lieutenants de louveterie, sera restreint à la chasse du sanglier. Les officiers conserveront, du reste, tous les autres droits et attributions attachés à leur commission.

7. Notre ministre des finances est chargé, etc.

Réglement portant organisation de la louveterie.

Du 20 août 1814. — 18 août 1832.

La louveterie est dans les attributions du grand-veneur (ordonnance du 15 août 1814).

Le grand-veneur donne commissions honorifiques de lieutenant de louveterie, dont il détermine les fonctions et le nombre par conservation forestière et par département, dans la proportion des bois qui s'y trouvent et des loups qui les fréquentent. Ces commissions sont renouvelées tous les ans.

Les dispositions qui peuvent être faites par suite des différents arrêtés concernant les animaux nuisibles appartiennent à ses attributions.

Les lieutenants de louveterie reçoivent les instructions et les ordres du grand-veneur pour tout ce qui concerne la chasse des loups. Ils sont tenus d'entretenir à leurs frais un équipage de chasse composé d'un piqueur, deux valets de limiers, un valet de chiens, dix chiens courants et quatre limiers.

Ils seront tenus de se procurer les piéges nécessaires pour la destruction des loups, renards et autres animaux nuisibles, dans la proportion des besoins.

Dans les endroits que fréquentent les loups, le travail principal de leur équipage doit être de les détourner, d'entourer les enceintes avec les gardes-forestiers,
et de les faire tirer au lancé : on découple, si cela est
jugé nécessaire, car on ne peut jamais penser à détruire les loups en les forçant. Au surplus, ils doivent
présenter toutes leurs idées pour parvenir à la destruction de ces animaux.

Dans le temps où la chasse à courre n'est plus permise, ils doivent particulièrement s'occuper à faire
tendre des piéges avec les précautions d'usage, faire
détourner les loups, et après avoir entouré les enceintes de gardes, les attaquer à traits de limier, sans se
servir de l'équipage, qu'il est défendu de découpler ;
enfin faire rechercher avec grand soin les portées de
louve.

Ils feront connaître ceux qui auront découvert des
portées de louveteaux. Il sera accordé par chaque lou-
veteau une gratification qui sera double si l'on parvient
à tuer la louve.

Quand les lieutenants de louveterie ou les conservateurs des forêts jugeront qu'il sera utile de faire des
battues, ils en feront la demande au préfet, qui pourra
lui-même provoquer cette mesure. Ces chasses seront
alors ordonnées par le préfet, commandées et dirigées
par les lieutenants de louveterie, qui, de concert avec
lui et le conservateur, fixeront le jour, détermineront
les lieux et le nombre d'hommes : le préfet en pré-
viendra le ministre de l'intérieur et le grand-veneur.

Tous les habitants sont invités à tuer les loups sur
leurs propriétés : ils en enverront les certificats aux
lieutenants de louveterie de la conservation forestière,
lesquels les feront passer au grand-veneur, qui fera

un rapport au ministre de l'intérieur, à l'effet de faire accorder des récompenses.

Les lieutenants de louveterie feront connaître journellement les loups tués dans leur arrondissement, et, tous les ans, enverront un état général des prises.

Tous les trois mois, ils feront parvenir au grand-veneur un état des loups présumés fréquenter les forêts soumises à leur surveillance

Les préfets sont invités à envoyer les mêmes états, d'après les renseignements particuliers qu'ils pourraient avoir.

Attendu que la chasse du loup, qui doit occuper principalement les lieutenants de louveterie, ne fournit pas toujours l'occasion de tenir les chiens en haleine, ils ont droit de chasser à courre, deux fois par mois, dans les forêts de l'état faisant partie de leur arrondissement, le chevreuil-brocard, le sanglier ou le lièvre, suivant les localités. Sont exceptés les forêts ou les bois du domaine de l'état de leur arrondissement, dont la chasse est particulièrement donnée par le roi aux princes ou à toute autre personne.

Il leur est expressément défendu de tirer sur le chevreuil et le lièvre ; le sanglier est excepté de cette disposition dans les cas seulement où il tiendrait aux chiens.

Ils seront tenus de faire connaître chaque mois le nombre des animaux qu'ils auront forcés.

Les commissions de lieutenants de louveterie seront renouvelées tous les ans ; elles seront retirées dans le cas où les lieutenants n'auraient pas justifié de la destruction des loups.

Tous les ans, au 1er mai, il sera fait, sur le nombre des loups tués dans l'année, un rapport général, qui sera mis sous les yeux du roi.

L'uniforme est déterminé ainsi qu'il suit :

Habit bleu, droit, à la française, avec collet et parements de velours bleu pareil, galonné sur le devant et au collet; poches à la française et en pointe, également galonnées; parements en pointe, avec deux chevrons pour les lieutenants. Le galon sera en or et argent. Boutons de métal jaune, sur lequel sera empreint un loup; veste et culotte chamois; chapeau retapé à la française, avec ganse or et argent; couteau de chasse en argent, avec un ceinturon en buffle jaune, galonné comme l'habit, bottes à l'écuyère, éperons plaqués en argent.

Uniforme des piqueurs.

L'habit sera le même que celui des officiers, excepté que le bouton sera en métal blanc, et que le galon sera un tiers d'or sur deux tiers d'argent.

Harnachement du cheval.

Bride à la française, avec bossette sur laquelle sera un loup; bridon de cuir noir; selle à la française en volaque blanc ou en velour cramoisi; housse cramoisie, garnie en galons or et argent; croupière noire unie et la boucle plaquée; étriers noirs vernis; martingale noire unie; sangles à la française.

Cet uniforme est permis, mais non obligatoire.

Circulaire du ministre de la police relativement au port d'armes de chasse.

Du 6 mai 1806.

Art. 3. Chaque permis de port d'armes sera délivré par le préfet; il contiendra l'âge, le signalement, la profession et la signature de l'impétrant ; il sera déclaré qu'il n'est valable que pour un an.

5. Les gardes-champêtres ne pourront être armés de fusils.

7. Les braconniers pourront être désarmés à domicile par la gendarmerie lorsqu'elle sera requise par le préfet. Aucun désarmement ne s'effectuera sans l'assistance du maire du lieu ou d'un commissaire de police.

8. Il ne sera fait aucune poursuite contre celui qui a un fusil pour sa défense et celle de ses propriétés, pour qu'il n'en fasse pas d'autre usage.

10. Et à mesure des délivrances des permis, le pré- et en donnera avis au capitaine de gendarmerie, qui sera tenu d'envoyer les noms de ceux qui les auront obtenus aux brigades de l'arrondissement de leur domicile.

Décret concernant la fourniture , la distribution et le prix des permis de port d'armes de chasse.

Du 11 juillet 1810.

§ 1er *Fourniture des permis de port d'armes de chasse.*

Art. 1er. L'administration de l'enregistrement sera chargée de fournir, à compter du premier octobre prochain, les permis de port d'armes de chasse, conformes au modèle annexé au présent décret.

2. Ils seront uniformes et timbrés à Paris pour tout l'empire. L'empreinte noire portera la légende : *Police générale.*

4. Les permis de port d'armes seront à talon ou souche et reliés en registre.

§ 4. *Distribution des permis de port d'armes de chasse.*

10. L'administration de l'enregistrement adressera au directeur de chaque département des registres de permis de port d'armes de chasse.

11. Le prix en sera payé aux receveurs de l'enregistrement du chef-lieu du département, et il en sera fait un article particulier de recette.

12. Les permis de port d'armes de chasse ne seront valables que pour un an, à dater du jour de leur délivrance.

Avis du conseil-d'état, relatif à la faculté de porter des armes en voyage.

Du 10 — 17 mai 1811.

Le conseil-d'état qui, d'après le renvoi ordonné par sa majesté, a entendu le rapport du ministre de la police, tendant à établir qu'il est nécessaire de se pourvoir de permis pour exercer la faculté de porter en voyage des armes pour sa défense personnelle,

Est d'avis qu'il n'y a lieu à statuer sur la proposition du ministre de la police;

Que les gens non domiciliés, vagabonds et sans aveu doivent seuls être examinés et poursuivis par la gendarmerie et tous officiers de police, lorsqu'ils sont porteurs d'armes, à l'effet d'être désarmés et même traduits devant les tribunaux, pour être condamnés, suivant les cas, aux peines portées par les lois et réglements.

N° 6.

—

LOI

RELATIVE A LA PÊCHE FLUVIALE ,

Sanctionnée le 15 avril 1829 , promulguée le 24.

CHARLES, par la grâce de Dieu, roi de France et de Navarre, à tous présents et à venir, salut:

Nous avons proposé, les chambres ont adopté, nous avons ordonné et ordonnons ce qui suit :

TITRE Ier. — *Du droit de pêche.*

ART. 1er. Le droit de pêche sera exercé au profit de l'état :

1° Dans tous les fleuves, rivières, canaux et contre-fossés navigables ou flottables avec bateaux, trains ou radeaux, et dont l'entretien est à la charge de l'état ou de ses ayants-cause ;

2° Dans les bras, noues, boires et fossés qui tirent leurs eaux des fleuves et rivières navigables ou flottables, dans lesquels on peut en tout temps passer ou pénétrer librement en bateau de pêcheur, et dont l'entretien est également à la charge de l'état.

Sont toutefois exceptés les canaux et fossés existants ou qui seraient creusés dans des propriétés particulières, et entretenus aux frais des propriétaires.

2. Dans toutes les rivières et canaux autres que ceux qui sont désignés dans l'article précédent, les propriétaires riverains auront chacun de son côté le droit de pêche jusqu'au milieu du cours de l'eau , sans préjudice des droits contraires établis par possession ou titres.

3. Des ordonnances royales insérées au Bulletin des Lois détermineront, après une enquête de *commodo et incommodo*, quelles sont les parties des fleuves et rivières, et quels sont les canaux désignés dans les deux premiers paragraphes de l'article 1er où le droit de pêche sera exercé au profit de l'état.

De semblables ordonnances fixeront les limites entre la pêche fluviale et la pêche maritime dans les fleuves et rivières affluant à la mer. Ces limites seront les mêmes que celles de l'inscription maritime ; mais la pêche qui se fera au-dessus du point où les eaux cesseront d'être salées sera soumise aux règles de police et de conservation établies pour la pêche fluviale.

Dans le cas où des cours d'eau seraient rendus ou déclarés navigables ou flottables, les propriétaires qui seront privés du droit de pêche auront droit à une indemnité préalable, qui sera réglée selon les formes prescrites par les articles 16, 17 et 18 de la loi du 8 mars 1810, compensation faite des avantages qu'ils pourraient retirer de la disposition prescrite par le gouvernement.

4. Les contestations entre l'administration et les adjudicataires, relatives à l'interprétation et à l'exécution des conditions des baux et adjudications, et toutes celles qui s'éleveraient entre l'administration ou ses ayants-cause et des tiers intéressés à raison de leurs droits ou de leurs propriétés, seront portées devant les tribunaux.

II.   24

5. Tout individu qui se livrera à la pêche sur les fleuves et rivières navigables ou flottables, canaux, ruisseaux ou cours d'eau quelconques, sans la permission de celui à qui le droit de pêche appartient, sera condamné à une amende de 20 fr. au moins, et de 100 fr. au plus, indépendamment des dommages-intérêts.

Il y aura lieu, en outre, à la restitution du prix du poisson qui aura été pêché en délit, et la confiscation des filets et engins de pêche pourra être prononcée.

Néanmoins il est permis à tout individu de pêcher à la ligne flottante tenue à la main, dans les fleuves, rivières et canaux désignés dans les deux premiers paragraphes de l'art. 1er de la présente loi, le temps du frai excepté.

TITRE II. — *De l'administration et de la régie de la pêche.*

6. (*Art. 3 du Code forestier.*) « Nul ne peut exer-
« cer l'emploi de garde-pêche, s'il n'est âgé de 25 ans
« accomplis ».

7. (*Art. 5 du Code forestier.*) « Les préposés char-
« gés de la surveillance de la pêche ne pourront en-
« trer en fonctions qu'après avoir prêté serment de-
« vant le tribunal de première instance de leur rési-
« dence, et avoir fait enregistrer leur commission et
« l'acte de prestation de leur serment au greffe des tri-
« bunaux dans le ressort desquels ils devront exercer
« leurs fonctions.

« Dans le cas d'un changement de résidence qui les
« placerait dans un autre ressort en la même qualité,
« il n'y aura pas lieu à une autre prestation de ser-
« ment. »

8. Les gardes-pêche pourront être déclarés responsables des délits commis dans leurs cantonnements, et passibles des amendes et indemnités encourues par les délinquants, lorsqu'ils n'auront pas dûment constaté les délits.

9. L'empreinte des fers dont les gardes-pêche font usage pour la marque des filets sera déposée au greffe des tribunaux de première instance.

TITRE III. — *Des adjudications des cantonnements de pêche.*

10. La pêche au profit de l'état sera exploitée, soit par voie d'adjudication publique aux enchères et à l'extinction des feux, conformément aux dispositions du présent titre, soit par concession de licences à prix d'argent.

Le mode de concession par licence ne pourra être employé qu'à défaut d'offres suffisantes.

En conséquence, il sera fait mention, dans les procès-verbaux d'adjudication, des mesures qui auront été prises pour leur donner toute la publicité possible et des offres qui auront été faites.

11. L'adjudication publique devra être annoncée au moins quinze jours à l'avance par des affiches apposées dans le chef-lieu du département, dans les communes riveraines du cantonnement et dans les communes environnantes.

12. (*Art.* 18 *du Code forestier.*) « Toute *location* « faite autrement que par adjudication publique sera « considérée comme clandestine et déclarée nulle. Les « fonctionnaires et agents qui l'auraient ordonnée, ou « effectuée, seront condamnés solidairement à une

« amende *égale au double* du fermage annuel du can-
« tonnement de pêche. »

Sont exceptées les concessions par voie de licence.

13. (*Art.* 19 *du Code forestier.*) « Sera de même
« annullée toute adjudication qui n'aura point été pré-
« cédée des publications et affiches prescrites par l'ar-
« ticle 11, ou qui aura été effectuée dans d'autres
« lieux, à autres jour et heure que ceux qui auront
« été indiqués par les affiches ou les procès-verbaux de
« remise en location.

« Les fonctionnaires ou agents qui auraient contre-
« venu à ces dispositions seront condamnés solidaire-
« ment à une amende égale à la valeur annuelle du can-
« tonnement de pêche, et une amende pareille sera pro-
« noncée contre les adjudicataires en cas de compli_
« cité. »

14. (*Art.* 20 *du Code forestier.*) « Toutes les con-
« testations qui pourront s'élever pendant les opéra-
« tions d'adjudication sur la validité des enchères ou
« sur la solvablité des enchérisseurs et des cautions,
« seront décidées immédiatement par le fonctionnaire
« qui présidera la séance d'adjudication. »

15. (*Art.* 21 *du Code forestier.*) « Ne pourront
« prendre part aux adjudications, ni par eux-mêmes, ni
« par personnes interposées, directement ou indirec-
« tement, soit comme parties principales, soit comme
« associés ou cautions : »

« 1° Les agents et gardes forestiers et les gardes-
« pêche, dans toute l'étendue du royaume ; les fonc-
« tionnaires chargés de présider ou de concourir aux
« adjudications, et les receveurs du produit de la pêche,
« dans toute l'étendue du territoire où ils exercent leurs
« fonctions ;

« En cas de contravention, ils seront punis d'une
« amende qui ne pourra excéder le quart, ni être moins
« du douzième du montant de l'adjudication ; et ils seront,
« en outre, passibles de l'emprisonnement et de l'inter-
« diction qui sont prononcés par l'article 175 du Code
« pénal ;

« 2° Les parents et alliés en ligne directe, les frères
« et beaux-frères, oncles et neveux des agents et gardes
« forestiers et gardes-pêche, dans toute l'étendue du
« territoire pour lequel ces agents ou gardes sont com-
« missionnés ;

« En cas de contravention, ils seront punis d'une
« amende égale à celle qui est prononcée par le para-
« graphe précédent ;

« 3° Les conseillers de préfecture, les juges, offi-
« ciers du ministère public et greffiers des tribunaux
« de première instance, dans tout l'arrondissement de
« leur ressort ;

« En cas de contravention, ils seront passibles de
« tous dommages et intérêts, s'il y a lieu.

« Toute adjudication qui sera faite en contravention
« aux dispositions du présent article sera déclarée
« nulle. »

16. (*Art.* 22 *du Code forestier.*) « Toute asso-
« ciation secrète ou manœuvre entre les pêcheurs ou
« autres, tendant à nuire aux enchères, à les troubler
« ou à obtenir *les cantonnements de pêche* à plus bas
« prix, donnera lieu à l'application des peines portées
« par l'art. 412 du Code pénal, indépendamment de
« tous dommages intérêts ; et si l'adjudication a été
« faite au profit de l'association secrète ou des auteurs
« desdistes manœuvres, elle sera déclarée nulle. »

17. (*Art.* 23 *du Code forestier.*) « Aucune déclaration

« de command ne sera admise, si elle n'est faite im-
« médiatement après l'adjudication et séance tenante. »

18. (*Art. 24 du Code forestier.*) « Faute par l'ad-
« judicataire de fournir les cautions exigées par le cahier
« des charges dans le délai prescrit, il sera déclaré dé-
« chu de l'adjudication par un arrêté du préfet, et il
« sera procédé dans les formes ci-dessus prescrites à
« une nouvelle adjudication du cantonnement de pêche,
« à sa folle enchère.

« L'adjudicataire déchu sera tenu par corps de la
« différence entre son prix et celui de la nouvelle ad-
« judication, sans pouvoir réclamer l'excédant, s'il y
« en a. »

19. (*Art. 25 du Code forestier.*) « Toute personne
« capable et reconnue solvable sera admise, jusqu'à
« l'heure de midi du lendemain de l'adjudication, à
« faire une offre de surenchère, qui ne pourra être
« moindre du cinquième du montant de l'adjudica-
« tion.

« Dès qu'une pareille offre aura été faite, l'adjudica-
« taire et les surenchérisseurs pourront faire de sem-
« blables déclarations de simple surenchère jusqu'à l'heure
« de midi du surlendemain de l'adjudication, heure à la-
« quelle le plus offrant restera définitivement adjudi-
« cataire.

« Toutes déclarations de surenchère devront êre faites
« au secrétariat qui sera indiqué par le cahier des char-
« ges, et dans les délais ci-dessus fixés; le tout sous
« peine de nullité.

« Le secrétaire commis à l'effet de recevoir ces dé-
« clarations sera tenu de les consigner immédiatement
« sur un registre à ce destiné, d'y faire mention ex-
« pressse du jour et de l'heure précise où il les aura re-

« çues, et d'en donner communication à l'adjudicataire
« et aux surenchérisseurs, dès qu'il en sera requis ; le
« tout sous peine de 300 fr. d'amende, sans préjudice
« de plus fortes peines en cas de collusion.

« En conséquence, il n'y aura lieu à aucune signifi-
« cation des déclarations de surenchère, soit par l'ad-
« ministration, soit par les adjudicataires et surenché-
« risseurs. »

20. (*Art. 26 du Code forestier.*) « Toutes contesta-
« tions au sujet de la validité des surenchères seront
« portées devant les conseils de préfecture. »

21. (*Art. 27 du Code forestier.*) « Les adjudica-
« taires et surenchérisseurs sont tenus, au moment de
« l'adjudication ou de leurs déclarations de surenchère,
« d'élire domicile dans le lieu où l'adjudication aura été
« faite ; faute par eux de le faire, tous actes postérieurs
« leur seront valablement signifiés au secrétariat de la
« sous-préfecture. »

22. (*Art. 28 du Code forestier.*) « Tout procès-
« verbal d'adjudication emporte exécution parée et con-
« trainte par corps contre leurs adjudicataires, leurs
« associés et cautions, tant pour le paiement du prix
« principal de l'adjudication que pour accessoires et
« frais.

« Les cautions sont en outre contraignables solidai-
« rement et par les mêmes voies au paiement des dom-
« mages, restitutions et amendes qu'aurait encourus
« l'adjudicataire. »

TITRE IV. — *Conservation et police de la pêche.*

23. Nul ne pourra exercer le droit de pêche dans les
fleuves et rivières navigables ou flottables, les canaux,

ruisseaux ou cours d'eau quelconques, qu'en se conformant aux dispositions suivantes :

24. Il est interdit de placer dans les rivières navigables ou flottables, canaux et ruisseaux, aucun barrage, appareil ou établissement quelconque de pêcherie ayant pour objet d'empêcher entièrement le passage du poisson.

Les délinquants seront condamnés à une amende de 50 fr. à 500 fr., et, en outre, aux dommages-intérêts, et les appareils ou établissements de pêche seront saisis et détruits.

25. Quiconque aura jeté dans les eaux des drogues ou appâts qui sont de nature à enivrer le poisson ou à le détruire, sera puni d'une amende de 30 fr. à 300 fr., et d'un emprisonnement d'un mois à trois mois.

26. Des ordonnances royales détermineront :

1° Les temps, saisons et heures pendant lesquels la pêche sera interdite dans les rivières et cours d'eau quelconques ;

2° Les procédés et modes de pêche qui, étant de nature à nuire au repeuplement des rivières, devront être prohibés ;

3° Les filets, engins ou instruments de pêche qui seront déterminés comme étant aussi de nature à nuire au repeuplement des rivières ;

4° Les dimensions de ceux dont l'usage sera permis dans les divers départements pour la pêche des différentes espèces de poissons ;

5° Les dimensions au-dessous desquelles les poissons de certaines espèces qui seront désignées ne pourront être pêchés, et devront être rejetés en rivière ;

6° Les espèces de poissons avec lesquels il sera défendu d'appâter les hameçons, nasses, filets ou autres engins.

27. Quiconque se livrera à la pêche pendant les temps, saisons et heures prohibés par les ordonnances, sera puni d'une amende de 3o à 200 fr.

28. Une amende de 3o à 100 fr. sera prononcée contre ceux qui feront usage, en quelque temps et en quelque fleuve, rivière, canal ou ruisseau que ce soit, de l'un des procédés ou mode de pêche, ou de l'un des instruments ou engins de pêche prohibés par les ordonnances.

Si le délit a eu lieu pendant le temps du frai, l'amende sera de 6o à 200 fr.

29. Les mêmes peines sont prononcées contre ceux qui se serviront, pour une autre pêche, de filets permis seulemeut pour celle du poisson de petite espèce.

Ceux qui seront trouvés porteurs ou munis, hors de leur domicile, d'engins ou d'instruments de pêche prohibés, pourront être condamnés à une amende qui n'excédera pas 20 fr., et à la confiscation des engins ou instruments de pêche, à moins que ces engins ou instruments ne soient destinés à la pêche dans des étangs ou réservoirs.

3o. Quiconque pêchera, colportera ou débitera des poissons qui n'auront pas les dimensions déterminées par les ordonnances, sera puni d'une amende de 20 à 5o fr., et de la confiscation desdits poissons. Sont néanmoins excepté de cette disposition les ventes de poissons provenant des étangs ou réservoirs.

Sont considérés comme des étangs ou réservoirs les fossés et les canaux appartenant à des particuliers, dès que leurs eaux cessent naturellement de communiquer avec les rivières.

31. La même peine sera prononcée contre les pêcheurs qui appâteront leurs hameçons, nasses, filets ou

autres engins, avec des poissons des espèces prohibées, qui seront désignées par les ordonnances.

32. Les fermiers de la pêche et porteurs de licences, leurs associés, compagnons et gens à gage, ne pourront faire usage d'aucun filet ou engin quelconque, qu'après qu'il aura été plombé ou marqué par les agents de l'administration de la police de la pêche.

La même obligation s'étendra à tous autres pêcheurs compris dans les limites de l'inscription maritime, pour les engins et filets dont ils feront usage dans les cours d'eau désignés par les paragraphes 1er et 2 de l'art. 1er de la présente loi.

Les délinquants seront punis d'une amende de 20 fr. pour chaque filet ou engin non plombé ou marqué.

33. Les contre-maîtres, les employés du balisage et les mariniers qui fréquentent les fleuves, rivières et canaux navigables ou flottables, ne pourront avoir dans leurs bateaux ou équipages aucun filet ou engin de pêche, même non prohibés, sous peine d'une amende de 50 fr., et de la confiscation des filets.

A cet effet, ils seront tenus de souffrir la visite, sur leurs bateaux et équipages, des agents chargés de la police de la pêche, aux lieux où ils aborderont.

La même amende sera prononcée contre ceux qui s'opposeront à cette visite.

34. Les fermiers de la pêche et les porteurs de licences, et tous pêcheurs en général, dans les rivières et canaux désignés par les deux premiers paragraphes de l'art. 1er de la présente loi, seront tenus d'amener leurs bateaux, et de faire l'ouverture de leurs loges et hangards, bannetons, huches et autres réservoirs ou boutiques à poissons, sur leur cantonnement, à toute réquisition des agents et préposés de l'administration de la

pêche, à l'effet de constater les contraventions qui pourraient être par eux commises aux dispositions de la présente loi.

Ceux qui s'opposeront à la visite, ou refuseront l'ouverture de leurs boutiques à poissons, seront, pour ce seul fait, puni d'une amende de 5o fr.   •

35. Les fermiers et porteurs de licences ne pourront user, sur les fleuves, rivières et canaux navigables, que du chemin de halage ; sur les rivières et cours d'eau flottables, que du marche-pied. Ils traiteront de gré à gré avec les propriétaires riverains pour l'usage des terrains dont ils auront besoin pour retirer et assener leurs filets.

TITRE V. — *Des poursuites en réparation de délit.*

Section I. — *Des poursuites exercées contre l'administration.*

36. Le gouvernement exerce la surveillance et la police de la pêche dans l'intérêt général.

En conséquence, les agents spéciaux par lui institués à cet effet, ainsi que les gardes-champêtres, éclusiers des canaux et autres officiers de police judiciaire, sont tenus de constater les délits qui sont spécifiés au titre IV de la présente loi, en quelque lieu qu'ils soient commis; et lesdits agents spéciaux exerceront, conjointement avec les officiers du ministère public, toutes les poursuites et actions en réparation de ces délits.

Les mêmes agents et gardes de l'administration, les gardes-champêtres, les éclusiers, les officiers de police judiciaire pourront constater également le délit spécifié en l'article 5, et ils transmettront leurs procès-verbaux au procureur du roi.

37. Les gardes-pêche nommés par l'administration sont assimilés aux gardes forestiers royaux.

38. Ils recherchent et constatent par procès-verbaux les délits dans l'arrondissement du tribunal près duquel ils sont assermentés.

39. (*Art.* 161 *du Code forestier.*) « Ils sont autorisés « à saisir les *filets et autres instruments de pêche pro-* « *hibés*, *ainsi que le poisson pêché en délit.* »

40. Les gardes-pêche ne pourront, sous aucun prétexte, s'introduire dans les maisons, et clos y attenant, pour la recherche des filets prohibés.

41. Les filets et engins de pêche qui auront été saisis comme prohibés ne pourront, dans aucun cas, être remis sous caution ; ils seront déposés au greffe, et y demeureront jusqu'après le jugement, pour être ensuite détruits.

Les filets non prohibés, dont la confiscation aurait été prononcée en exécution de l'article 5, seront vendus au profit du trésor.

En cas de refus de la part des délinquants de remettre immédiatement le filet déclaré prohibé après la sommation du garde-pêche, ils seront condamnés à une amende de 50 fr.

42. Quant au poisson saisi pour cause de délit, il sera vendu, sans délai, dans la commune la plus voisine du lieu de la saisie, à son de trompe et aux enchères publiques, en vertu d'ordonnance du juge de paix ou de ses suppléants, si la vente a lieu dans un chef-lieu de canton, ou dans le cas contraire, d'après l'autorisation du maire de la commune. Ces ordonnances ou autorisations seront délivrées sur la requête des agents ou gardes qui auront opéré la saisie, et sur la présentation du procès-verbal régulièrement dressé et affirmé par eux.

Dans tous les cas, la vente aura lieu en présence du

receveur des domaines , et , à défaut , du maire ou adjoint de la commune , ou du commissaire de police.

43. Les gardes-pêche ont le droit de requérir directement la force publique pour la répression des délits *en
matière de pêche*, ainsi que pour la saisie des filets prohibés et du poisson *pêché en délit.*

44. (*Art.* 165 *du Code forestier.*) « Ils écriront eux-
« mêmes leurs procès-verbaux ; ils les signeront et les
« affirmeront au plus tard le lendemain de la clôture
« desdits procès-verbaux, pardevant le juge de paix du
« canton ou l'un de ses suppléants, ou pardevant le
« maire ou l'adjoint, soit de la commune de leur rési-
« dence, soit de celle ou le délit a été commis ou cons-
« taté, le tout sous peine de nullité.

« Toutefois, si, par suite d'un empêchement quel-
« conque, le procès-verbal est seulement signé par le
« garde-pêche, mais non écrit en entier de sa main,
« l'officier public qui en recevra l'affirmation devra lui
« en donner préalablement lecture, et faire ensuite
« mention de cette formalité ; le tout sous peine de nul-
« lité du procès-verbal.

45. (*Art.* 166 *du Code forestier.*) « Les procès-
« verbaux dressés par les agents forestiers, les gardes
« généraux et les gardes à cheval, soit isolément, soit
« avec le concours des gardes-pêche royaux et des
« gardes-champêtre, ne seront point soumis à l'affir-
« mation. »

46. Dans le cas où le procès-verbal portera saisie, il
en sera fait une expédition qui sera déposée dans les
vingt-quatre heures au greffe de la justice de paix, pour
qu'il en puisse être donné communication à ceux qui
réclameraient les objets saisis.

Le délai ne courra que du moment de l'affirmation

pour les procès-verbaux qui sont soumis à cette formalité.

47. (*Art.* 170 *du Code forestier.*) « Les procès-
« verbaux seront, sous peine de nullité, enregistrés dans
« les quatre jours qui suivront celui de l'affirmation,
« ou celui de la clôture du procès-verbal, s'il n'est pas
« sujet à l'affirmation.

« L'enregistrement s'en fera en débet. »

48. Toutes les poursuites exercées en réparation de
délit pour fait de pêche seront portées devant les tribunaux correctionnels.

49. (*Art.* 172 *du Code foretsier.*) « L'acte de cita-
« tion doit, à peine de nullité, contenir la copie du
« procès-verbal et de l'acte d'affirmation. »

50. (*Art.* 173 *du Code forestier.*) « Les gardes
« de l'administration *chargés de la surveillance de la*
« *pêche* pourront, dans les actions et poursuites exer-
« cées en son nom, faire toutes citations et significa-
« tions d'exploits, sans pouvoir procéder aux saisies-
« exécutions.

« Leurs rétributions pour les actes de ce genre se-
« ront taxées comme pour les actes faits par les huissiers
« des juges de paix. »

51. (*Art.* 174 *du Code forestier.*) « Les agents de
« cette administration ont le droit d'exposer l'affaire
« devant le tribunal, et sont entendus à l'appui de leurs
« conclusions. »

52. Les délits en matière de pêche seront prouvés,
soit par procès-verbaux, soit par témoins à défaut de
procès-verbaux en cas d'insuffisance de ces actes.

53. Les procès-verbaux revêtus de toutes les formalités prescrites par les articles 44 et 47 ci-dessus, et qui
sont dressés et signés par deux agents ou gardes-pêche,

font preuve, jusqu'à inscription de faux, des faits matériels relatifs aux délits qu'ils constatent, quelles que soient les condamnations auxquelles ces délits peuvent donner lieu.

Il ne sera, en conséquence, admis aucune preuve outre ou contre le contenu de ces procès-verbaux, à moins qu'il n'existe une cause légale de récusation contre l'un des signataires.

54. Les procès-verbaux revêtus de toutes les formalités prescrites, mais qui ne seront dressés et signés que par un seul agent ou *garde-pêche*, feront de même preuve suffisante jusqu'à inscription de faux, mais seulement lorsque le délit n'entraînera pas une condamnation de plus de 50 fr., tant pour amendes que pour dommages-intérêts.

55. (*Art.* 178 *du Code forestier.*) « Les procès-
« verbaux qui, d'après les dispositions qui précèdent,
« ne font point foi et preuve suffisante jusqu'à inscrip-
« tion de faux, peuvent être corroborés et combattus
« par toutes les preuves légales, conformément à l'ar-
« ticle 154 du Code d'instruction criminelle. »

56. Le prévenu qui voudra s'inscrire en faux contre le procès-verbal sera tenu d'en faire par écrit et en personne, ou par un fondé de pouvoir spécial par acte notarié, la déclaration au greffe du tribunal avant l'audience indiquée par la citation.

Cette déclaration sera reçue par le greffier du tribunal ; elle sera signée par le prévenu ou son fondé de pouvoir ; et dans le cas où il ne saurait ou ne pourrait signer, il en sera fait mention expresse.

Au jour indiqué pour l'audience, le tribunal donnera acte de la déclaration, et fixera un délai de huit jours au moins et de quinze jours au plus, pendant lesquels le prévenu sera tenu de faire au greffe le dépôt des moyens de faux, et des noms, qualités et demeures des témoins qu'il voudra faire entendre.

A l'expiration de ce délai, et sans qu'il soit besoin d'une citation nouvelle, le tribunal admettra les moyens de faux, s'ils sont de nature à détruire l'effet du procès-verbal, et il sera procédé sur le faux conformément aux lois.

Dans le cas contraire, et faute par le prévenu d'avoir rempli toutes les formalités ci-dessus prescrites, le tribunal déclarera qu'il n'y a lieu à admettre les moyens de faux, et ordonnera qu'il soit passé outre au jugement.

57. (*Art.* 180 *du Code forestier.*) « Le prévenu « contre lequel aura été rendu un jugement par défaut « sera encore admissible à faire sa déclaration d'ins- « cription de faux pendant le délai qui lui est accordé « par la loi pour se présenter à l'audience sur l'oppo- « sition par lui formée. »

58. (*Art.* 181 *du Code forestier.*) « Lorsqu'un pro- « cès-verbal sera rédigé contre plusieurs prévenus, et « qu'un ou quelques-uns d'entre eux seulement s'inscri- « ront en faux, le procès-verbal continuera de faire foi « à l'égard des autres, à moins que le fait sur lequel « portera l'inscription de faux ne soit indivisible et com- « mun aux autres prévenus. »

59. Si, dans une instance en réparation de délit, le prévenu excipe d'un droit de propriété ou de tout autre droit réel, le tribunal saisi de la plainte statuera sur l'incident.

L'exception préjudicielle ne sera admise qu'autant qu'elle sera fondée, soit sur un titre apparent, soit sur des faits de possession équivalents, articulés avec préci-sion, et si le titre produit ou les faits articulés sont de nature, dans le cas où ils seraient reconnus par l'autorité compétente, à ôter au fait qui sert de base aux poursuites tout caractère de délit.

Dans le cas de renvoi à fins civiles, le jugement fixera un bref délai dans lequel la partie qui aura élevé la question préjudicielle devra saisir les juges compétents de la connaissance du litige, et justifier de ses diligences; sinon il sera passé outre. Toutefois, en cas de condamnation, il sera sursis à l'exécution du jugement sous le rapport de l'emprisonnement, s'il était prononcé, et le montant des amendes, restitutions et dommages-intérêts sera versé à la caisse des dépôts et consignations, pour être remis à qui il sera ordonné par le tribunal qui statuera sur le fond du droit.

60. (*Art.* 183 *du Code forestier.*) « Les agents de « l'administration *chargés de la surveillance de la pêche* « peuvent, en son nom, interjeter appel des jugements « et se pourvoir contre les arrêts et jugements en der- « nier ressort ; mais ils ne peuvent se désister de leurs « appels sans son autorisation spéciale. »

61. (*Art.* 184 *du Code forestier.*) « Le droit at- « tribué à l'administration et à ses agents de se pour- « voir contre les jugements et arrêts par appel ou par « recours en cassation, est indépendant de la même « faculté qui est accordée par la loi au ministère public, « lequel peut toujours en user, même lorsque l'admi- « nistration ou ses agents auraient acquiescé aux juge- « ments et arrêts. »

62. Les actions en réparation de délits en matière de pêche se prescrivent par un mois, à compter du jour où les délits ont été constatés, lorsque les prévenus sont désignés dans les procès-verbaux. Dans le cas contraire, le délai de prescription est de trois mois, à compter du même jour.

<table><tr><td>II.</td><td>25</td></tr></table>

63. Les dispositions de l'article précédent ne sont pas applicables aux délits et malversations commis par les agents, préposés ou gardes de l'administration dans l'exercice de leurs fonctions; les délais de prescription à l'égard de ces préposés et de leurs complices seront les mêmes que ceux qui sont déterminés par le Code d'instruction criminelle.

64. Les dispositions du Code d'instruction criminelle sur les poursuites des délits, sur défauts, oppositions, jugements, appels et recours en cassation, sont et demeurent applicables à la poursuite des délits spécifiés par la présente loi, sauf les modifications qui résultent du présent titre.

SECTION II. *Des poursuites exercées au nom et dans l'intérêt des fermiers de la pêche et des particuliers.*

65. Les délits qui portent préjudice aux fermiers de la pêche, aux porteurs de licences et aux propriétaires riverains, seront constatés par leurs gardes, lesquels sont assimilés aux gardes-bois des particuliers.

66. (*Art.* 188 *du Code forestier.*) « Les procès-« verbaux dressés par ces gardes feront foi jusqu'à « preuve contraire. »

67. Les poursuites et actions seront exercées au nom et à la diligence des parties intéressées.

68. Les dispositions contenues aux articles 38, 39, 40, 41, 42, 43, 44, 45, 46, 47, § 1er, 49, 52, 59, 62 et 64 de la présente loi, sont applicables aux poursuites exercées au nom et dans l'intérêt des particuliers et des fermiers de la pêche, pour les délits commis à leur préjudice.

TITRE VI. — *Des peines et condamnations.*

69. Dans le cas de récidive, la peine sera toujours doublée.

Il y a récidive, lorsque dans les douze mois précédents, il a été rendu contre le délinquant un premier jugement en matière de pêche.

70. Les peines seront également doublées, lorsque les délits auront été commis la nuit.

71. (*Art.* 202 *du Code forestier.*) « Dans tous les
« cas où il y aurait lieu d'adjuger des dommages-inté-
« rêts, ils ne pourront être inférieurs à l'amende simple
« prononcée par le jugement. »

72. Dans tous les cas prévus par la présente loi, si le préjudice causé n'excède pas 25 fr., et si les circonstances paraissent atténuantes, les tribunaux sont autorisés à réduire l'emprisonnement même au-dessous de six jours, et l'amende même au-dessous de 16 fr. Ils pourront aussi prononcer séparément l'une ou l'autre de ces peines, sans qu'en aucun cas, elle puisse être au-dessous des peines de simple police.

73. (*Art.* 204 *du Code forestier.*) « Les restitu-
« tions et dommages-intérêts appartiennent aux fer-
« miers, porteurs de licences et propriétaires riverains,
« si le délit est commis à leur préjudice ; mais lorsque
« le délit a été commis par eux-mêmes au détriment
« de l'intérêt gé éral, ces dommages-intérêts appar-
« tiennent à l'état.

« Appartiennent également à l'état, toutes les amen-
« des et confiscations. »

74. Les maris, pères, mères, tuteurs, fermiers et porteurs de licences, ainsi que tous propriétaires,

maîtres et commettants, seront civilement responsables des délits commis par leurs femmes, enfants mineurs, pupilles, bateliers et compagnons, et tous autres subordonnés, sauf tout recours de droit.

Cette responsabilité sera réglée conformément à l'article 1384 du Code civil.

TITRE VII. — *De l'exécution des jugements.*

SECTION I. *De l'exécution des jugements rendus à la requête de l'administration ou du ministère public.*

75. (*Art.* 209 *du Code forestier.*) « Les jugements « rendus à la requête de l'administration chargée de la « police de la pêche, ou sur la poursuite du ministère « public, seront signifiés par simple extrait qui con- « tiendra le nom des parties et le dispositif du juge- « ment.

« Cette signification fera courir les délais de l'oppo- « sition et de l'appel des jugements par défaut. »

76. Le recouvrement de toutes les amendes pour dé- lit de pêche est confié aux receveurs de l'enregistrement et des domaines. Ces receveurs sont également chargés du recouvrement des restitutions, frais et dommages- intérêts résultant des jugements rendus en matière de *pêche.*

77. (*Art.* 211 *du Code forestier.*) « Les jugements « portant condamnation à des amendes, restitutions, « dommages-intérêts et frais, sont exécutoires par la « voie de la contrainte par corps, et l'exécution pourra « en être poursuivie cinq jours après un simple com- « mandement fait aux condamnés.

« En conséquence, et sur la demande du receveur « de l'enregistrement et des domaines, le procureur du

« roi adressera les réquisitions nécessaires aux agents de
« la force publique chargés de l'exécution des mande-
« ments de justice. »

78. (*Art.* 212 *du Code forestier.*) « Les individus
« contre lesquels la contrainte par corps aura été pro-
« noncée pour raison des amendes et autres condam-
« nations et réparations pécuniaires, subiront l'effet de
« cette contrainte jusqu'à ce qu'ils aient payé le montant
« desdites condamnations, ou fourni une caution ad-
« mise par le receveur des domaines, ou, en cas de
« contestation de sa part, déclarée bonne et valable
« par le tribunal de l'arrondissement. »

79. (*Art.* 213 *du Code forestier.*) « Néanmoins les
« condamnés qui justifieront de leur insolvabilité, sui-
« vant le mode prescrit par l'article 420 du Code d'ins-
« truction criminelle, seront mis en liberté après avoir
« subi quinze jours de détention, lorsque l'amende et
« les autres condamnations pécuniaires n'excéderont pas
« 15 fr.

« La détention ne cessera qu'au bout d'un mois,
« lorsque les condamnations s'élèveront ensemble de
« 15 à 50 fr.

« Elle **ne** durera que deux mois, quelle que soit la
« quotité desdites condamnations.

« En cas de récidive, la durée de la détention sera
« double de ce qu'elle eût été sans cette circonstance. »

80. (*Art.* 214 *du Code forestier.*) « Dans tous les
« cas, la détention employée comme moyen de con-
« trainte est indépendante de la peine d'emprisonne-
« ment prononcée contre les condamnés pour tous les
« cas où la loi l'inflige. »

SECTION II. — *De l'exécution des jugements rendus dans l'intérêt des fermiers de la pêche et des particuliers.*

81. Les jugements contenant des condamnations en faveur des fermiers de la pêche, des porteurs de licences et des particuliers, pour réparation des délits commis *à leur préjudice*, seront, à leur diligence, signifiés et exécutés suivant les mêmes formes et voies de contrainte que les jugements rendus à la requête de l'administration chargée de la surveillance de la pêche.

Le recouvrement des amendes prononcées par les mêmes jugements sera opéré par les receveurs de l'enregistrement et des domaines.

82. La mise en liberté des condamnés détenus par voie de contrainte par corps à la requête et dans l'intérêt des particuliers ne pourra être accordée, en vertu des articles 78 et 79, qu'autant que la validité des cautions ou la solvabilité des condamnés aura été, en cas de contestation de la part desdits propriétaires, jugée contradictoirement entre eux.

TITRE VIII. — *Dispositions générales.*

83. Sont et demeurent abrogés toutes lois, ordonnances, édits et déclarations, arrêts du conseil, arrêtés et décrets, et tous réglements intervenus, à quelque époque que ce soit, sur les matières réglées par la présente loi, en tout ce qui concerne la pêche.

Mais les droits acquis antérieurement à la présente loi seront jugés, en cas de contestation, d'après les lois existantes avant sa promulgation.

Ordonnance du roi relative à la pêche fluviale.

Du 25 novembre 1830.

Louis-Philippe, roi des Français,

Vu les articles 26 , 27, 28 et 29 de la loi du 15 avril 1829 relative à la pêche fluviale ;

Sur le rapport de notre ministre secrétaire-d'état des finances ;

Notre conseil-d'état entendu ,

Nous avons ordonné et ordonnons ce qui suit :

Art. 1er Sont prohibés, sous les peines portées par l'article 27 de la loi du 15 avril 1829 ,

1º Les filets traînants ;

2º Les filets dont les mailles carrées, sans accrues, et non tendues, ni tirées en losange, auraient moins de trente millimètres (*quatorze lignes*) de chaque côté, après que le filet aura séjourné dans l'eau ;

3º Les bires, nasses et autres engins dont les verges en osier seraient écartées entre elles de moins de trente millimètres.

2. Sont néanmoins autorisés pour la pêche des goujons, ablettes, loches, vérons, vandoises et autres poissons de petite espèce, les filets dont les mailles auront quinze millimètres (*sept lignes*) de largeur, et les nasses d'osier ou autres engins dont les baguettes ou verges seront écartées de quinze millimètres. Les pêcheurs auront aussi la faculté de se servir de toute espèce de nasses en jonc à jour, quel que soit l'écartement de leurs verges.

3. Quiconque se servira pour une autre pêche que celle qui est indiquée dans l'article précédent, des filets

spécialement affectés à cet usage, sera puni des peines portées par l'article 28 de la loi du 15 avril 1829.

4. Aucune restriction, ni pour le temps de la pêche ni pour l'emploi des filets ou engins, ne sera imposée aux pêcheurs du Rhin.

5. Dans chaque département, le préfet déterminera, sur l'avis du conseil général, et après avoir consulté les agents forestiers, les temps, saisons et heures pendant lesquels la pêche sera interdite dans les rivières et cours d'eau.

6. Il fera également un réglement dans lequel il déterminera et divisera les filets et engins qui, d'après les règles ci-dessus, devront être interdits.

7. Sur l'avis du conseil général, et après avoir consulté les agents forestiers, il pourra prohiber les procédés et modes de pêche qui lui sembleront de nature à nuire au repeuplement des rivières.

8. Les réglements des préfets devront être homologués par ordonnances royales.

N° 7.

Ordonnance du roi pour le service des messageries, coches et voitures d'eau.

Du 10 avril 1791.

ART. 17. Les ballots, paquets ou effets qui n'auront pu être délivrés, par mauvaise adresse ou faute d'être réclamés, seront déposés et gardés dans un endroit à ce destiné, et il en sera tenu registre; et si, après deux années de garde, lesdits ballots, paquets ou effets ne sont pas retirés par ceux qui en auront droit, ils seront vendus publiquement et à l'enchère; le produit en sera versé au trésor public, en déduction des frais de transport, et procès-verbal en sera fait et conservé pour servir en tant que de besoin, en cas de réclamation.

Décret sur la manière dont il sera procédé dans le cas où des ballots, caisses, malles, paquets et tous autres objets confiés à des entrepreneurs de roulage ou de messageries, n'auront pas été réclamés dans les six mois de l'arrivée à leur destination.

Du 13 août 1810.

ART. 1er. Les ballots, caisses, malles, paquets et tous autres objets qui auraient été confiés, pour être transportés dans l'intérieur du royaume, à des entrepreneurs, soit du roulage, soit des messageries par terre ou par eau, lorsqu'ils n'auront pas été réclamés dans le délai de six mois, à compter du jour de l'arrivée au lieu de leur destination, seront vendus par voie d'enchère publique, à la diligence de la régie de l'enregistrement, et après l'accomplissement des formalités suivantes.

2. A l'expiration du délai qui vient d'être fixé, les entrepreneurs de messageries et de roulage devront faire aux préposés de la régie de l'enregistrement, la déclaration des objets qui se trouveront dans le cas de l'article précédent.

3. Il sera procédé par le juge de paix, en présence des préposés de la régie de l'enregistrement et des entrepreneurs de messageries ou de roulage, à l'ouverture et à l'inventaire des ballots, malles, caisses et paquets.

4. Les préposés de la régie de l'enregistrement seront tenus de faire insérer dans les journaux, un mois
avant la vente des objets non réclamés, une note indiquant le jour et l'heure fixés pour cette vente, et contenant, en outre, les détails propres à ménager aux
propriétaires de ces objets la faculté de les reconnaître
et de les réclamer.

5. Il sera fait un état séparé du produit de ces ventes,
pour le cas où il surviendrait, dans un nouveau délai
de deux ans à compter du jour de la vente, quelque
réclamation susceptible d'être accueillie.

6. Les préposés de la régie de l'enregistrement et
ceux de la régie des droits réunis sont autorisés, tant
pour s'assurer de la sincérité des déclarations ci-dessus
prescrites que pour y suppléer, à vérifier les registres
qui doivent être tenus par les entrepreneurs des messageries ou de roulage.

7. Notre ministre, etc.

*Ordonnance qui prescrit la vente, sur les lieux,
des objets d'or et d'argent déposés dans les
greffes des tribunaux, lesquels étaient précédemment remis aux hôtels des monnaies.*

Des 23 janvier--- 1ᵉʳ février 1821.

ART. 1ᵉʳ. Les objets d'or et d'argent déposés dans les
greffes des tribunaux, à l'occasion des procès civils ou
criminels terminés par jugement définitif, ou à l'égard
desquels l'action est prescrite dans les divers tribunaux,
cesseront d'être envoyés aux hôtels des monnaies, ainsi
qu'il avait été réglé par la loi du 31 mars 1796 (11 ger-

minal an V) : ces objets seront remis, à l'avenir, aux receveurs des domaines des départements, pour être vendus aux enchères, comme les autres effets mobiliers de même origine.

2. Conformément aux dispositions de l'art. 28 de la loi du 19 brumaire an VI, les receveurs des domaines devront, avant de faire procéder à ces ventes, faire vérifier par les bureaux de garantie si les ouvrages d'or et d'argent ont été fabriqués au titre prescrit par la loi, et ils paieront les droits pour ceux qui ne les auraient pas acquittés avant le dépôt.

3. Notre ministre, etc.

Ordonnance contenant des dispositions relatives aux effets déposés dans les greffes à l'occasion des procès civils ou criminels définitivement jugés.

Du 22 février — 13 mars 1829.

ART. 1ᵉʳ. Les greffiers, geoliers, et tous autres dépositaires d'effets mobiliers déposés à l'occasion des procès civils ou criminels définitivement jugés, et qu'il serait nécessaire de vendre, soit à raison de leur détérioration, soit pour toute autre cause, devront présenter requête au président du tribunal civil pour être autorisés à faire remise desdits objets aux préposés de l'administration des domaines, qui procéderont à la vente dans les formes suivies pour l'aliénation des objets non réclamés, et sur lesquels l'état a un droit éventuel. Les dispositions ci-dessus sont applicables aux greffiers des conseils de guerre et tribunaux maritimes,

et aux geoliers ou concierges des prisons militaires , et
maisons de détention de la marine.

2. Les sommes qui proviendront desdites ventes seront versées à la caisse des dépôts et consignations , et
les ayants-droit pourront les réclamer dans les délais
fixés par l'art. 2262 du Code civil.

*Ordonnance contenant de nouvelles dispositions
sur la vente des objets mobiliers déposés dans
les greffes des cours et tribunaux.*

Du 9 — 27 juin 1831.

LOUIS-PHILIPPE , etc. ,

Vu l'ordonnance royale du 22 février 1829 , relative
à la vente des effets mobiliers déposés dans les greffes
des cours et tribunaux ;

Considérant que de nouvelles dispositions sont nécessaires pour assurer avec plus d'efficacité l'exécution
de l'ordonnance ci-dessus mentionnée ,

Sur le rapport de notre ministre des finances , nous
avons ordonné et ordonnons ce qui suit :

ART. 1er. L'administration des domaines est autorisée à faire provoquer de six mois en six mois , auprès
des procureurs généraux près les cours royales , et des
procureurs du roi près les tribunaux de première instance, la remise que les greffiers , geoliers et autres dépositaires doivent faire au domaine, en conformité de
l'ordonnance de 22 février 1829, des objet mobiliers
déposés et susceptibles d'être vendus.

2. Les sommes en deniers comptant sont comprises
au nombre des objets mobiliers qui doivent être remis
au domaine.

3. Les procureurs du roi près les tribunaux de première instance sont tenus de vérifier et de certifier l'exactitude de la requête que les greffiers, geoliers et autres dépositaires doivent présenter au président du tribunal civil, pour être autorisés à faire la remise au domaine des objets susceptibles d'être vendus.

4. Sont exceptés de cette remise les papiers appartenant à des condamnés ou à des tiers, lesquels papiers resteront déposés dans les greffes, pour être remis à qui de droit, s'il y a lieu.

5. Les dispositions ci-dessus sont applicables aux effets déposés dans les greffes des conseils de guerre et des tribunaux maritimes, ainsi que dans les prisons militaires et maisons de détention de la marine.

6. Notre garde-des-sceaux, etc.

Loi relative à la police sanitaire.

Du 3 mars 1822.

ART. 20. Les marchandises et autres objets déposés dans les lazarets et autres lieux réservés, qui n'auront pas été réclamés dans le délai de deux ans, seront vendus aux enchères publiques.

Ils pourront, s'ils sont périssables, être vendus avant ce délai en vertu d'une ordonnance du président du tribunal de commerce, ou, à défaut, du juge de paix.

Le prix en provenant, déduction faite des frais, sera acquis à l'état, s'il n'a pas été réclamé dans les cinq années qui suivront la vente.

Loi relative au droit de sauvetage sur des propriétés ennemies.

Du 26 nivôse an VI.

ART. 1er. Le droit de sauvetage sera des deux tiers de la valeur des objets sauvés en pleine mer, quand lesdits objets seront des propriétés ennemies.

2. Le tiers restant, après déduction de tous frais, sera versé dans la caisse des invalides de la marine.

(V. l'arrêté sur les armements en course du 3 prairial an XI : Duvergier, t. 14e, p. 262.)

FIN DU SECOND VOLUME.

TABLE

DES CHAPITRES, SECTIONS ET PARAGRAPHES

DU SECOND VOLUME.

SECTION III DU CHAPITRE IV.

SECTION IV.

SECTION V.

CHAPITRE V.

SECTION Ire.

SECTION II.

Lyon. — Imp. d'Isidore DELEUZE , rue St-Dominique, 13.

ERRATA

DU SECOND VOLUME.

—

Page   8 ligne 22, lisez *Diverses* parties.

12   9, — *opposer* au lieu d'*apposer*.

19   6, — *s'il* ne paraît pas.

28   26, — *faillira* au lieu de *faiblira*.

63   — *covaruvias.*

65   16, — *fiunt* au lieu de *fiant.*

74   2, retranchez l'*s* du mot *appartenants.*

103 24, lisez *essaim.*

110 13, — elles *sont* l'une et l'autre.

117 13, — participer *de.*

118   6, même modification.

119   6, lisez *centum.*

124   5, — *celle.*

139   9, — *potestate.*

161   3, — mais *la* bonne foi.

170 17, — *damno* au lieu de *dumno.*

175 23, — quoique je *ne* puisse.

182   3, — *malæ* au lieu de *mala.*

192 ligne dernière, les raisons *pour lesquelles.*

206   4, lisez qu'*ils* sont.

215   4, — *redactæ.*

224 (note) *ad* au lieu de *sed.*

236 10 et 11, lisez *c'était* au lieu de *c'est.*

239   6, — *quelle* au lieu de *qu'elle.*

259 20, — *vicini* au lieu de *vicint.*

262 19, — *causent* au lieu de *cause.*

267   2, — *meubles* au lieu d'*immeubles.*

279   9, — *ad exhibendum.*

281 12 et 13, — quelle que fut sa valeur *ou* sa perfection.

282 16, — leur valeur *ou* perfection.

314 11, — *quelle* au lieu de *qu'elle.*

—